성격심리학

최양진 박진숙 공저

YANGSEOWON
양서원

저자 서문

인간이라는 존재는 태어나는 순간부터 죽음에 이르기까지 끊임없이 자신을 둘러싼 세계와 관계를 맺고 그 안에서 자신만의 독자적이고 유일한 성격을 형성하며 살아간다. 본 저서는 이러한 성격의 본질과 발달과정, 구조와 역동성, 그리고 병리적 양상에 대해 심층적으로 탐구하고자 기획되었다.

성격심리학이라는 학문 분야는 다양한 접근법이 존재하나, 본 저서는 무엇보다 무의식, 내적 갈등, 방어기제, 그리고 대상관계와 같은 심층 심리학적 개념을 토대로, 성격이라는 복합적 구조가 어떻게 형성되고 유지되며 변형되는지를 일관되게 조망했다.

여러 학자들의 이론은 물론 학자들마다 다른 접근법 속에서 공통적으로 드러나는 심리 구조의 역동성, 무의식의 영향력, 초기 관계 경험의 중요성, 인지와 행동의 상호작용, 사회문화적 맥락의 개입이라는 주요 개념들을 종합적으로 탐구하며, 인간 성격을 보다 깊이 이해하고자 한다. 이 책의 목적은 단순한 이론의 나열이 아닌, 각 이론이 성격들의 복합적 요인을 어떻게 해석하고 설명하고 있는지에 대한 통합적 시각을 제시했다. 그래서 임상 현장에서 성격 이론이 어떠한 실천적 함의를 지니는지를 명확히 했으며, 심리치료 분야에 종사하는 모든 전문가들에게 심도 있는 이론적 통찰을 제공하게 될 것이라 확신하며 이 책을 출간하게 되었다.

2026년 1월

최 양 진

저자 서문

“세상에 나쁜 성격은 없다. 단지 성격이 다를 뿐이다.”

“나는 누구이고 나는 왜 나인가?”라는 질문을 가지지 않는 사람도 없을 것이다.

이 질문의 답을 찾기에 끊임없이 노력하다가 이 책을 출판하기에 이르렀다.

성격심리 분야는 심리 분야에서도 매혹적 부분이다.

이 책은 모든 인간에게 적용되는 성격이 많은 이론가들은 어떻게 정의하고 있는지를 다루는 새로운 체계를 고안했다. 심리학을 공부하는 일반인은 물론이거니와 대학생이나 대학원생들까지도 성격심리학에 대한 든든한 구조적 틀을 제공해 주고 있는 전문 서적이다. 이 책을 대하는 독자마다 대상에 대한 이해를 높여서 삶을 이전보다 더 풍요롭게 변화시킬 기초 제공할 것이라 믿어 의심치 않으며 자신과 타인의 성격을 좀 더 깊이 있게 이해할 수 있는 좋은 길잡이가 되기를 소망한다.

2026년 1월

박 진 숙

차 례

Chapter 05 멜라니 클라인의 성격이론 · 115

Chapter 06 로널드 페어베언의 성격이론 · 147

Chapter 07 하인즈 하트만의 성격이론 · 169

Chapter 08 마거릿 말러의 성격이론 · 177

Chapter

1

성격심리학의 이해

01 성격의 정의

성격이란 인간의 독자적이고 지속적인 심리적, 행동적 특성을 지칭하는 심리학의 핵심 개념으로, 각 학파의 이론적 관점에 따라 그 정의와 설명 방식이 다소 상이하다.

지그문트 프로이트(Sigmund Freud, 1856~1939)는 성격을 이드, 자아, 초자아의 삼원 구조로 설명하였다. 이드는 본능적 충동의 원천이며, 자아는 현실원칙에 따라 이를 조율하고, 초자아는 내면화된 사회적 가치와 규범을 대변한다. 프로이트에 의하면 성격이란 이러한 구조적 요소들이 서로 충돌하고 조화를 이루는 역동적 과정 속에서 형성되며, 무의식의 억압된 욕망과 방어기제들이 성격의 주요 기저를 이룬다. 또한 성격의 핵심을 무의식적 본능과 갈등 속에서 이해하였다. 성격은 리비도라는 생명 에너지와 현실, 도덕적 가치 사이의 갈등을 조율하며 형성되며, 억압, 투사, 부인 등의 방어기제를 통해 표면적으로 드러나는 특징을 가진다. 프로이트에게 있어 개인의 성격은 유아기 성적 발달 단계의 고착 여부에 따라 특징적 경향을 보인다고 본다.

알프레드 아들러(Alfred Adler, 1870~1937)는 개인심리학의 입장에서 성격을 인간의 '열등감 극복'과 '우월성 추구'를 향한 창조적이고 통합된 노력의 표현으로 보았다. 그는 성격을 '삶의 양식(Life Style)'이라 정의하며, 이는 개인이 자신의 열등감을 극복하고 사회적 관심을 바탕으로 공동체 속에서 자기 목적을 실현하는 방식이라 하였다.

칼 구스타브 융(Carl Gustav Jung, 1875~1961)은 성격을 의식과 무의식의 상호작용, 특히 집단무의식(collective unconscious)과 그 안에 포함된 원형들의 영향 속에서 자아가 자기(Self)를 향해 통합과 자기실현을 이루어가는 과정으로 보았다. 융에게 있어 성격은 개인적 무의식뿐 아니라 인류 공통의 심층적 상징체계에 의해 형성되는 복합적 심리 구조이다.

멜라니 클라인(Melanie Klein, 1882~1960)은 성격을 초기 대상관계에 근거해 설명하였다. 그녀에 의하면 성격은 초기 아기-대상 간 관계에서 비롯된 투사, 분열, 투사적 동일시 등의 방어기제에 의해 형성되며, 이러한 심리적 구조는 이후 전 생애에 걸쳐 개인의 관계 양식과 심리적 기능에 깊은 영향을 미친다고 보았다.

로널드 페어베언(Ronald Fairbairn, 1889~1964) 역시 대상관계이론의 입장에서 성격을 '욕동이 아닌 대상 지향적 자아'라는 관점에서 이해하였다. 그는 성격을 내면화된 '좋은 대상'과 '나쁜 대상'의 구조 속에서 자아가 대상과의 관계를 통해 어떻게 분화되고 유지되는가에 의해 결정된다고 보았다.

하인즈 하트만(Heinz Hartmann, 1894~1970)은 자아심리학의 창시자로서 성격을 자아의 자율적 기능과 현실적 적응능력의 표현으로 보았다. 그는 성격을 심리 내적 충동의 방어 결과로 보았던 프로이트와 달리, 자아가 현실에 적응하며 발달하는 자율적 기능체계로서 성격을 이해하였다.

마가렛 말러(Margaret Mahler, 1897~1985)는 성격을 '분리-개별화 과정'을 통해 설명하였다. 그녀는 초기 유아가 모와의 심리적 융합 상태로부터 점진적으로 자아를 분리해가며 독립적 정체성을 획득하는 과정이 성격 형성의 핵심이라고 보았다. 이 과정에서 실패하거나 왜곡될 경우 병리적 성격구조가 형성될 수 있다고 하였다.

에리히 프롬(Erich Fromm, 1900~1980)은 인간주의적 정신분석의 입장에서 성격을 '자유와 사랑, 사회적 유대'라는 존재양식 속에서 형성된 개인의 독자적 성향으로 보았다. 그는 성격을 사회경제적 조건과 인간 존재 방식이 상호작용하여 나타나는 '소유양식'과 '존재양식'으로 구분하였다.

하인츠 코헛(Heinz Kohut, 1913~1981)은 자기심리학에서 성격을 '자기(self)'와 그 대상과의 상호작용 속에서 발달하는 구조로 이해하였다. 그는 특히 공감의 실패가 자기구조의 병리적 형성, 즉 취약한 성격을 야기한다고 보았다.

도널드 위니컷(Donald Winnicott, 1896~1971)은 성격을 '충분히 좋은 어머니(good-enough mother)'와의 초기 관계 속에서 진짜 자아가 어떻게 보호되고 거짓 자아가 형성되는가에 따라 설명하였다. 그는 전이대상의 개념을 통해 성격이 현실과 환상의 경계 속에서 점진적으로 통합된다고 보았다.

이와 같이 정신분석학적 접근에서 성격은 단순히 행동적 특질의 집합이 아니라, 무의식적 욕동, 내면화된 대상관계, 자기구조, 언어적 상징체계 등 심층 심리적 요소들이 상호작용하며 평생에 걸쳐 역동적으로 형성되는 복합적 구조로 이해된다. 이는 성격을 정신 내적 구성체이자 대인 관계적 산물로 통합적으로 이해하려는 시도로 귀결된다.

02 성격심리학의 역사

성격심리학의 학문적 기원과 발전사는 근대 심리학의 출현과 더불어 심층심리학, 특히 정신분석학의 형성과 밀접하게 연관되어 있다. 성격이라는 개념은 초기에는 행동의 반복적 경향이나 도덕적 기질로 간주되었으나, 20세기 초 정신분석학의 출현과 더불어 인간 내면의 무의식적 역동과 심리적 구조에 대한 심층적인 탐구를 통해 보다 심화된 개념으로 발전하였다. 이러한 흐름에서 지그문트 프로이트는 성격심리학의 태동에 결정적 영향을 미쳤으며, 그가 구축한 정신분석 이론은 오늘날 성격심리학의 토대가 된 심층심리학의 기원으로 평가받는다.

03 성격의 발달 요인

성격 발달은 첫째, 생물학적 요인으로 인간 존재의 근원적 토대이자, 모든 심리적 발달의 전제조건으로 이해된다. 환경적 요인은 개인이 태어난 이후 직면하는 구체적 현실 세계, 즉 가족, 또래, 사회적 관계, 문화적 맥락 등 다양한 외부 환경과의 상호작용을 의미하며, 초기 경험과 양육자와의 관계, 그리고 타자와의 상호작용을 통해 자아(Self)와 성격의 구조가 어떻게 형성되고 발달하는가를 이해하는 핵심적 개념으로 다루어져 왔다.

둘째, 문화적 요인은 개인이 속한 사회적·역사적·상징적 구조 속에서 작동하는 가치체계와 관습, 언어, 상징, 윤리, 법률 등의 총체적 환경을 의미한다. 이러한 문화적 요인은 단순히 개인 외부에 머무는 것이 아니라, 정신분석적 관점에서는 자아와 초자아, 그리고 무의식의 구조와 기능 형성에 심대한 영향을 미치는 핵심 요인으로 이해되어 왔다.

셋째, 심리 사회적 요인은 개인이 살아가는 대인 관계적, 사회적 환경 속에서 상호작용하며 경험하는 심리적 관계, 사회적 구조, 문화적 상징체계, 집단적 규범 등과 긴밀히 연관되어 형성되는 다양한 심리적 자극과 그에 대한 반응 체계를 의미한다. 이러한 심리 사회적 요인은 개인의 자아 구조 형성, 대상관계 내면화, 정체성 확립, 사회적 관심 발달, 자기의 통합에 결정적인 영향을 미친다.

넷째, 동기와 정서적 요인은 인간의 내적 에너지, 충동, 정서적 경험이 어떻게 자아 구조를 형성하고 유지하며 변화시키는가에 관한 핵심적인 요소로 간주된다. 이러한 요인은 성격의 심층적 구조를 설명하는 데 있어 정신분석적 접근에서 일관되게 강조되며, 개인의 심리적 안정, 갈등의 해결, 내적 통합에 중대한 영향을 미친다. 주요 이론가들은 동기와 정서가 성격 발달을 유기적으로 이끄는 원동력이 된다.

다섯째, 인지와 행동 요인은 개인이 외부 세계와 상호작용하며 내면화하는 경험을 해석하고, 이에 대한 반응 양식을 반복적으로 체화해가는 심리적 과정 속에서 핵심적인 역할을 수행한다. 이러한 요인은 초기 정신분석 이론에서 명시적으로 인지라는 용어로 체계화되지는 않았으나, 자아기능, 대상관계 내적 표상, 자기-타자 인식 과정, 욕망의 구조화 등에서 인지적 요소와 행동적 반응은 성격구조의 형성과 밀접하게 연결되어 논의되어 왔다.

04 성격유형과 성격장애

성격심리학의 영역에서 논의되는 성격유형은 개인의 심리적 특성과 행동 양식이 일정한 패턴을 이루며 비교적 일관되게 나타나는 심리적 구조를 설명하는 핵심 개념이다. 이러한 성격유형은 단순히 외형적 행동을 분류하는 차원을 넘어, 개인 내면의 심층적 욕동, 방어기제, 관계 양식, 인지적 경향 및 정서적 반응 양식 등 심리 전반의 통합된 특성을 반영한다. 본 저서에서 다루는 프로이트, 아들러, 융, 클라인 등 주요 학자들의 이론은 성격유형의 이해를 보다 심층적이고 다차원적으로 탐색하는데 귀중한 통찰을 제공한다.

성격장애는 인간의 심리적 구조와 기능의 왜곡 혹은 고착에서 기인하는 만성적이고 고착화된 성격 특성의 병리적 형태로 이해되며, 이는 각 심리학자들의 이론 체계 속에서 상이하게 규명되어 왔다. 고전 정신분석학을 창시한 프로이트의 이론에 근거할 때, 성격장애는 유아기 심리성적 발달 단계의 고착이나 퇴행의 결과로 설명될 수 있다. 이드는 충동적 욕구를 무 비판적으로 추구하고, 자아는 현실원칙을 통해 이를 통제하며, 초자아는 도덕적 기준을 내면화하는데, 이 세 체계 간의 불균형, 특히 자아 기능의 미성숙이나 왜곡은 다양한 성격 병리를 유발한다고 본다. 억압, 투사, 부인 등 방어기제의 경직된 사용은 성격장애의 주요 기제로 작동하며, 이는 지속적인 대인관계 실패와 내적 갈등을 야기한다.

아들러는 열등감과 우월성 추구의 왜곡된 발달 양상이 성격장애로 귀결될 수 있다고 주장하였다. 개인이 공동체 감각을 상실하거나 과도하게 보상적 행동에 집착할 경우, 자기중심적 사고와 비적응적 대인관계 양상을 보이게 되며, 이는 자아 심리적 미성숙의 표지로 간주된다. 알프레드 아들러에게 성격장애는 비합리적인 생활양식과 왜곡된 인지 도식에서 비롯된 결과라 할 수 있다.

융은 성격장애를 집단무의식과 원형의 억압된 통합 실패로 설명하였다. 개인이 내면의 심리적 기능의 균형을 이루지 못하거나, 페르소나와 그림자의 통합을 이루지 못할 때, 자기(Self) 실현의 과정에서 왜곡이 발생하며 이는 병리적 성격구조로 이어진다고 보았다. 융에게 성격장애란 자기실현의 길에서 길을 잃은 개인의 내면 분열 상태라 할 수 있다.

클라인과 페어베언의 대상관계이론에서는 초기 양육자와의 관계에서 비롯된 내적 대상의 병리적 내면화가 성격장애의 핵심 원인으로 간주된다. 클라인은 분열과 투사적 동일시 같은 방어기제를 통해 유아가 부정적 대상을 외부에 투사하고, 그 결과 현실대상과의 왜곡된 상호작용이 고착되며, 이는 편집-분열적 위치나 우울적 위치에서 성숙하지 못한 채 머물게 되는 병리로 이어진다고 본다.페어베언은 자아가 본래부터 대상 지향적이며, 병리적 자아구조는 거부된 외부 대상과의 왜곡된 동일시에서 기인한다고 보았다.

하트만의 자아심리학은 자아의 자율적 기능의 손상 또는 미성숙을 성격장애의 근원으로 본다. 환경에 대한 적응능력이 결여되고 현실검증 능력의 실패가 지속될 때, 개인은 불안정하고 일관되지 않은 행동양식을 보이며, 이는 성격병리로 구체화된다.

마거릿 말러는 분리-개별화 이론을 통해 성격장애를 이해하였다. 유아가 심리적 탄생을 이루지 못하거나, 개별화 과정에서 양육자의 과도한 통합 혹은 거부에 직면할 경우, 경계선 성격장애와 같은 병리적 구조가 형성될 수 있다고 하였다. 이는 분리와 개별화의 실패로 인한 내적 자아구조의 취약성을 반영한다.

제이콥슨은 자아심리학과 대상관계이론을 통합하여, 우울적 자아구조의 미성숙이 성격병리의 핵심임을 강조하였다. 내면화된 부정적 대상과의 동일시는 지속적인 자아비판과 자아약화를 초래하며, 이는 자아경계의 모호화와 병리적 성격 특성을 강화한다.

프롬은 성격장애를 인간 존재의 소외와 자유로부터의 도피라는 사회문화적 맥락 속에서 이해하였다. 비생산적 성격유형은 자본주의 사회 구조와 상호작용 속에서 발달하며, 개인이 진정한 자아실현을 방기하고 타인 혹은 물질에 의존하게 되는 병리적 존재방식을 드러낸다.

코헛의 자기심리학은 성격장애를 자기대상 기능의 결함에서 찾는다. 공감의 결여로 인해 자기구조가 통합되지 못하고, 자기애적 상처가 치유되지 않은 상태에서 병리적 자기(Self)가 형성된다. 이는 특히 자기애성 성격장애의 이론적 토대를 제공하였다.

위니컷은 충분히 좋은 어머니의 부재가 진짜 자아 발달을 방해하고, 거짓 자아의 발달로 이어진다고 하였다. 이는 진정한 욕구 표현의 억압과 타자 중심적 자기구조의 형성을 유도하며, 결국 성격장애라는 병리적 양상으로 드러난다.

컨버그는 자아와 대상의 통합 실패라는 경계선 성격이론을 통해 성격장애를 설명하였다. 초기 애착대상과의 상반된 경험이 통합되지 못하고, 분열적 방어기제로 유지될 때, 내면화된 대상관계의 병리적 구조가 형성되며, 이는 경계선 성격장애와 같은 만성적 대인관계 불안정성과 충동적 행동을 초래한다.

이처럼 심리학자들은 각기 다른 관점에서 성격장애를 이해하고 정의하였으나, 공통적으로 유년기 환경, 내적 심리구조, 대인관계 경험, 자아의 통합능력 부재가 성격병리 형성에 결정적 요인으로 작용함을 강조하였다. 이러한 이론들은 성격장애를 이해하고 치료적 접근을 모색하는 데 있어 오늘날까지도 중요한 이론적 기초로 기능하고 있다.

Chapter 2

지그문트 프로이트의 성격이론

01 성격구조 모형

지그문트 프로이트(Sigmund Freud)의 구조적 모형은 인간 정신의 역동적 구조를 세 가지 주요 구성 요소로 설명한다. 프로이트는 인간의 성격이 단일한 통합체가 아니라 서로 상반된 성향을 지닌 심리적 요소들 간의 끊임없는 상호작용 속에서 형성되고 유지된다고 보았다. 그는 이 복합적이고 내면적인 심리 구조를 이드, 자아, 초자아라는 세 가지 개념으로 체계화하였다.

이러한 세 가지 심리 구조는 상호 독립적이면서도 끊임없는 긴장과 조화를 통해 인간의 사고, 감정, 행동을 결정짓는다. 이드는 끊임없는 본능적 욕구를 주장하고, 자아는 현실을 고려하여 이를 통제하며, 초자아는 도덕적 이상과 규범을 자아에 요구한다. 이 세 요소 간의 갈등은 인간의 내적 불안의 근원이 되며, 자아는 이러한 불안을 완화하기 위해 다양한 방어기제를 동원하게 된다. 따라서 프로이트의 구조적 모형은 성격을 단순한 개인 특성의 총합이 아닌, 욕구, 현실, 도덕이라는 복합적 심리 역동의 산물로 이해하게 하는 이론적 틀을 제공한다.

가. 이드

지그문트 프로이트의 성격구조 이론에서 이드(Id)는 성격을 구성하는 가장 원초적이고 본능적인 심리적 구조로 정의된다. 이는 인간이 태어날 때부터 존재하는, 선천적이고 본능적인 심리 에너지의 근원이자 성격의 가장 기초적인 차원으로 간주된다. 프로이트는 이드를 인간 존재의 무의식적 심층에 자리하는 본능의 저장소로 설명하며, 인간의 모든 정신 에너지의 근원적 토대라고 보았다.

이드의 가장 핵심적인 특징은 쾌락 원칙에 따라 작동한다는 점이다. 쾌락 원칙이란 모든 긴장 상태를 즉각적으로 해소하고, 본능적 욕구를 충족하려는 충동적, 비이성적 경향을 의미한다. 이드는 현실의 제약이나 도덕적 가치, 논리적 사고와는 무관하게 본능의 즉각적 만족을 추구하며, 시간과 공간의 논리, 선악의 구분을 초월한 채 본능적 긴장 해소만을 목적으로 삼는다. 이드 안에는 인간의 생명 본능과 죽음 본능이라는 두 가지 주요 본능적 에너지가 포함된다. 생명 본능은 성적 에너지 또는 리비도를 통해 표현되며, 성장, 생식, 자기 보호와 같은 삶을 유지하려는 본능적 충동을 의미한다. 반면, 죽음 본능은 파괴, 공격, 자기파괴와 같은 부정적 에너지로 표출된다. 이 두 본능은 인간 심리의 가장 근본적 동인으로 작용하며, 이드는 이러한 본능의 요구를 무 비판적으로 대변한다.

이드의 심리적 작동 방식은 일차 과정 사고로 설명되는데, 이는 비합리적이고 비논리적이며, 현실과 환상의 구분 없이 충동적 욕구를 해소하려는 사고 형태이다. 이러한 일차 과정 사고는 의식적인 사고 과정이 아닌, 꿈, 환상, 신경증적 행동, 말실수 등 무의식적 표현을 통해 나타난다. 즉, 이드는 본능적 욕구 충족이라는 심리적 긴장을 해소하기 위해 비현실적이고 상징적인 형태로 심리적 에너지를 분출한다.

이드의 역할은 인간 정신 내에서 원초적 에너지의 원천으로 기능하는 것이며, 인간의 욕망, 충동, 욕구와 같은 심리적 동기의 근본적 기초를 제공한다. 이드는 욕구 충족을 위한 지속적 긴장 상태를 유발하며, 이러한 긴장을 완화하고자 자아는 현실 원칙에 근거하여 욕구 충족 방안을 모색하게 되고, 초자아는 도덕적 기준에 따라 이를 규제하게 된다. 다시 말해, 이드는 인간 정신 내에서 끊임없이 자극을 발생시키며, 자아와 초자아가 그 욕구를 어떻게 현실적이고 도덕적으로 수용할지를 결정하게 만드는 근본 동력이 된다.

프로이트의 이드 개념은 인간 정신을 이해하는 데 있어 필수적인 기초를 이루며, 현대 심리학에서도 인간의 무의식적 충동과 원초적 욕구, 그리고 그로 인한 심리적 긴장과 내적 갈등을 설명하는 데 중요한 이론적 틀을 제공한다. 이드는 성격 구조 내에서 무의식적으로 작동하며, 모든 정신 에너지의 근원이자 본능적 충동의 집합체로서 자아와 초자아를 끊임없이 자극하고 견인하는 역할을 담당한다.

나. 자아

프로이트가 제시한 성격구조 이론에서 자아는 성격을 구성하는 핵심적 요소로, 현실과의 상호작용 속에서 이드의 충동과 초자아의 도덕적 요구를 조율하고 조정하는 중재자적 기능을 담당한다. 자아는 이드에서 파생되지만, 이드와는 달리 현실 세계와 적극적으로 관계를 맺으며 현실 원칙(reality principle)에 기초해 작동한다. 이러한 자아는 무의식, 전의식, 의식의 세 층위 전반에 걸쳐 존재하며, 인간이 외부 세계와 효과적으로 상호작용하고 생존할 수 있도록 돕는 기능적 심리 구조로 정의된다.

자아의 가장 근본적인 특징은 현실 원칙을 기반으로 작동한다는 점이다. 이는 이드가 지향하는 쾌락 원칙에 따라 즉각적으로 욕구를 충족시키려는 충동을 현실 상황에 맞게 조정하고 통제함으로써, 인간이 사회적·도덕적 규범 속에서 적응적으로 행동할 수 있도록 돕는다. 자아는 외부 현실을 인식하고 평가하며, 그에 맞게 사고, 판단, 계획, 기억, 지각 등의 고등 인지기능을 수행한다. 이러한 기능을 통해 자아는 현실적 상황과 조건을 고려하여 욕구 충족의 시기와 방법을 합리적으로 결정하게 된다.

자아의 심리적 작동 방식은 이차 과정 사고에 의존한다. 이는 논리적이고 합리적이며 시간과 공간, 인과관계에 기초한 사고 체계로, 자아가 현실 세계 속에서 문제를 해결하고 목표를 달성하기 위해 활용하는 인지적 전략이다. 이차 과정 사고는 계획적이고 지연된 만족을 수용하며, 감각적 정보와 경험에 기반하여 현실적 결정을 내리는 사고방식으로 구체화된다.

자아는 또한 방어기제를 통해 무의식적 수준에서 이드의 충동과 초자아의 도덕적 요구, 그리고 외부 현실 사이의 갈등으로부터 자아를 보호하고 심리적 균형을 유지하려 한다. 방어기제는 억압, 투사, 승화, 합리화 등 다양한 형태로 나타나며, 불안의 감소를 목적으로 자아가 무의식적으로 사용하는 심리적 전략이다. 이러한 방어기제는 외부 현실과 내적 갈등으로부터 심리적 안정을 유지하게 하지만, 지나치게 고착되거나 왜곡될 경우 신경증적 증상의 원인이 되기도 한다.

프로이트는 자아가 심리적 건강을 유지하는 중심축으로서, 갈등 상황 속에서 자율적이고 합리적인 결정을 내려야 함을 강조하였다. 이러한 자아의 기능적 이해는 현대 임상심리학과 정신분석학에서 인간 행동과 심리 역동을 해석하는 중요한 이론적 기반이 되고 있다.

다. 초자아

프로이트가 제시한 성격구조 이론에서 초자아는 인간 정신 내에서 도덕적 가치와 이상을 담당하는 심리적 구조로 정의된다. 초자아는 성격의 세 구성 요소 중 가장 마지막에 형성되며, 아동이 부모 및 사회의 가치, 규범, 금기를 내면화하는 과정 속에서 발달하게 된다. 초자아는 개인의 심리적 발달 과정에서 외부로부터 주어진 도덕적 기준과 이상적인 행동 규범을 내면화하여, 자아의 사고와 행동에 지속적인 영향을 미치는 초월적 심리 기제로 기능한다.

초자아는 크게 양심과 자아이상이라는 두 구성요소로 구분된다. 양심은 부정적인 도덕적 규범을 내면화한 것으로, 금지된 욕구나 잘못된 행동을 했을 때 죄책감과 불안을 유발하는 심리적 기제이다. 이는 부모나 사회로부터 부정적인 제재를 받았던 경험을 내면화한 결과이며, 도덕적 위반에 대한 처벌적 기능을 담당한다. 반면, 자아이상은 긍정적인 도덕적 기준과 이상적인 행동을 내면화한 부분으로, 도달하고자 하는 완전한 자아상을 형성하며 자긍심과 자부심을 유도한다. 자아이상은 부모나 사회로부터 칭찬이나 인정받았던 경험을 바탕으로 구축되며, 개인이 자아실현을 향해 나아가도록 동기를 부여한다.

초자아의 가장 두드러진 특징은 도덕 원칙에 기초하여 작동한다는 점이다. 이는 자아가 현실적 요구를 수용하는 과정 속에서도 항상 윤리적, 도덕적 기준에 부합하는 방향으로 사고하고 행동하도록 강요한다. 초자아는 무의식, 전의식, 의식의 모든 층위에 걸쳐 존재하며, 때로는 자아의 합리적 결정을 방해하고 비현실적인 도덕적 완벽주의를 추구하게 만들기도 한다. 이처럼 초자아는 자아에 지속적인 감시와 압력을 가하며, 본능적 충동에 대한 억제와 이상적 행동에 대한 강박을 유도한다.

초자아는 또한 자아와 이드(Id) 사이에서 심리적 갈등을 야기하는 주요 원천이 된다. 이드는 본능적 욕구의 즉각적인 충족을 요구하지만, 초자아는 그러한 충동이 도덕적 기준에 위배될 경우 강한 죄책감과 수치심을 유발하며, 자아는 이러한 상반된 요구 사이에서 끊임없이 중재하는 역할을 수행하게 된다. 이때 초자아는 자아에 대해 지나치게 엄격하거나 비현실적인 요구를 할 경우, 자아는 방어기제를 동원하여 내적 긴장과 불안을 완화하려고 시도한다.

초자아의 역할은 인간이 사회적 존재로서 살아가기 위해 필수적인 내면화된 규범과 도덕적 잣대를 제공하는 데 있다. 초자아는 개인이 타인과의 관계 속에서 윤리적이고 책임감 있는 행동을 유지하도록 통제하며, 사회적 가치와 이상에 부합하는 자아상 확립을 가능하게 한다. 또한 초자아는 자아의 선택과 행동을 심리적 차원에서 평가하고 비판하며, 이로 인해 인간은 내면적 자기검열을 수행하게 된다. 이러한 초자아의 기능은 인간이 단순히 욕구 충족에만 매몰되지 않고, 도덕적 가치와 공동체적 기준을 존중하며 자기 통제력을 유지할 수 있도록 돕는다.

프로이트가 제시한 초자아는 성격구조 속에서 도덕적 이상과 윤리적 규범을 내면화한 심리적 기제로서, 자아와 이드의 심리 역동 속에서 인간의 도덕적 행동과 양심적 결단을 가능하게 한다. 초자아는 정신 내적 갈등을 유발하는 동시에, 사회적 규범에 부합하는 성숙한 인격 형성과 자아실현을 위한 정신적 기준을 제시하며, 현대 심리학과 정신분석학에서 인간 정신의 도덕적 측면을 이해하는 핵심 개념으로 자리 잡고 있다.

02 성격의 발달 단계

프로이트가 주장한 정신성적 발달이론은 인간의 성격 발달을 설명하는 심층심리학적 이론으로, 개인의 성격은 유년기의 특정 시기에 경험하는 성적 에너지

(libido)의 집중과 그 충족 여부에 따라 형성된다고 본다. 프로이트는 인간을 본능적 존재로 이해하며, 특히 성적 에너지인 리비도가 심리적 발달의 주요 동인으로 작용한다고 주장하였다. 그는 이러한 발달 과정을 일정한 연령 단계별로 구분하였으며, 각 단계는 특정 신체 부위 즉, 성감대와 밀접하게 연관되어 있다고 설명하였다. 만일 특정 단계에서 욕구충족이 과도하거나 부족하게 이루어진다면, 해당 단계에 고착이 발생하여 이후 성격 형성에 지속적인 영향을 미치게 된다.

프로이트는 발달 단계를 구강기, 항문기, 남근기, 잠복기, 생식기의 총 다섯 단계로 구분하였다.

가. 구강기

지그문트 프로이트(Sigmund Freud)가 제시한 정신성적 발달이론에서 가장 최초의 발달 단계인 구강기(Oral Stage)는 인간 존재의 초기 심리적·신체적 발달 과정에서 중요한 위치를 차지한다. 이 시기는 출생부터 약 18개월 전후까지로 설정되며, 유아가 외부 세계와 상호작용하는 가장 기초적이고 본능적인 방식이 구강 영역을 통해 이루어진다는 점에서 명명되었다. 프로이트는 이 시기를 통해 인간이 최초로 쾌락원칙에 따라 욕구충족을 경험한다고 보았다.

구강기의 심리적 특징은 신체적으로는 입, 입술, 혀와 같은 구강 기관이 심리적 쾌락의 주요 수단이 된다는 점이다. 수유, 빠는 행위, 물기, 씹기 등의 행동을 통해 유아는 긴장 해소와 만족감을 경험하며, 이러한 신체적 활동은 단순히 생리적 욕구 충족을 넘어 정서적 안정과 애착 형성의 기초가 된다. 특히 어머니와의 수유 경험은 유아에게 신뢰와 안정, 보호받는 감각을 제공하며, 이는 자아(Ego)의 초기 형성과 현실 적응 능력의 토대를 마련한다. 구강기의 경험은 세상과의 첫 접촉이자 기본적 신뢰감의 근원이 되며, 프로이트는 이 시기를 구강적 욕구의 충족 여부가 향후 성격 형성에 지대한 영향을 미치는 시기로 규정하였다.

이 시기의 심리적 메커니즘은 일차 과정 사고에 의존하며, 유아는 현실과 환상,

시간과 공간의 구분 없이 단순히 즉각적인 욕구 충족을 통한 긴장 해소를 원한다. 이러한 구강적 활동은 리비도(libido)의 초기 방출 경로로서, 자아가 현실원칙을 학습하기 이전, 이드(Id)의 본능적 요구에 의해 지배된다. 즉, 구강기는 전적으로 쾌락원칙 하에서 본능적 충동이 직접적으로 충족되는 유아기의 심리적 양상으로 특징지어진다.

그러나 만일 구강기에서 욕구충족이 과도하게 제공되거나 지나치게 박탈될 경우, 해당 단계에 고착이 발생하게 된다. 고착이란 심리적 발달이 특정 단계에 머물러 이후 성장 과정에 부적응적인 영향을 미치는 현상을 의미한다. 구강기에 고착된 개인은 성인이 되어서도 구강적 만족을 반복적으로 추구하는 경향을 보인다. 이러한 성격적 특성은 크게 수용적 유형과 공격적 유형으로 나뉜다.

수용적 구강 성격은 유아기의 과도한 애정과 수용 경험에서 비롯되며, 타인에 대한 과도한 의존성, 수동성, 순종적 태도, 그리고 타인의 관심과 사랑에 대한 집착적 욕구로 나타난다. 이러한 개인은 식사, 흡연, 음주 등 구강적 활동에 집착하거나 과도하게 말이 많아지는 행동 특성을 보일 수 있다.

반면, 공격적 구강 성격은 유아기의 수유 박탈, 거부, 혹은 공격적 양육 환경에서 기인하며, 타인을 향한 비판적이고 냉소적인 태도, 언어적 공격성, 지나친 독설과 같은 행동 양상으로 표현된다. 이러한 성격유형은 타인과의 관계에서 방어적이고 적대적인 경향을 보이며, 자기 보호를 위한 공격적 태도로 긴장을 해소하려 한다.

결론적으로, 구강기는 프로이트 이론에서 성격 발달의 기초를 형성하는 핵심적 시기로, 유아가 기본적 신뢰와 애착, 긴장 해소의 방식, 타인과의 관계 방식을 최초로 학습하는 심리적 시기이다. 이 시기의 욕구 충족 경험은 이후 성격적 성향뿐 아니라 무의식적 갈등, 정서적 반응 방식에까지 깊은 영향을 미친다. 구강기의 고착 여부는 자아 발달의 안정성, 대인관계 양상, 욕구 조절 능력 등 성격의 다양한 차원에 장기적 영향을 미치는 중요한 심리적 요인으로 작용한다. 이러한 구강기의 이론적 이해는 현대 정신분석학에서 초기 아동기의 경험과 성격 형성 간의 연관성을 설명하는 핵심적 토대를 제공한다.

나. 항문기

지그문트 프로이트(Sigmund Freud)가 제시한 정신성적 발달이론에서 항문기는 인간 발달의 두 번째 주요 단계로, 대략 1세에서 3세 전후의 시기에 해당된다. 이 시기의 아동은 신체적·심리적 발달 과정에서 성적 에너지인 리비도(libido)가 구강영역에서 벗어나 항문 영역으로 이동하며, 쾌락을 추구하는 방식 또한 이전 단계와는 다른 양상을 보이게 된다. 항문기는 특히 배변이라는 구체적이고 현실적인 신체 기능과 밀접하게 연결되어 있으며, 이 경험을 통해 아동은 자율성과 통제력이라는 심리적 개념을 내면화하기 시작한다.

항문기의 가장 두드러진 심리적 특징은 쾌락원천이 항문을 통한 긴장 해소와 배출 행위에 있다는 점이다. 아동은 배변이라는 신체적 활동을 통해 쾌락뿐 아니라 자기통제감과 권력감, 타인에 대한 영향력을 처음으로 인식하게 된다. 배변을 성공적으로 조절하고 적절히 표현하는 경험을 통해, 아동은 자신의 신체에 대한 통제뿐 아니라 주변 환경에 대한 영향력, 즉 자율성과 독립성을 체득하게 된다. 이러한 과정은 자아(Ego)가 현실원칙에 입각하여 기능을 확장해 가는 중요한 심리적 전환점이 된다. 따라서 항문기는 자율성, 질서, 자기표현, 권력 투쟁 등의 초기 심리구조가 형성되는 시기로 이해된다.

부모와의 상호작용, 특히 배변훈련은 항문기 발달에서 결정적 요인으로 작용한다. 부모가 엄격하거나 지나치게 통제적인 태도를 보일 경우, 아동은 배변을 수치스럽거나 억압적인 경험으로 받아들이게 되며, 이로 인해 자율성 발달이 좌절될 수 있다. 반대로, 부모가 과도하게 관대하거나 무관심한 태도를 보인다면, 아동은 통제력의 한계를 인식하지 못하고 자기표현이 무절제하게 발달할 위험이 있다. 이처럼 배변훈련 과정에서의 부모의 태도는 아동의 자아형성, 자율성, 타인에 대한 통제 방식에 장기적으로 영향을 미친다.

항문기에 욕구 충족이 과하거나 부족할 경우, 해당 시기에 고착이 발생하게 되며, 이는 성인기 성격 특성에 뚜렷한 영향을 남긴다. 프로이트는 항문기의 고착된 성격유형을 크게 항문-강박적 성격과 항문-공격적 성격으로 구분하였다.

항문-강박적 성격은 유아기 동안 배변을 엄격하게 통제받은 아동에게서 발달하며, 성인이 된 이후에도 질서정연함, 완벽주의, 인색함, 강박적 성향으로 나타난다. 이러한 인격 특성은 무의식적으로 억압된 통제 욕구와 자율성 갈등의 결과로, 환경과 타인에 대한 지나친 통제를 시도하거나, 자기 자신에 대한 과도한 규율과 억제적 태도로 발현된다.

반면, 항문-공격적 성격은 부모가 배변훈련에 관대하거나, 아동이 부모의 통제에 반발하며 배변을 고의적으로 거부하거나 어지럽히는 행동을 통해 쾌감을 얻은 경우에 형성된다. 이 성격유형은 성인이 되어 충동적, 파괴적, 무질서, 비판적, 대인관계에서 공격적인 태도로 드러난다. 이들은 자신의 내적 긴장이나 불만을 외부로 투사하며, 사회적 규범이나 질서에 반항하려는 경향을 보인다.

항문기는 단순한 생리적 기능 습득의 시기를 넘어, 자율성과 통제, 규범 수용, 자기표현 등의 심리적 기제가 본격적으로 형성되는 중요한 발달 단계이다. 이 시기의 성공적인 욕구 충족과 적절한 통제 경험은 성인이 되어 책임감, 질서의식, 자기조절 능력으로 연결되지만, 부적응적 고착은 강박적이거나 충동적인 성격 특성으로 고착될 수 있다. 프로이트는 이러한 항문기의 경험이 이후 자아의 기능적 성숙도, 사회적 적응력, 대인관계에서의 상호작용 방식에 깊은 영향을 미친다고 보았으며, 이는 현대 정신분석학 및 성격심리학에서 인간 발달 이해의 핵심적 토대가 되고 있다.

다. 남근기

남근기는 대략 3세에서 5세 전후의 시기로 규정되며, 이 시기는 성격구조 형성에 있어 매우 중요한 전환점으로 간주된다. 이 시기 아동의 성적 에너지(libido)는 구강기와 항문기를 거쳐 성기로 집중되며, 성적 쾌락의 원천이 신체적 차원을 넘어 심리적 차원으로 확장되는 특징을 보인다. 남근기는 자아의 현실 원칙과 초자아의 도덕 원칙이 본격적으로 교차하며, 성격구조의 핵심이 되는 도덕성, 성 정체성, 권위에 대한 태도가 형성되는 시기이다.

남근기의 가장 핵심적인 심리적 특징은 오이디푸스 콤플렉스와 엘렉트라 콤플렉스로 요약될 수 있다. 오이디푸스 콤플렉스는 남아가 무의식적으로 어머니에게 성적 애착을 느끼고, 아버지를 경쟁적 존재로 인식하면서 발생하는 심리적 갈등을 의미한다. 남아는 아버지로부터 거세불안을 경험하며, 이러한 불안은 아버지와의 동일시 과정을 통해 해결된다. 동일시를 통해 남아는 아버지의 권위와 도덕규범을 내면화하게 되며, 이는 초자아의 형성과 도덕적 판단 능력, 성 역할 정체성 확립에 결정적 영향을 미친다.

반면, 엘렉트라 콤플렉스는 여아가 어머니를 동일시하던 초기 애착에서 벗어나 아버지에 대한 사랑과 애착을 경험하게 되며, 이를 통해 남근선망이라는 개념이 발생한다. 여아는 자신의 신체적 결핍을 인식하며, 아버지로부터 보상받고자 하는 심리적 욕구를 형성한다. 여아 역시 동일시를 통해 어머니의 역할을 내면화하며, 초자아와 여성적 정체성이 확립된다.

남근기에서 아동은 자아 이상을 구체화하며, 성적인 자기 인식과 함께 성적 역할을 명확히 인지하고 사회적 규범과 가치에 대한 내적 기준을 내면화하게 된다. 또한, 부모와의 관계에서 비롯된 경쟁, 애착, 동일시의 경험은 타인과의 관계 형성 방식, 권위에 대한 태도, 자기 가치감에 결정적 영향을 미친다. 이 시기는 성격 발달뿐 아니라 심리적 구조의 통합과 조화를 이루는 핵심 시기로, 이후 심리적 성숙에 중대한 토대를 마련한다.

그러나 남근기에서의 심리적 갈등이 원만하게 해소되지 못할 경우, 해당 단계에 고착이 발생하게 되며, 이는 성인기 성격 형성에 부정적 영향을 미친다. 남근기에 고착된 성격은 일반적으로 허세적, 과시적, 자기중심적 성향으로 나타난다. 지나치게 자신을 드러내려 하거나, 과도하게 이성의 관심을 끌고자 하며, 성적 정체성이나 성 역할에 대한 혼란을 경험할 가능성도 높다. 또한, 권위에 대한 지나친 반항적 태도나, 반대로 권위에 대한 과도한 복종 심리가 나타날 수 있다. 이들은 자아상의 불안정으로 인해 지속적으로 외부로부터 인정받으려는 강한 욕구를 보이며, 타인과의 관계에서 경쟁적이고, 때로는 공격적인 태도를 취하기도 한다.

이와 더불어 남근기의 고착은 성적 억압, 부적절한 성적 역할 수행, 성적 죄책감 등으로 심화되며, 이는 성인이 되어 대인관계에서 불안정하고 유아적인 행동 패턴을 유발할 수 있다. 이러한 성격 특성은 자아와 초자아의 부조화로 인해 지속적인 내적 갈등과 심리적 불안을 야기하며, 결과적으로 자기 과시적 행동이나 과도한 비난, 질투, 권위적 태도로 표출되곤 한다.

남근기는 성격구조 형성의 전환기이자, 초자아가 구체적으로 자리 잡는 시기로서, 도덕성, 성 정체성, 권위 수용, 자기 가치감 형성의 결정적 기반을 제공한다. 이 시기의 경험은 성인이 되어 타인과의 관계, 권위에 대한 태도, 성 역할 수행, 도덕적 판단에 직접적 영향을 미치며, 심리적 발달의 건강성과 성격 통합 여부를 가늠하는 중요한 지표가 된다. 프로이트는 이러한 남근기의 경험이 자아의 심리적 통합과 사회적 적응 능력을 결정짓는 핵심적 기제로 작용한다고 강조하였다.

라. 잠복기

잠복기는 아동기의 심리 발달 과정에서 네 번째에 해당하는 단계로, 대략 6세부터 사춘기 이전까지의 시기를 포괄한다. 이 시기는 이전의 남근기를 거치며 형성된 성적 에너지(libido)가 외부로 향한 직접적인 표현을 멈추고 잠재화되는 특징을 보이며, 성격 발달 과정에서 심리적 안정과 사회적 적응을 위한 준비 단계로 기능한다.

잠복기의 가장 핵심적인 심리적 특징은 성적 에너지의 활동이 억제 또는 전위 과정을 통해 학업, 스포츠, 예술, 사회적 활동 등으로 전환된다는 점이다. 이 시기 아동의 관심은 더 이상 성적인 주제나 신체적 욕구에 집중되지 않고, 또래 관계, 규범 학습, 도덕성 발달, 사회적 기술 습득과 같은 외부 세계와의 상호작용으로 확장된다. 이러한 과정은 자아와 초자아의 기능이 성숙해지며, 현실 원칙과 도덕 원칙을 통합하고 내면화하는 데 중요한 역할을 한다.

잠복기 동안 아동은 동성 또래와의 관계 속에서 협력, 경쟁, 사회적 규범의 수용과 같은 사회화 과정을 경험한다. 학교라는 제도적 환경 안에서 규칙과 책임을 내면화하고, 자율성과 집단 소속감을 확립하며, 이는 장차 성인이 되어 대인관계 및 사회적 역할 수행 능력의 기초가 된다. 또한 이 시기는 인지적, 정서적, 도덕적 능력이 발달하는 중요한 시기로, 초자아는 더욱 견고해지고 도덕적 판단 능력과 자기 통제력이 강화된다. 프로이트는 잠복기를 통해 아동이 성적인 충동으로부터 해방되어 보다 성숙한 인격 형성의 토대를 마련한다고 보았다.

잠복기에서는 리비도의 활동이 표면화되지 않는 것처럼 보이나, 이는 단순 억압이 아닌, 사회적 기능과 학습을 위한 심리적 에너지로 전환된 상태로 이해할 수 있다. 이 시기의 심리적 평형은 아동의 정체성과 도덕성, 성격적 안정성 발달에 중대한 영향을 미친다.

그러나 잠복기에서 발생할 수 있는 고착 현상은 이전 단계에서 해결되지 않은 무의식적 갈등의 영향을 받을 수 있으며, 이로 인해 아동은 대인관계에서 위축되거나, 타인과의 관계 형성에 두려움을 보일 수 있다. 잠복기의 고착은 성인이 되어 사회적 관계 회피, 내향성, 정서적 위축, 자신감 결여와 같은 성격 특성으로 나타나기도 하며, 반대로 외형상 지나친 규범 준수, 도덕적 완벽주의, 권위에 대한 과도한 복종 성향으로 드러날 수도 있다. 이는 잠복기 동안 내면화된 초자아가 과도하게 강화되었거나, 억압된 성적 욕구가 사회적 불안이나 강박적 행동으로 전이되었음을 시사한다.

잠복기 고착의 또 다른 측면은 감정 표현의 억제, 감정적 거리 두기, 타인에 대한 신뢰 부족으로 표출되며, 이러한 성향은 성인기의 인간관계에서 친밀감 회피, 집단 활동 기피, 자율적 활동에 대한 지나친 의존으로 연결될 수 있다. 이처럼 잠복기 고착은 성인이 된 이후 심리적 유연성 결여와 대인관계 역량 저하로 이어질 수 있으며, 이는 이후 생식기 단계에서의 성숙한 관계 형성에 장애 요인으로 작용할 수 있다.

잠복기는 외형상 심리적 안정과 성적 에너지의 억제가 이루어지는 시기처럼 보이지만, 실제로는 사회화, 도덕성, 자아통합이라는 성격 발달의 핵심 기제가 강화되는 중요한 시기이다. 이 단계에서 아동은 성인이 되어 사회 구성원으로 기능하기 위한 심리적 준비를 갖추며, 초자아는 이 시기를 통해 규범과 가치, 타인과의 상호작용에 필요한 통제 능력을 내면화하게 된다. 프로이트는 잠복기를 통해 아동이 자기중심적 본능 충족을 넘어 사회적 존재로 발달하며, 성숙한 인격 형성의 기초가 다져진다고 강조하였다.

마. 성기기

성기기는 대략 사춘기 이후부터 성인기까지를 포괄하는 시기로, 이는 유년기의 이전 발달 단계를 통과하며 형성된 성격구조가 완성되고, 보다 성숙하고 현실적인 사회적 기능과 대인관계 양식이 구체화되는 시기를 의미한다. 이 시기의 가장 두드러진 특징은 억압되어 있던 성적 에너지(libido)가 재활성화되며, 성적인 관심이 자기중심적 욕구에서 타인에게로 전환되어 성숙한 이성적 관계를 맺고자 하는 욕구로 발전한다는 점이다.

생식기는 유아기부터 잠복기를 거치는 동안 부분적으로 특정 신체 부위에 집중되어 있던 성적 에너지가 전신적 통합을 이루며, 이로 인해 이타적 사랑, 친밀감, 책임감, 생산성이라는 성숙한 성인기의 심리적 특성이 나타나게 된다. 프로이트에 따르면, 성기기 단계의 목표는 자기애적 만족이나 일차적 본능 충족을 넘어 타인과의 상호작용 속에서 성적, 정서적, 사회적 성숙을 이루는 것이다. 이 과정에서 자아는 현실 원칙에 충실하며, 초자아는 내면화된 도덕성과 사회적 가치에 따라 행동을 조율하게 된다.

이 시기에는 이성 관계뿐 아니라 사회적 책임, 직업적 성취, 타인에 대한 배려, 자녀 양육과 같은 생산적 삶을 영위하려는 경향이 뚜렷해진다. 성적 욕구는 단순한 신체적 쾌락을 넘어, 성숙한 관계와 사회적 기여를 위한 에너지로 전환된다. 따라서 성기기 단계는 이전 단계에서 경험한 무의식적 갈등이 해소되고, 통합된 자아의 기능 아래 성숙한 성격이 형성되는 시기라 할 수 있다.

그러나 프로이트는 성기기 단계 역시 유년기의 고착에 따라 그 완성도가 영향을 받을 수 있다고 보았다. 즉, 구강기, 항문기, 남근기, 잠복기에서 욕구 충족이 왜곡되었거나 심리적 갈등이 적절히 해결되지 않은 경우, 성인은 성숙한 성기기 단계에 이르더라도 그 고착된 성격 특성으로 인해 심리적 불안정이나 대인관계에서 문제를 경험할 수 있다. 이러한 경우, 성인은 성적 관계에서 미성숙하거나, 지나친 자기애에 빠지거나, 타인을 성적 대상으로만 인식하는 경향을 보일 수 있다. 또한, 책임 회피, 지속적인 자아 중심적 행동, 타인과의 정서적 거리 유지, 대인관계의 불안정성 등으로 나타날 수 있다.

반대로, 정신성적 발달의 각 단계를 건강하게 통과한 경우, 성기기 단계의 성인은 타인과의 상호보완적 관계, 성숙한 사랑, 사회적 책임, 생산성을 바탕으로 심리적 통합을 이루며, 이는 심리적 건강의 표지로 간주된다. 이 단계의 성인은 성욕을 억압하거나 왜곡하지 않고, 현실적인 방식으로 충족시키며, 타인과의 깊은 정서적 유대를 형성하고, 사회적 기여를 통해 자신의 존재 의미를 확인한다.

성기기 단계는 궁극적으로 개인의 심리적 통합과 성숙을 상징하며, 리비도의 에너지가 성적 파트너뿐 아니라 직업, 사회활동 등 다양한 영역으로 확장됨으로써, 인간으로서 생산적이고 창조적인 삶을 살아가게 한다. 프로이트는 이 단계를 성격 발달의 완성기로 간주하며, 비로소 개인이 자아와 초자아의 균형 속에서 성숙한 인간관계를 맺고, 사회적 책임을 감당할 수 있게 된다고 보았다.

성기기 단계는 유년기의 정신성적 발달 과정을 통합하고, 심리적 에너지가 현실과의 조화를 통해 완전하게 기능하는 시기로 이해된다. 이 시기의 성공적 발달 여부는 성인의 대인관계, 사회적 적응력, 정서적 안정성, 직업적 성취 등에 직결되며, 성격 발달 이론의 궁극적 완성단계로서 정신분석학적 관점에서 매우 중대한 의미를 지닌다.

이러한 정신성적 발달이론은 인간의 성격이 본능적 에너지와 욕구 충족 여부에 따라 결정된다는 점에서, 성격 형성의 결정적 시기를 아동기로 명확히 규정하였다는 의의를 지닌다. 프로이트는 성격의 대부분이 유년기 경험, 특히 부모와의 상호작용 속에서 결정된다고 주장하였으며, 정신분석학적 접근을 통해 무의식적 갈등과 욕구의 근원을 탐색하고 치료하는 근거로 이 이론을 제시하였다.

03 무의식의 역할과 중요성

가. 무의식의 역할

무의식은 인간 정신의 가장 근원적이고 심층적인 차원으로 이해된다. 프로이트는 인간의 성격과 행동이 단순히 의식적 사고와 합리적 선택에 의해 형성되는 것이 아니라, 오히려 무의식 속에 억압된 욕망, 충동, 정동, 그리고 해결되지 않은 갈등에 의해 결정된다고 보았다. 그는 의식, 전의식, 무의식으로 구성된 지형학적 모형을 제시하며, 특히 무의식을 성격 발달과 정신역동의 핵심 기제로 설명하였다.

무의식은 인간이 직접적으로 인식할 수 없는 영역이지만, 억압된 본능적 욕구와 금지된 소망, 그리고 사회적 규범과 충돌한 기억들이 축적된 저장소로 기능한다. 이러한 무의식적 내용은 검열과 억압에 의해 의식으로의 직접적인 접근이 차단되지만, 꿈, 실수행위, 증상과 같은 다양한 상징적 형태를 통해 간접적으로 표출된다. 따라서 무의식은 단순히 숨겨진 사고의 잔여물이 아니라, 인간의 사고와 정서, 행동을 지속적으로 형성하고 변형시키는 역동적 동력으로 작용한다.

또한 프로이트는 성격구조 모형에서 이드, 자아, 초자아 간의 역동적 상호작용을 설명하면서, 이드의 충동적 에너지가 무의식에 뿌리를 두고 있다고 보았다. 이드는 쾌락 원칙을 따르며, 충동적 욕망은 자아의 현실 원칙과 초자아의 도덕적 요구에 의해 억압되거나 변형된다. 이러한 과정에서 무의식은 자아의 방어기제를 활성화시키며, 불안을 조절하는 심리적 장치로 작용한다.

따라서 무의식의 역할은 단순히 억압된 내용을 보관하는 수동적 기능에 그치지 않고, 인간 성격의 형성과 발달, 그리고 정신병리의 출현에까지 결정적인 영향을 미친다. 특히 무의식적 갈등이 적절히 해소되지 못할 경우, 신경증적 증상이나 강박적 행동으로 표출될 수 있으며, 이러한 증상의 해석과 무의식적 의미의 인식은 정신분석적 치료의 핵심 과제가 된다.

무의식의 역할은 성격심리학적 관점에서 인간 이해의 지평을 획기적으로 확장시켰다. 무의식은 인간이 스스로를 이해하는 데 있어 필연적으로 고려해야 하는 심리적 차원이며, 성격 연구와 임상적 개입에서 무의식을 탐구하고 해석하는 작업은 여전히 결정적인 의미를 지닌다.

1) 의식

의식은 인간 정신의 표층에 위치한 부분으로, 현재 자각할 수 있고 즉각적으로 인식 가능한 사고, 감정, 지각, 의도적 선택을 포함하는 심리적 체계를 의미한다. 의식은 외부 세계와의 직접적인 접촉을 담당하며, 자극을 지각하고 이를 판단과 행동으로 전환하는 기능을 수행한다. 따라서 의식은 인간이 현실과 상호작용하는 과정에서 필수적인 심리적 매개체라 할 수 있다.

프로이트는 의식을 단순히 자극 반응의 장치로 보지 않고, 성격 전체의 역동적 체계 속에서 제한된 역할을 담당하는 부분으로 규정하였다. 즉, 인간의 정신생활 대부분은 무의식에 의해 지배되며, 의식은 무의식의 거대한 심리적 에너지 중 일부분만을 표면화하는 기능적 창구로 작용한다. 다시 말해, 의식은 마치 빙산의 일각처럼 전체 정신 구조의 극히 일부를 드러내는 수준에 불과하며, 성격 형성의 근원적 동력은 무의식의 심층 구조에 놓여 있다.

그럼에도 불구하고 의식은 중요한 조절 기능을 수행한다. 의식은 현실 원칙에 따라 외부 환경으로부터의 자극을 평가하고, 이드의 충동적 욕구와 초자아의 도덕적 규범 사이에서 균형을 유지하려는 자아의 활동을 직접적으로 경험하게 한다. 의식적 사고는 논리적 추론, 합리적 의사결정, 계획 수립, 문제 해결과 같은 고차원적 인지 기능과 연결되어 있으며, 이는 사회적 적응과 일상적 기능 수행에 핵심적인 역할을 한다.

또한 의식은 전의식과 밀접하게 연결되어 있다. 전의식은 현재 의식되지 않지만 필요시 쉽게 떠올릴 수 있는 기억이나 지식의 저장소로, 의식은 전의식으로부터 자료를 불러와 사고의 흐름 속에 통합한다. 이 과정에서 의식은 과거 경험을 현재의 상황과 연결하여 행동을 조정하고, 미래의 결과를 예측하며, 자기반성적 성찰을 가능하게 한다.

그러나 의식은 항상 완전하거나 자율적인 것이 아니다. 프로이트는 인간의 많은 행동이 의식적 의도와 무관하게 무의식적 충동에 의해 결정된다고 보았다. 이 때문에 의식은 때때로 합리화나 자기기만을 통해 무의식적 갈등을 가리는 기능을 수행하기도 한다. 이러한 측면에서 의식은 단순한 자각의 장이 아니라, 무의식의 심리적 에너지가 검열을 거쳐 변형된 형태로 나타나는 장치이기도 하다.

의식은 인간 정신의 전체 구조에서 제한된 범위를 차지하지만, 현실 적응과 자기 인식, 그리고 사회적 상호작용을 가능하게 하는 핵심적 차원이다. 의식은 무의식적 에너지와 전의식적 자료를 통합하여 행동을 조율하며, 성격의 외현적 표현을 형성한다. 따라서 의식의 연구는 단순한 표면적 현상 이해를 넘어, 무의식과의 역동적 상호작용 속에서 성격을 총체적으로 이해하는 데 중요한 단서를 제공한다.

2) 전의식

전의식(preconscious)은 의식과 무의식 사이에 존재하는 중간적 심리 영역으로, 인간 정신의 역동적 구조를 이해하는 데 핵심적인 개념이다. 전의식은 현재 즉각적으로 자각되지는 않지만, 주의와 회상의 과정을 거치면 의식의 장으로 비교적 쉽게 불러올 수 있는 기억, 지식, 경험의 저장소로 기능한다. 다시 말해, 전의식은 무의식에 억압되어 접근이 차단된 심리 내용과는 달리, 적절한 자극이나 상황적 맥락이 주어질 때 언제든 의식화될 수 있는 잠재적 의식 자료를 포함한다.

프로이트는 전의식을 정신의 검열 기능과 관련지어 설명하였다. 전의식은 무의식의 충동적 욕구와 억압된 정동이 직접적으로 의식에 도달하지 못하도록 걸러내면서, 동시에 의식이 필요로 하는 기억과 사고를 제공하는 여과 장치로 작동한다. 따라서 전의식은 일종의 심리적 완충지대로서, 무의식의 혼란스러운 에너지와 의식의 제한된 처리 능력 사이를 중재하는 중요한 역할을 담당한다.

예를 들어, 우리가 특정 이름이나 사건을 즉시 떠올리지는 못하지만 약간의 시간이나 단서가 주어지면 기억해내는 경우가 있다. 이러한 현상은 전의식의 전형적인 작용을 보여준다. 전의식은 개인의 삶에서 축적된 방대한 기억 자원, 언어적 지식, 학습된 경험을 저장하며, 이는 필요시 의식적 사고와 행동을 지지하는 자료로 제공된다. 즉, 전의식은 인간 정신의 기억 체계와 밀접하게 연관된 기능적 영역이라고 할 수 있다.

또한 전의식은 자아의 현실 원칙과 긴밀히 연결되어 있다. 자아는 무의식적 욕망이 직접 의식으로 돌출되지 않도록 억압하는 동시에, 전의식에 저장된 적절한 정보와 경험을 불러내어 현실 상황에 합리적으로 대처할 수 있도록 한다. 이러한 점에서 전의식은 성격 기능의 균형을 유지하고 현실 적응을 가능하게 하는 심리적 조정기제라 할 수 있다.

임상적으로 전의식의 작용은 정신분석 치료 과정에서도 중요한 의미를 지닌다. 자유연상 기법이나 꿈의 분석을 통해 억압된 무의식적 내용이 전의식을 거쳐 의식으로 드러나는 과정을 관찰할 수 있으며, 이는 내담자가 자신의 갈등을 인식하고 통합하는 데 중요한 통로가 된다. 즉, 전의식은 무의식과 의식 간의 심리적 가교로서, 치료적 개입의 핵심 지점으로 기능한다.

전의식은 단순히 의식되지 않은 기억의 집합체가 아니라, 무의식적 충동과 의식적 사고를 연결하는 매개적 구조로 이해된다. 전의식은 인간 성격의 역동성을 설명하는 데 있어서 필수적인 요소이며, 의식의 자각과 무의식의 억압된 내용을 연결하는 교차 지점에서 인간 심리의 복잡성을 드러낸다. 따라서 전의식의 역할은 성격 연구뿐 아니라 임상적 개입과 자기 이해의 과정에서 결정적 의미를 지니며, 오늘날에도 인간 정신의 구조와 기능을 이해하는 핵심 틀로서 여전히 중요한 가치를 지닌다.

3) 무의식

무의식(unconscious)은 인간 정신의 심층적 차원을 구성하는 핵심 영역으로, 성격 형성 및 행동의 근본적 동인을 제공하는 중요한 개념이다. 무의식은 인간이 직접적으로 자각하거나 통제할 수 없는 사고, 욕망, 정동, 기억이 축적된 심리적 저장소로 이해되며, 의식과 전의식보다 더 깊은 수준에서 정신적 에너지가 작동하는 영역으로 설명된다.

프로이트는 인간 정신의 대부분이 무의식적 활동에 의해 지배되며, 의식적으로 인식되는 사고와 행동은 전체 정신 구조에서 극히 일부에 불과하다고 보았다. 무의식은 이드의 본능적 충동과 욕구, 억압된 기억, 사회적 규범과 갈등한 경험 등을 포함하며, 이러한 내용들은 의식적으로 인식될 수 없지만, 꿈, 실수 행위, 신경증적 증상, 자유연상 등의 형태를 통해 간접적으로 표출된다. 따라서 무의식은 단순히 숨겨진 사고의 집합이 아니라, 인간 행동과 정서, 성격 발달을 결정하는 역동적 힘으로 기능한다.

무의식은 성격구조 모형에서 특히 이드와 밀접하게 연관된다. 이드는 쾌락 원칙에 따라 충동적 욕구를 표출하려 하지만, 자아와 초자아의 억압적 기능에 의해 직접적으로 의식화되지 못한다. 이러한 억압 과정에서 무의식은 충동과 욕구를 잠재적 상태로 저장하며, 자아는 방어기제를 동원하여 불안을 조절하고 무의식적 내용을 변형시키거나 상징화함으로써 현실 적응과 도덕적 규범 준수를 가능하게 한다.

무의식은 또한 인간 성격의 발달 과정과 정신병리 형성에 결정적인 역할을 한다. 성격 발달 단계에서 경험한 갈등이 적절히 해소되지 않고 억압될 경우, 그 내용은 무의식 속에 축적되어 성인기의 행동, 정서, 대인관계 패턴에 지속적인 영향을 미친다. 예를 들어, 구강기 또는 항문기에서의 고착은 무의식적 욕구와 불안을 특정 행동양식으로 표출하게 하고, 이는 성격 특성과 심리적 취약성의 형성과 연결된다.

임상에서 무의식은 정신분석적 치료에서 탐색과 해석의 핵심 대상이다. 치료자는 자유연상, 꿈 분석, 전이 등의 기법을 통해 환자의 무의식적 욕구와 갈등을 인식하게 하며, 이를 의식화함으로써 성격 통합과 심리적 치유를 촉진한다. 무의식의 이해는 단순한 병리적 분석에 그치지 않고, 인간의 자기 이해와 정서적 성숙을 위한 필수적 도구로 기능한다.

무의식은 인간 정신의 역동적 핵심으로, 성격 형성과 발달, 행동 결정, 정신병리 발생, 치료적 개입 등 모든 차원에서 중심적 역할을 수행한다. 무의식은 인간의 사고와 행동을 지배하는 심층적 힘으로서, 성격 연구와 임상 실천에서 반드시 고려해야 하는 핵심적 심리적 구조이며, 인간 정신의 총체적 이해를 위해 불가결한 개념으로 자리한다.

나. 무의식의 중요성

프로이트는 인간 정신의 구조를 이해하는 데 있어 무의식의 개념을 심리학 이론의 핵심 기제로 제시하였으며, 이는 그의 전 생애에 걸쳐 정신분석학의 근본적 토대를 이루었다. 프로이트에 따르면, 인간의 심리적 활동과 행동, 정서, 사고, 성격의 근원에는 무의식적 동기가 존재하며, 이는 의식이나 전의식의 영역을 넘어 인간 존재를 지배하는 근본적 심층 구조로 작용한다.

프로이트는 빙산 이론을 통해 무의식의 구조적 중요성을 비유적으로 설명하였다. 눈에 보이는 빙산의 일부가 의식이라면, 수면 아래 잠긴 거대한 부분은 무의식에 해당한다. 이는 인간 행동의 대부분이 표면적 의식이 아닌, 무의식적 심리 과정에 의해 지배되고 있다는 점을 상징적으로 보여준다. 무의식은 억압된 충동, 본능적 욕구, 원초적 환상, 금기된 생각, 아동기 경험, 미해결된 갈등 등 의식에 의해 받아들여질 수 없는 심리적 내용들이 저장되어 있는 영역이다.

무의식은 인간 정신 내에서 이드의 본능적 충동을 담당하며, 쾌락원칙에 따라 현실과 무관하게 즉각적 만족을 추구한다. 그러나 이러한 무의식적 욕구는 초자아의 도덕적 기준과 자아의 현실 원칙에 의해 억압되고, 의식 표면으로 드러나지 않은 채 꿈, 실수, 자유연상, 말실수, 심리적 증상 등의 간접적인 형태로 표현된다.

프로이트는 이러한 심층 심리적 현상 속에서 무의식의 존재를 규명하고자 하였으며, 이는 정신분석 기법의 근본적 출발점이 되었다.

무의식의 중요성은 특히 심리적 갈등의 기제에서 두드러진다. 인간은 무의식 속에서 본능적 욕망과 도덕적 규범, 현실적 요구 사이에 끊임없는 내적 갈등을 경험하며, 이러한 갈등은 의식적으로 인식되지 않은 채 심리적 불안, 신경증, 방어기제 등의 형태로 드러난다. 프로이트는 자아가 이러한 무의식적 갈등을 억압, 부인, 투사, 합리화 등의 방어기제를 통해 다루며, 이는 결국 성격 형성과 심리적 건강에 중대한 영향을 미친다고 설명하였다.

무의식은 단순히 억압된 정신의 잔재가 아니라, 인간 정신 전체를 형성하는 원동력으로서 기능하며, 욕망, 두려움, 죄책감, 사랑 등 복합적인 정서적 요소들이 얽혀 있는 심리적 저장소이다. 프로이트에 따르면, 무의식적 동기는 인간 행동의 근원을 이루며, 자아가 의식적으로 인식하거나 통제할 수 없는 심층적 욕구가 삶의 모든 영역에서 지속적으로 영향을 미친다.

정신분석학에서 무의식의 중요성은 치료적 측면에서도 강조된다. 프로이트는 자유연상, 꿈의 해석, 전이 등의 기법을 통해 무의식에 접근하고, 내면에 억압되어 있던 갈등과 욕구를 의식화함으로써 심리적 해방과 통합을 이루고자 하였다. 이러한 과정에서 무의식의 내용이 자각되고 통찰을 얻을 때, 내면의 갈등은 해소되며 성격적 성숙과 심리적 치유가 가능하다고 보았다.

프로이트가 강조한 무의식의 중요성은 인간 존재의 이해에 있어 근본적 관점을 제공한다. 의식의 영역은 인간 정신의 일부분에 지나지 않으며, 진정한 행동의 원천과 정서적 경험, 성격구조의 근간은 무의식에 뿌리를 두고 있다. 무의식에 대한 이해는 인간 내면의 복합성과 심층적 동기를 해명할 수 있는 필수적 접근 방식으로, 이는 현대 심리학, 정신의학, 심리치료 전반에 걸쳐 여전히 심대한 영향을 미치고 있다. 프로이트의 이론은 무의식이라는 개념을 통해 인간 정신의 이중성, 갈등성, 복합성을 설명하며, 인간 존재에 대한 깊은 통찰을 가능하게 하는 정신분석학의 핵심 토대를 제공하였다.

1) 본능적 충동

프로이트의 성격이론에서 무의식은 인간 정신의 핵심적 영역으로, 이 속에 존재하는 본능적 충동은 인간의 사고와 감정, 행동의 기저를 이루는 원초적 에너지로 간주된다. 프로이트는 무의식이 단순히 억압된 기억이나 감정의 저장소가 아니라, 생명에너지(libido)와 밀접히 연관된 본능적 충동이 잠재되어 있는 심층적 정신 영역으로 정의하였다. 이러한 본능적 충동은 이드라는 심리 구조 안에 자리 잡고 있으며, 현실과 도덕을 고려하지 않은 채 오로지 쾌락 원칙에 의해 즉각적 만족을 추구하는 무분별하고 비이성적인 성격을 지닌다.

프로이트는 인간의 본능적 충동을 크게 생의 본능(Eros)과 죽음의 본능으로 구분하였다. 생의 본능은 성적 에너지인 리비도를 근간으로 하며, 생명 유지, 성적 결합, 애착, 사랑, 창조적 활동을 통해 긴장 해소와 쾌락을 추구하는 긍정적 에너지로 작용한다. 반면, 죽음의 본능은 파괴, 공격, 해체, 자기 파괴적 성향으로 나타나는 충동으로, 무의식 속에서 인간이 무의식적으로 무로의 복귀, 긴장의 완전한 소멸을 지향하는 심리적 경향을 내포하고 있다. 프로이트에 따르면, 이러한 두 본능은 상호 갈등과 균형 속에서 인간의 심리와 행동을 끊임없이 움직이게 만드는 근원적 동력이다.

무의식 속 본능적 충동은 의식적 사고와 도덕적 판단을 넘어 인간 심층에서 작동하며, 자아와 초자아가 현실원칙과 도덕 원칙을 근거로 이를 억압하고 통제하려 한다. 그러나 본능적 충동은 억압으로 소멸되지 않고, 꿈, 말실수, 신경증적 증상, 예술적 표현, 행동의 반복강박 등 다양한 간접적 형태로 표출된다. 특히, 억압된 성적 충동이나 공격적 충동은 무의식 속에서 심리적 긴장과 불안을 유발하며, 자아는 이를 방어기제를 통해 우회적으로 해소하고자 한다.

이러한 본능적 충동은 정신분석적 관점에서 심리적 갈등의 핵심 원인으로 작용한다. 무의식의 본능적 욕구는 현실과 도덕, 사회적 요구와 충돌하며, 이 과정에서 억압, 투사, 승화, 동일시, 합리화 등 다양한 방어기제가 동원된다. 자아는 이드의 본능적 충동을 현실과 타협시키기 위해 끊임없이 조율하는 기능을 수행하지만, 그 과정에서 억압된 본능적 욕구는 심리적 증상이나 행동패턴으로 변형되어 나타날 수 있다.

또한, 프로이트는 본능적 충동이 단순히 병리적 증상의 원인이 아니라 인간의 창조성, 예술성, 문화 발전의 근원이 된다고 보았다. 억압된 리비도 에너지가 사회적으로 수용 가능한 방식으로 전환되는 과정을 승화라고 정의하며, 이는 예술, 학문, 직업적 성취와 같은 창조적 활동으로 본능이 변형되어 나타나는 긍정적 결과로 설명된다.

프로이트가 주장한 무의식 속 본능적 충동은 인간 존재를 근본적으로 움직이는 원초적 에너지이며, 이 충동은 억압과 변형, 방어기제를 거치며 다양한 심리적 현상으로 드러난다. 인간 정신의 이해에 있어 이러한 본능적 충동의 인식은 심리적 갈등의 원인, 성격 형성, 정신병리적 증상, 창조적 활동의 본질을 설명하는 핵심적 요소로 자리 잡고 있다. 프로이트의 이론은 무의식적 본능적 충동이라는 개념을 통해, 인간이 의식하지 못하는 내면의 심층적 욕망과 긴장, 갈등이 삶 전반에 어떤 방식으로 영향을 미치는지를 설명하며, 현대 심리학과 정신의학에 지대한 영향을 미치고 있다.

2) 억압된 욕망

프로이트는 인간 정신의 구조와 성격 형성 과정에서 무의식의 역할을 강조하였으며, 특히 억압된 욕망이 인간의 사고, 감정, 행동에 지대한 영향을 미친다고 주장하였다. 프로이트에 따르면, 무의식은 단순히 잊혀진 기억의 저장소가 아니라, 사회적 규범과 도덕적 가치에 의해 의식 속에서 받아들여질 수 없는 본능적 욕구와 충동이 억압되어 잠재하는 심층적 심리 영역이다. 이 억압된 욕망은 대개 성적 욕망과 공격적 충동으로 구성되며, 이는 의식적으로 인식되지 않은 채 무의식 속에서 강력하게 인간 심리에 영향을 미친다.

프로이트는 이러한 억압이 초자아의 도덕적 기준과 사회적 가치에 의해 필연적으로 발생한다고 보았다. 인간은 어린 시절부터 문화와 규범에 순응하며, 금지된 욕구나 충동은 의식적 자각에서 밀려나 무의식 속으로 억압된다. 그러나 억압된 욕망은 단순히 사라지는 것이 아니라, 무의식적 에너지로서 계속해서 심리 내면에서 긴장과 갈등을 유발하며, 의식적 사고와 행동에 간접적 영향을 미친다. 이러한 욕망은 꿈, 말실수, 자유연상, 신경증적 증상과 같은 다양한 방식으로 표출되며, 이는 억압된 심리적 내용을 해소하려는 무의식의 시도로 이해된다.

특히, 억압된 성적 욕망과 공격적 욕구는 이드의 쾌락 원칙에 따라 지속적으로 만족을 추구하나, 현실원칙을 따르는 자아와 도덕 원칙에 근거한 초자아에 의해 억압된다. 이러한 억압은 자아가 심리적 균형을 유지하기 위한 방어기제의 일환으로 작용하며, 부인, 투사, 승화, 합리 등의 다양한 심리적 기제를 통해 변형되고 우회적으로 표출된다. 그러나 이러한 방어기제는 근본적인 욕망을 제거하는 것이 아니므로, 무의식 속 억압된 욕망은 끊임없이 인간 내면에서 심리적 불안을 야기하며, 이는 신경증적 증상이나 반복적 행동 패턴으로 드러나기도 한다.

프로이트는 억압된 욕망이 정신병리의 주요 원인이라고 보았다. 억압은 일시적으로 자아의 안정을 도모하나, 장기적으로는 무의식 속 갈등을 심화시키고, 자아의 기능을 약화시키며, 이는 결국 심리적 장애로 발전할 수 있다. 따라서 정신분석의 주요 목적은 억압된 욕망을 의식화하여, 자아가 무의식적 내용을 수용하고 통합함으로써 내적 갈등을 해소하고 심리적 통합과 성숙을 이루는 데 있다.

억압된 욕망의 해소 과정에서 꿈의 해석은 중요한 역할을 한다. 프로이트는 꿈을 무의식적 욕망의 상징적 표현으로 보았으며, 꿈의 분석을 통해 무의식에 숨겨진 욕구를 해석하고 자각하는 것이 치료적 통찰을 제공한다고 강조하였다. 이처럼 무의식 속 억압된 욕망은 개인의 심리적 증상뿐 아니라, 예술, 문화, 종교, 신화 등 다양한 인간 활동의 원천적 동기로 작용한다고 프로이트는 주장하였다.

프로이트가 강조한 무의식 속 억압된 욕망은 인간 정신의 핵심 동력이자 심리적 갈등의 근원으로, 의식적 사고와 행동을 은밀하게 지배하는 심층적 힘이다. 이러한 욕망은 단순히 억압된 채 잠재하는 것이 아니라, 다양한 상징적, 우회적 방식으로 삶 전반에 영향을 미치며, 인간의 내면적 갈등과 심리적 고통의 핵심적 원인으로 작용한다. 따라서 억압된 욕망의 이해와 통합은 심리 치료뿐 아니라, 인간 존재의 본질을 이해하는 데 필수적인 요소로, 프로이트의 이론은 현대 심리학과 정신분석학에서 여전히 그 중요성을 유지하고 있다.

3) 잊혀진 기억

프로이트의 성격이론에서 무의식은 인간 정신 구조의 심층부를 차지하는 영역으로, 의식적으로 접근할 수 없는 심리적 내용들이 저장된 장소로 이해된다. 그중에서도 잊혀진 기억은 단순히 기억력이 약화되거나 시간이 흘러 소멸된 것이 아니라, 심리적 방어기제에 의해 의도적으로 무의식 속에 억압된 것으로 간주된다. 프로이트는 이러한 억압된 기억들이 인간의 정서와 행동에 지속적으로 영향을 미치며, 심리적 갈등과 증상의 주요한 원인이 된다고 주장하였다.

무의식 속 잊혀진 기억은 대개 아동기 초기 경험과 밀접하게 연관되어 있으며, 당시 충격적이거나 수치스럽고, 불안이나 죄책감을 유발할 수 있는 사건들이 자아에 의해 의식에서 밀려나 억압된다. 이 기억들은 의식적으로는 잊힌 듯 보이지만, 무의식적 심리 과정 속에서 여전히 강력한 에너지로 남아 인간의 심리적 상태와 행동을 은밀하게 지배한다. 프로이트는 이러한 억압된 기억이 리비도 또는 본능적 충동과 결합되어 무의식 속에서 심리적 긴장과 갈등을 유발한다고 보았다.

무의식 속 잊혀진 기억은 완전히 소멸된 것이 아니며, 꿈, 자유연상, 말실수, 신경증적 증상 등의 간접적 방식으로 표출된다. 특히 프로이트는 꿈을 통해 무의식에 억압된 기억이 상징적, 왜곡된 형태로 드러난다고 보았으며, 이를 해석하는 과정에서 과거의 억압된 심리적 내용이 의식화되고 통찰을 얻게 된다고 주장하였다. 이러한 관점은 프로이트의 정신분석학 이론에서 무의식의 핵심 기능으로 자리 잡고 있으며, 치료적 접근의 기초가 되었다.

무의식 속 잊혀진 기억은 또한 방어기제와 밀접히 연결되어 있다. 자아는 현실과 도덕적 요구에 의해 충족될 수 없는 욕망이나 고통스러운 기억을 억압함으로써 심리적 평형을 유지하려 하지만, 억압된 기억은 완전히 사라지는 것이 아니며, 다양한 심리적 현상으로 변형되어 드러난다. 이러한 억압의 결과, 개인은 반복적으로 동일한 심리적 패턴에 갇히거나, 특정 상황에서 과도한 불안, 공포, 분노 등의 정서적 반응을 보이게 된다. 이는 무의식 속 잊혀진 기억이 여전히 심리 내면에서 영향을 미치고 있음을 시사한다.

프로이트는 무의식 속 잊혀진 기억을 병리적 증상의 핵심 원인으로 보았으며, 심리적 치유를 위해서는 억압된 기억의 의식화가 필수적이라고 강조하였다. 정신분석 치료는 내담자가 자유연상, 꿈 분석 등을 통해 무의식의 억압된 기억에 접근하고, 이를 자각함으로써 내적 갈등을 해소하고 심리적 통합을 이루도록 돕는다. 이 과정에서 잊혀진 기억은 더 이상 무의식 속에 억압된 채 남아 있지 않고, 자아가 이를 수용하고 재구성함으로써 성숙한 방식으로 통합된다.

프로이트의 이론에서 무의식 속 잊혀진 기억은 단순히 과거의 사소한 기억이 아니라, 인간 정신의 심층에서 현재의 사고와 행동을 형성하는 근본적 동인으로 기능한다. 이러한 기억들은 억압과 방어기제를 거쳐 무의식 속에 잠재하지만, 여전히 지속적으로 심리적 영향을 미치며, 의식화되지 않는 한 심리적 갈등과 증상의 근원이 된다. 프로이트는 무의식 속 잊혀진 기억을 이해하는 것이 인간 내면의 복잡성과 정신적 고통을 해명하는 열쇠라 보았으며, 이는 현대 심리학과 정신분석학에서 여전히 중요한 개념으로 남아 있다.

4) 꿈의 역할

프로이트는 무의식의 본질과 작동 원리를 이해하는 데 있어 꿈을 결정적 통로로 간주하였다. 그의 저서 『꿈의 해석』에서 명시하듯이, 프로이트는 꿈을 무의식적 욕망과 억압된 심리적 내용이 상징적으로 드러나는 심리 현상으로 정의하였다. 즉, 꿈은 단순한 심상이나 무의미한 사고의 부산물이 아니라, 무의식의 왕도로 기능하며, 무의식 깊숙이 억압되어 있던 욕망과 갈등이 상징적이고 변형된 형태로 표현되는 심리적 활동의 결과물이다.

꿈은 자아가 수면 상태에서 의식적 통제력을 잃고, 무의식적 심리 에너지, 즉 이드에 잠재된 본능적 충동이 억압 없이 드러날 수 있는 심리적 환경을 제공한다. 그러나 이러한 무의식적 욕구가 직접적으로 드러나는 것은 아니며, 검열 작용과 꿈 작업이라는 심리 기제를 통해 변형된다. 꿈 작업에는 압축, 전위, 상징화, 2차 가공 등의 과정이 포함되며, 이 과정을 거쳐 꿈은 표면적 이야기인 명시적 내용과 그 이면에 숨겨진 잠재적 내용으로 구분된다.

프로이트에 의하면, 명시적 내용은 표면적으로 인식되는 꿈의 줄거리로, 의식이 받아들일 수 있도록 위장된 형태로 나타난다. 반면, 잠재적 내용은 무의식 속에 억압된 본능적 욕구와 충동, 유아기 기억, 억압된 정서 등이 포함된 진정한 심리적 의미를 내포하고 있다. 이 잠재적 내용이 왜곡과 상징을 통해 명시적 내용으로 변형되는 과정은 무의식이 의식의 검열을 피해 자신을 표현하려는 심리적 전략이라 할 수 있다.

꿈은 이러한 무의식적 욕망이 표출되는 안전한 심리적 공간을 제공하며, 일상생활에서 억압되거나 부정된 욕구가 상징적 방식으로 해소된다. 예를 들어, 억압된 성적 욕망이나 공격적 충동은 꿈에서 상징물이나 은유적 형태로 나타나며, 이를 통해 무의식 속 심리 에너지가 방출되고 자아는 일시적 심리적 균형을 유지하게 된다. 따라서 꿈은 개인의 정신 내면에 잠재된 갈등과 긴장의 해소 장치로 기능하며, 이는 정신분석학적 치료에서 매우 중요한 분석 대상이 된다.

정신분석 치료에서는 꿈 해석이 무의식의 구조와 내담자의 억압된 욕구, 심리적 갈등을 이해하는 핵심 수단으로 활용된다. 자유연상 기법을 통해 내담자는 꿈의 명시적 내용을 바탕으로 다양한 연상을 떠올리며, 치료자는 이 연상 속에서 무의식적 의미를 탐색하고, 내담자가 스스로 억압된 심리적 내용을 자각하도록 돕는다. 이 과정에서 무의식 속 억압된 욕구가 의식화되고, 내담자는 자기 이해와 통찰을 통해 심리적 통합과 치유를 경험하게 된다.

프로이트에게 있어 꿈은 무의식의 상징적 언어이자 본능적 욕망의 변형된 표현 방식이며, 인간 정신의 심층에 접근할 수 있는 핵심 통로로 기능한다. 꿈을 통해 드러나는 무의식적 욕망은 성격 형성, 심리적 갈등, 신경증적 증상의 이해에 필수적인 단서를 제공하며, 이는 정신분석학뿐 아니라 현대 심리치료 전반에 걸쳐 여전히 중요한 의미를 지니고 있다. 프로이트의 꿈 이론은 무의식의 복합성과 심층적 작동 원리를 설명하며, 인간 정신세계에 대한 통찰을 심화시키는 이론적 기초로서 학문적 가치와 임상적 의의를 갖고 있다.

5) 실수와 말실수

프로이트의 정신분석학 이론에서 무의식의 중요성은 일상생활에서 나타나는 사소한 행동이나 언어적 표현 속에서도 분명히 드러난다고 보았다. 그는 특히 실수(Slips)와 말실수와 같은 현상을 단순한 우연이나 피로, 부주의로 인한 결과가 아니라, 무의식적 욕망과 억압된 심리적 갈등이 드러나는 상징적 표현으로 해석하였다. 프로이트는 이러한 일상적 실수를 "실수 행위" 혹은 "프로이트적 실수"라 명명하며, 의식과 무의식의 경계가 느슨해질 때 무의식 속 억압된 욕구가 우회적으로 표현된다고 주장하였다.

프로이트에 따르면, 자아는 초자아의 도덕적 기준과 사회적 규범에 부합하기 위해 본능적 충동이나 금지된 욕망을 억압하지만, 무의식에 잠재된 이러한 심리적 에너지는 완전히 사라지지 않고 다양한 방식으로 드러나려는 경향이 있다. 그 대표적인 예가 바로 실수 행위이다. 말실수는 무의식적 욕망이 의도와 상관없이 언어 표현에서 왜곡된 형태로 드러나는 것으로, 평소 억압되어 있던 감정이나 욕구, 불안, 갈등이 우연을 가장해 표출되는 것이다. 예를 들어, 특정 인물에 대한 적대감이 억압된 상태에서 상대의 이름을 고의가 아님에도 부정적 의미를 가진 단어로 잘못 말하는 경우, 이는 무의식적 감정이 의식을 관통하여 드러난 사례로 이해된다.

이러한 언어적 실수뿐 아니라, 물건을 자주 잊어버리거나 잘못된 방향으로 가는 등 사소한 행동의 오류 역시 무의식적 심리 내용이 행동으로 나타난 결과로 볼 수 있다. 프로이트는 이를 "의도된 실수"라 보았으며, 자아가 의식적으로 인식하지 못하는 무의식적 갈등이나 억압된 욕구가 현실에서 은밀하게 자기표현을 시도하는 방식이라고 해석하였다.

실수와 말실수는 단순한 실수가 아닌, 무의식과 의식 사이의 갈등 구조를 드러내는 상징적 통로이며, 억압된 심리적 내용이 어떻게 일상생활 속에서 표출되는지를 보여주는 중요한 사례이다. 이는 자아의 통제력이 약화되거나 심리적 긴장이 높아질 때 더욱 빈번하게 발생하며, 무의식이 의식을 우회해 드러나는 방식 중 하나로 이해된다.

정신분석 치료에서는 이러한 실수 행위를 중요한 분석 자료로 삼아, 내담자의 무의식 속 심리적 갈등과 억압된 욕구를 해석하는 데 활용한다. 자유연상 기법과 병행하여 실수 행위를 탐색하면, 내담자가 자각하지 못했던 내면의 심리 구조와 무의식적 욕망이 드러나고, 이를 의식화하는 과정을 통해 심리적 통합과 자아 성숙이 가능해진다.

프로이트의 이론에서 실수와 말실수는 무의식의 존재와 그 작동 방식을 보여주는 명백한 증거로, 단순한 일상적 실수가 아닌 인간 내면의 억압된 욕망과 갈등이 드러나는 상징적 현상으로 해석된다. 이러한 관점은 무의식의 심층 구조가 일상생활 전반에 영향을 미친다는 점을 강조하며, 정신분석학의 임상적 기법과 이론적 기초에서 중요한 위치를 차지한다. 프로이트의 설명에 따르면, 실수는 오히려 무의식이 자신의 존재를 드러내는 방식이며, 이를 이해하는 것은 인간 심리의 복잡성과 무의식적 동기의 중요성을 깊이 통찰할 수 있는 단초가 된다.

04 방어기제와 기타 개념

가. 방어기제

프로이트에 따르면, 방어기제는 의식적으로 통제되는 것이 아니며, 무의식적 차원에서 자동적으로 작동한다. 방어기제의 궁극적 목적은 자아가 외부 현실이나 내부 충동, 그리고 초자아로부터 야기되는 갈등과 불안을 직접적으로 직면하지 않고도 심리적 균형을 유지할 수 있도록 돕는 것이다. 방어기제는 현실을 왜곡하거나, 내면의 충동을 변형 또는 전환시켜 의식이 받아들일 수 있는 방식으로 전환함으로써 불안의 정도를 완화한다.

방어기제는 정상적인 심리 기능의 일부로서, 일상적인 스트레스 상황에서도 자주 사용되며, 자아가 환경에 적응하고 심리적 안녕을 유지하는 데 필수적이다. 그러나 방어기제가 과도하게 사용되거나 고착될 경우, 현실 왜곡이 심화되어 신경증적 성격 특성이나 정신병리로 발전할 가능성이 있다. 예를 들어, 투사나 부인이 지나치게 지속될 경우 대인관계의 왜곡을 초래하거나 현실 검증 능력에 심각한 장애를 초래할 수 있다.

정신분석 치료에서는 내담자가 무의식적으로 사용하는 방어기제를 인식하고, 이러한 방어기제가 자아와 현실 사이에서 어떻게 기능하고 있는지를 통찰하게 함으로써, 심리적 통합을 이루고 보다 현실적인 방식으로 갈등을 해결할 수 있도록 돕는다. 방어기제에 대한 이해는 내담자의 심리구조, 심리적 고통의 원인, 성격 특성의 기저를 파악하는 데 있어 필수적인 도구로 활용된다.

프로이트의 방어기제 이론은 인간이 심리적 불안과 내적 갈등으로부터 자아를 보호하기 위해 무의식적으로 사용하게 되는 다양한 심리적 전략을 설명하며, 성격 형성과 정신병리의 이해, 심리치료의 핵심적 토대를 제공하는 개념으로 현대 심리학과 상담, 정신분석학에서 여전히 중요한 이론적 가치와 임상적 의의를 지니고 있다.

1) 억압

프로이트의 정신분석 이론에서 억압은 모든 방어기제의 근원적이고 가장 기초적인 형태로 간주된다. 억압은 자아가 심리적 안녕을 유지하기 위하여 무의식적 차원에서 작동하는 심리적 기제로, 개인이 도덕적 규범이나 사회적 가치, 현실 원칙에 의해 수용할 수 없는 본능적 충동, 금지된 욕망, 불안 유발 사건, 고통스러운 기억 등을 의식으로부터 밀어내어 무의식 깊숙이 잠재시키는 과정을 의미한다. 이처럼 억압은 자아가 불안과 심리적 갈등으로부터 자신을 보호하려는 가장 기본적이고 본능적인 심리적 대응 방식이다.

억압의 기능은 이드의 충동과 초자아의 도덕적 요구 사이의 갈등 속에서 자아가 심리적 균형을 유지하도록 돕는 것이다. 인간은 성장 과정에서 성적 본능이나 공격적 욕구처럼 사회적으로 용인되지 않는 욕망을 경험하게 되며, 이러한 충동이 의식에 노출될 경우 죄책감이나 불안을 유발할 수 있다. 이에 자아는 이러한 내적 갈등을 해결하고 심리적 안정을 유지하기 위해 억압이라는 방어기제를 사용한다. 억압은 이러한 불편한 심리적 내용을 의식의 표면에서 제거하지만, 해당 내용이 완전히 소멸하는 것은 아니다. 억압된 충동과 기억은 무의식 속에 지속적으로 잔존하며, 자아가 이를 완전히 통제하지 못하는 경우, 다양한 신경증적 증이나 반복적인 심리적 패턴을 통해 간접적으로 드러나게 된다.

프로이트는 억압을 "1차 억압"과 "2차 억압"으로 구분하여 설명하였다. 1차 억압은 원초적 본능적 충동이 의식화되지 않도록 차단하는 최초의 심리적 작용이며, 2차 억압은 이미 의식화되었으나 자아가 받아들일 수 없는 심리적 내용을 다시금 무의식 속으로 밀어 넣는 과정을 의미한다. 이러한 억압의 과정은 일상생활에서 쉽게 발견될 수 있으며, 억압된 내용은 꿈, 말실수, 자유연상, 예술적 표현 등 다양한 방식으로 우회적으로 나타난다.

억압은 일시적으로 자아의 안정과 심리적 균형을 유지하는 데 기여하나, 장기적으로는 심리적 성숙과 통합을 방해할 수 있다. 억압된 욕망이나 기억은 무의식 속에서 심리적 에너지를 축적하며, 이러한 에너지가 누적될 경우 신경증, 강박, 우울, 불안 등의 심리적 문제로 표출될 가능성이 크다. 따라서 프로이트는 억압이 신경증의 주요 원인이라고 주장하였으며, 정신분석적 치료의 핵심 목표는 이러한 억압된 내용을 의식화하고 통찰을 통해 통합하는 데 있다고 보았다.

정신분석 치료에서는 자유연상법, 꿈의 해석, 전이 분석 등의 기법을 활용하여 내담자가 억압된 무의식적 내용을 의식적으로 인식하고, 그 심리적 의미를 이해할 수 있도록 돕는다. 억압된 욕구와 기억을 인식하는 과정에서 내담자는 자신의 심리적 고통과 증상의 원인을 자각하게 되며, 이는 자아가 보다 현실적이고 성숙한 방식으로 갈등을 해결하는 기회를 제공한다.

억압은 프로이트가 주장한 방어기제 중 가장 근본적인 심리적 메커니즘으로, 자아가 심리적 안녕을 유지하기 위한 필연적 장치이자 동시에 심리적 병리의 근원이 되는 이중적 속성을 지닌다. 억압을 이해하는 것은 인간 심리의 무의식적 작동 원리와 내적 갈등의 본질, 그리고 심리치료 과정에서의 치유적 접근을 설명하는 데 있어 핵심적 이론적 기반이 된다. 이러한 이유로 억압 개념은 현대 심리학과 정신분석학에서 여전히 중요한 이론적, 임상적 의의를 유지하고 있다.

2) 투사

프로이트의 정신분석 이론에서 투사는 자아가 심리적 안녕을 유지하고 불안을 감소시키기 위해 사용하는 대표적인 방어기제 가운데 하나로 분류된다. 투사는 개인이 자신의 내면에 존재하는 충족되기 어렵거나 사회적, 도덕적으로 용납될 수 없는 본능적 충동, 부정적 감정, 혹은 수치심과 죄책감을 유발하는 심리적 내용을 직접적으로 자각하거나 인정하지 못할 때, 이러한 심리적 내용을 자신이 아닌 타인에게 귀속시키는 무의식적 심리 과정이다. 즉, 개인 내면의 수용 불가능한 충동과 정서적 갈등을 타인의 심리적 속성으로 전가함으로써, 자아는 스스로를 보호하고 심리적 불안을 회피하고자 한다.

투사는 자아가 자신의 공격성, 적대감, 질투, 열등감, 혹은 성적 욕망 등 사회적으로 금지되거나 수용이 어려운 욕망을 내면적으로 인정하기 어려울 때 주로 나타난다. 이때 자아는 자신의 내면에 존재하는 이러한 부정적 감정을 의식 속에서 부인하고, 외부 세계 또는 특정 인물에게 전이시켜 인식함으로써 자아가 직면하는 내적 갈등을 완화한다. 예컨대, 타인에 대한 분노나 적대감을 억압한 개인이 자신이 아닌 상대가 자신을 미워하고 공격한다고 믿게 되는 현상은 전형적인 투사의 사례이다.

이와 같은 투사의 심리적 기능은 자아가 자신을 방어하고 심리적 일관성을 유지하기 위한 방편이지만, 장기적으로는 대인관계와 현실 인식에 왜곡을 초래하며, 심리적 성숙을 저해할 수 있다. 투사는 자아가 무의식적 수준에서 자신의 불편한 심리적 내용을 분리하고 외부로 전가하여 자기 자신으로부터 심리적 거리를 두려는 시도로, 현실 검증 능력이 약화된 상태에서 과도하게 사용될 경우 편집증적 성향이나 피해망상 등의 병리적 심리 구조로 발전할 가능성이 있다. 이러한 점에서 투사는 초기 신경증적 방어기제로 나타날 수 있으나, 심화되면 정신병적 방어로까지 연결될 수 있다.

프로이트는 투사를 통해 자아가 내면의 긴장과 갈등에서 벗어나 외부 현실과의 관계 속에서 일시적 안정감을 찾으려 하지만, 이는 현실 왜곡이라는 대가를 수반한다고 보았다. 이러한 방어기제는 개인이 자신의 내면을 직시하고 자아통합을 이루기 어려운 심리적 미성숙 상태에서 주로 나타나며, 자아의 방어력 강화 또는 현실적 대처능력 향상이라는 심리적 성숙의 과정을 통해 극복될 수 있다.

정신분석 치료에서는 내담자가 자신의 내면의 부정적 심리 내용을 타인에게 투사하고 있는 양상을 인식하게 함으로써, 무의식적 방어기제의 작동 방식을 자각하고, 스스로의 감정과 욕구를 수용하고 통합할 수 있도록 돕는다. 특히 전이 과정에서 치료자는 내담자가 자신 안의 억압된 감정과 욕망을 어떻게 타인에게 투사하고 있는지를 파악하고 해석함으로써, 내담자가 자신의 심리적 기제를 명확히 인식하게 한다.

투사는 프로이트가 강조한 무의식적 방어기제 중 하나로, 자아가 내면의 불안과 갈등에서 벗어나고자 자신의 용납할 수 없는 심리적 내용을 외부로 전가하는 심리적 전략이다. 이는 자아를 일시적으로 보호하는 역할을 하지만, 장기적으로는 심리적 왜곡을 심화시켜 개인의 현실 적응과 대인관계에 부정적 영향을 미친다. 투사의 이해는 무의식적 방어기제의 구조와 기능, 그리고 내담자의 심리적 문제를 통찰하고 치료하는 데 있어 핵심적인 이론적 기반이 되며, 현대 정신분석학 및 심리치료 영역에서 여전히 유효하게 적용되고 있다.

3) 승화

프로이트의 정신분석 이론에서 승화는 방어기제 가운데 가장 성숙하고 긍정적인 형태로 간주되며, 자아가 본능적 충동과 내적 갈등을 현실적이고 사회적으로 수용 가능한 방식으로 전환시키는 심리적 메커니즘으로 정의된다. 승화는 이드(Id)에 내재된 충동적 에너지, 즉 성적 충동이나 공격적 욕구와 같은 원초적 본능이 직접적으로 발현되지 않고, 사회적 가치나 문화적으로 용인되는 창조적, 생산적 활동으로 전환되어 표출되는 과정을 의미한다. 이는 자아가 현실 원칙에 근거하여 자신의 욕구를 적절히 조정하고, 초자아의 도덕적 요구에 부합하는 방식으로 심리적 긴장을 해소하려는 고등 수준의 심리 전략이다.

프로이트에 따르면 인간의 정신적 에너지는 성적 에너지를 포함한 본능적 에너지에서 비롯되며, 이러한 에너지가 직접적으로 충족되지 못할 경우 억압이나 부인과 같은 원시적 방어기제를 통해 차단되기 쉽다. 그러나 승화는 이러한 본능적 에너지를 억압하거나 부정하는 것이 아니라, 보다 고등한 문화적, 예술적, 지적 활동으로 변환시켜 사회적으로 긍정적인 방향으로 발산하게 한다는 점에서 다른 방어기제와 차별화된다. 즉, 승화는 원초적 충동을 창조적이고 생산적인 형태로 전환함으로써 개인의 심리적 안녕뿐 아니라 사회적 가치에도 기여하는 기능을 수행한다.

승화의 구체적인 예로는 공격성이 높은 개인이 운동, 예술, 학문, 혹은 사회 정의 실현과 같은 건설적 활동을 통해 자신의 공격 충동을 긍정적으로 해소하는 경우가 있다. 또한, 성적 에너지가 직접적으로 표현되지 않고, 예술 창작, 문학, 과학적 연구 등으로 전환될 때 이는 승화의 전형적 사례로 볼 수 있다. 이러한 과정은 자아가 자신의 내면 충동을 현실적이고 사회적으로 허용 가능한 방식으로 변형하는 고차원적 심리 기제로 작동하며, 결과적으로 개인의 자기실현과 사회적 적응을 돕는다.

승화는 불안이나 죄책감을 유발하지 않으며, 오히려 자아의 통합과 심리적 성장, 창조적 능력 향상에 기여한다. 이는 자아가 원초적 충동을 억압하거나 부인하지 않고, 창조적이고 가치 있는 활동을 통해 긍정적으로 전환하는 과정이기 때문이다. 프로이트는 특히 예술가, 과학자, 사상가들의 창조적 성취 속에서 승화의 심리적 메커니즘이 뚜렷하게 나타난다고 보았으며, 이는 개인이 억압된 욕구를 생산적으로 표현함으로써 심리적 긴장을 해소하고 자아의 성숙을 이루는 대표적 경로라 설명하였다.

정신분석 치료에서 승화는 심리적으로 건강하고 성숙한 방어기제로 간주되며, 내담자가 자신의 내면에 억압된 욕구나 충동을 보다 성숙하고 긍정적인 방식으로 표출할 수 있도록 유도하는 것이 치료적 목표 중 하나가 된다. 이는 내담자가 자신의 심리 에너지를 현실에 부합하는 방식으로 활용함으로써 자아의 통합을 이루고, 삶의 만족도를 높이며, 사회적 관계 속에서 긍정적 역할을 수행할 수 있도록 돕는다.

승화는 프로이트의 방어기제 이론 중에서도 가장 고등하고 창조적인 심리적 메커니즘으로, 개인이 본능적 욕구를 억압하거나 왜곡하지 않고, 사회적으로 용인되고 가치 있는 형태로 전환하여 표현함으로써 자아의 안녕과 심리적 성숙을 도모한다. 승화의 작동 원리에 대한 이해는 개인의 심리 구조와 방어기제의 발달 수준을 파악하는 데 있어 필수적이며, 이는 현대 정신분석학과 심리치료 전반에서 여전히 핵심적 개념으로 유지되고 있다.

4) 반동형성

프로이트의 정신분석 이론에서 반동형성은 자아가 내면의 갈등과 불안으로부터 자신을 보호하기 위해 사용하는 무의식적 방어기제 중 하나로, 개인이 받아들이기 어렵거나 사회적, 도덕적 기준에 위배되는 본능적 충동이나 욕망을 억압하고, 오히려 그러한 충동과는 정반대되는 태도나 행동을 과도하게 표출하는 심리적 메커니즘이다. 즉, 자아는 자신의 내면에서 용납될 수 없는 욕망이나 감정을 직면하거나 인식하는 대신, 이를 심리적으로 부정하고 반대되는 행동이나 신념을 과장되게 드러냄으로써 불안으로부터 벗어나려 한다.

반동형성의 근본적 원리는 자아가 이드의 원초적 충동과 초자아의 도덕적 요구 사이에서 경험하는 갈등을 완화하고, 심리적 균형을 유지하려는 무의식적 노력에서 비롯된다. 예를 들어, 무의식적으로 타인에 대한 적대감이나 질투심을 느끼고 있음에도 자아는 이를 인식하기를 거부하고, 오히려 그 사람에게 과도하게 친절하거나 호의적으로 대하는 태도를 보인다. 이러한 행동은 표면적으로는 긍정적이거나 도덕적 성향을 띠지만, 그 이면에는 억압된 부정적 감정이 잠재되어 있다. 이처럼 반동형성은 내면의 용납할 수 없는 욕구나 감정을 사회적으로 용인될 수 있는 방식으로 위장하거나 왜곡하여 표현함으로써, 자아가 내적 불안으로부터 방어하고자 하는 심리적 기제로 작용한다.

반동형성은 억압된 충동이 외부로 표출되지 않도록 자아가 적극적으로 차단하는 역할을 수행하며, 그 결과로 나타나는 행동은 의도적으로 과장되고 극단적일 가능성이 높다. 이는 개인이 자신의 무의식적 충동과 직면하지 않으려는 심리적 방어에서 비롯된 것으로, 실제 감정과 표출된 행동 사이에 명백한 괴리를 형성한다. 이러한 괴리는 자아가 내적 갈등을 의식적으로 인식하지 못하도록 보호하는 동시에, 타인과의 관계에서 본래 의도와는 다른 인상을 줄 수 있다.

반동형성은 특정 성격 특성과 밀접하게 연관되기도 한다. 예컨대, 과도하게 도덕적이거나 청결, 순결을 강조하는 사람일수록 무의식적으로는 공격성이나 성적 욕망과 같은 충동을 억압하고 있을 가능성이 높다. 이러한 심리적 현상은 강박적 성격이나 신경증적 경향에서 자주 나타나며, 지나친 규범 준수, 청렴성, 도덕적 엄격함, 타인에 대한 과도한 친절 등의 형태로 표출된다.

정신분석적 치료에서는 반동형성을 내담자의 방어기제 중 하나로 인식하고, 겉으로 드러난 행동이나 감정의 이면에 억압된 심리적 내용을 탐색함으로써, 내담자가 자신의 내면에 존재하는 감정과 욕구를 직면하고 수용할 수 있도록 돕는다. 자유연상, 꿈의 해석, 전이 분석 등의 기법을 통해 내담자는 자신의 무의식적 방어기제와 그 심리적 기능을 자각하게 되며, 이러한 통찰을 바탕으로 보다 성숙하고 현실적인 방식으로 자아를 재구성할 수 있다.

반동형성은 프로이트의 방어기제 이론 중 내적 갈등에서 비롯된 불안으로부터 자아를 보호하기 위한 무의식적 심리 메커니즘으로, 개인이 받아들이기 힘든 욕구나 충동을 정반대의 형태로 왜곡하여 표출하게 한다. 이는 자아의 방어적 기능을 보여주는 대표적 사례로, 개인의 심리 구조와 방어기제의 발달 수준을 이해하는 데 중요한 개념이며, 현대 정신분석학 및 심리치료에서 여전히 그 이론적, 임상적 의의를 인정받고 있다.

5) 합리화

프로이트의 정신분석 이론에서 합리화는 자아가 심리적 불안이나 내면적 갈등으로부터 자신을 보호하기 위해 무의식적으로 사용하는 방어기제 중 하나로, 개인이 자신의 행동, 욕망, 실패, 또는 부적절한 충동에 대해 현실적이고 논리적인 것처럼 보이는 이유나 설명을 만들어내어 자신과 타인을 설득하려는 심리적 메커니즘이다. 합리화는 자아가 직면한 내적 긴장이나 불쾌한 감정을 완화하고, 자존감의 손상을 방지하며, 자신의 행동을 긍정적이고 수용 가능한 것으로 해석하게 돕는 심리적 전략으로 작동한다.

합리화의 가장 본질적인 특징은 개인이 의식적으로는 타당하고 논리적인 이유를 내세우지만, 실제 심리적 동기나 원인은 무의식 속에 은폐되어 있다는 점이다. 즉, 합리화는 자아가 직면하고 있는 심리적 실패, 도덕적 비난, 또는 좌절된 욕구를 스스로 정당화하려는 무의식적 시도로서, 그 본질은 현실을 왜곡하여 자아의 불편함을 완화하려는 데 있다. 예를 들어, 원하는 목표를 달성하지 못했을 때, "원래 그 일은 내 적성에 맞지 않았다" 혹은 "운이 나빴던 것뿐이다"와 같은 설명을 통해 실패의 심리적 타격을 줄이려는 현상은 전형적인 합리화의 예라 할 수 있다.

합리화는 인지적 부조화를 해소하는 심리적 장치로서도 기능한다. 즉, 자아는 자신의 행동과 신념 사이에 모순이 발생할 때 심리적 긴장을 경험하게 되며, 이를 완화하기 위해 외부적 요인이나 논리적 이유를 통해 그 모순을 합리적으로 설명하려 한다. 이러한 심리적 과정은 자아의 일관성을 유지하고, 자기 정체성을 보호하는 데 기여한다. 그러나 지나치게 반복되거나 과도하게 사용될 경우, 현실에 대한 왜곡된 인식과 자기기만을 심화시켜 심리적 성장을 방해할 수 있다.

합리화는 그 유형에 따라 구체적인 형태를 보인다. 첫 번째는 '합당화'로, 개인이 자신의 부적절한 행동이나 실패를 외부 환경, 타인, 혹은 피치 못할 사정으로 돌려 책임을 회피하려는 형태이다. 두 번째는 '교체적 정당화'로, 자신의 실패를 덜 중요한 목표로 전환하거나, 대체 가능한 가치로 포장함으로써 자아의 상처를 완화하려는 방식이다. 이러한 과정은 자아가 자신을 실패자로 인식하는 것을 방지하고, 현실 적응을 돕는 기능을 수행하지만, 반복될 경우 현실과의 괴리를 심화시킬 위험이 있다.

정신분석 치료에서는 합리화가 내담자의 자아가 사용하는 주요 방어기제 중 하나임을 인식하고, 그 기저에 존재하는 무의식적 욕망이나 갈등을 탐색한다. 치료자는 내담자가 표면적으로 제시하는 논리적 설명이 실제 심리적 동기와 괴리되어 있음을 지적하며, 자유연상, 꿈의 해석, 전이 분석 등의 기법을 통해 내담자가 자신의 방어기제를 자각하고 내면의 심리적 갈등에 보다 진실되게 접근하도록 유도한다. 이 과정은 자아가 현실을 보다 명확히 인식하고, 무의식적 방어 없이 보다 성숙하게 심리적 갈등을 해결하는 능력을 강화하는 데 목적이 있다.

합리화는 프로이트의 방어기제 이론에서 자아가 심리적 불안과 자기비난으로부터 스스로를 보호하기 위해 사용하는 무의식적 심리 전략으로, 현실을 왜곡하거나 변형함으로써 자존감의 손상을 최소화하려는 기능을 수행한다. 합리화는 일시적인 심리적 안정을 제공하지만, 장기적으로는 현실 인식의 왜곡을 초래하고, 심리적 성숙과 자아통합을 저해할 수 있다. 따라서 합리화의 이해는 개인의 내면 심리구조와 방어기제의 발달 수준을 파악하는 데 필수적이며, 현대 정신분석학 및 상담심리학에서 여전히 중요한 이론적, 임상적 의의를 갖고 있다.

6) 전이

지그문트 프로이트의 정신분석 이론에서 전이는 내담자가 과거의 중요 인물, 특히 부모와의 관계에서 형성된 감정, 기대, 갈등 등의 심리적 흔적을 현재의 대상,

특히 치료자에게 무의식적으로 투사(Projection)하는 심리적 현상으로, 방어기제의 일종이자 정신분석 치료과정에서 핵심적인 치료적 현상으로 간주된다. 전이는 단순한 감정의 이동을 넘어, 내담자가 자신의 내면에 억압되어 있던 무의식적 갈등을 외부의 특정 대상, 즉 치료자에게 옮겨 반복하는 심리적 역동 과정이며, 과거 미해결된 감정이 현재의 관계에서 재연되는 것을 의미한다.

프로이트는 전이를 무의식적 갈등과 억압된 욕망이 현재 관계에 왜곡된 형태로 나타나는 심리기제로 설명하였다. 전이의 주요 기능은 자아(Ego)가 의식하기 어려운 갈등이나 감정을 외부 대상으로 전환시킴으로써 무의식의 긴장을 완화하고, 동시에 무의식적 욕구를 우회적으로 표출하게 하는 것이다. 내담자는 자신의 의식적 기대나 의도와는 무관하게, 과거의 중요 인물에 대해 느꼈던 사랑, 분노, 실망, 의존 등의 감정을 치료자에게 동일하게 또는 왜곡된 형태로 재현하게 되며, 이러한 전이 속에는 미해결된 심리적 상처와 갈등이 농축되어 있다.

전이는 분석 장면에서 치료자가 내담자의 무의식적 욕망과 갈등을 탐색하는 데 있어 필수적인 자료를 제공한다. 치료자는 내담자가 보여주는 감정적 반응의 본질을 이해하고, 그것이 현재 치료자라는 대상과는 직접적 관련이 없으며, 과거의 특정 관계에서 비롯된 무의식적 재현이라는 점을 해석해야 한다. 이를 통해 내담자는 자신이 반복적으로 경험하는 관계 패턴과 심리적 경향을 자각하게 되고, 억압된 감정이나 욕구를 의식화함으로써 심리적 통찰을 얻게 된다.

정신분석 치료에서 전이는 치료동맹의 핵심을 이루며, 내담자가 치료자에게 느끼는 감정과 태도를 면밀히 분석하는 과정에서 무의식적 심리구조와 방어기제, 억압된 갈등을 탐색할 수 있는 단서를 제공한다. 전이는 초기에는 긍정적 형태로 나타나기도 하나, 점차 치료과정이 심화됨에 따라 부정적 전이로 발전할 수 있다. 이는 치료자에 대한 적대감, 불신, 실망 등의 감정으로 나타나며, 내담자가 과거 부모 등 중요한 인물에게 가졌던 분노나 상처가 투사된 결과이다. 이러한 부정적 전이 또한 분석의 중요한 대상이 되며, 이를 통찰하는 과정을 통해 내담자는 무의식적 갈등을 보다 명확히 인식하고 해소할 수 있다.

또한 전이는 심리적 방어기제의 일환으로 작용하여 내담자가 자신의 내면적 불안을 외부 대상으로 전이함으로써 자아의 균형을 유지하고자 하는 심리적 메커니즘이다. 이러한 방어기제는 현실을 왜곡하는 기능을 하며, 내담자는 전이를 통해 내면의 갈등을 외부화함으로써 일시적 심리적 안정을 도모하지만, 장기적으로는 전이된 감정의 근원을 탐색하고 이해하는 과정이 필요하다.

전이는 프로이트 정신분석학에서 방어기제이자 치료적 역동의 핵심 개념으로, 내담자의 무의식적 갈등과 억압된 감정을 현재 관계 속에서 반복적으로 재현하는 심리적 현상이다. 전이는 무의식 탐색과 통찰을 위한 중요한 치료적 기제로서, 내담자가 자신의 심리적 문제를 이해하고 해소하며 성숙한 자아통합을 이루는 과정에 필수적인 역할을 담당한다. 오늘날에도 전이는 심층심리학 및 정신역동적 치료의 중심적 원리로, 인간관계와 심리적 성장에 관한 깊은 이해를 가능하게 하는 이론적 기반을 제공하고 있다.

7) 역전이

지그문트 프로이트의 정신분석 이론에서 역전이란, 치료자가 자신의 무의식적 내면에 잠재해 있는 갈등이나 욕망, 억압된 감정이 내담자와의 관계 속에서 무의식적으로 활성화되어 표출되는 심리적 현상을 의미한다. 다시 말해, 역전이는 내담자가 치료자에게 전이를 투사하는 과정에서, 치료자 역시 자신의 과거 경험이나 해결되지 않은 심리적 갈등에 의해 영향을 받아 특정 감정이나 반응을 보이는 것을 말한다. 이러한 역전이는 치료 장면에서 필연적으로 발생할 수 있는 심리적 역동이며, 프로이트 초기에는 이를 치료자의 미숙함이나 심리적 취약성에서 기인하는 오류로 간주하였다.

초기 정신분석에서 프로이트는 역전이를 치료자가 극복해야 할 개인적 장애로 보았으나, 이후 정신분석학의 발전과 함께 역전이는 내담자의 무의식적 갈등을 이해하고 해석하는 데 있어 중요한 자료로 인식되기 시작하였다. 역전이는 치료자의 무의식적 심리구조와 과거 관계경험이 내담자와의 상호작용 속에서 재활성화되는 현상으로, 치료자가 자신도 모르게 내담자에게 과도한 감정적 반응이나 특정 태도를 보일 때 나타난다. 예를 들어, 치료자가 내담자에게 과도한 연민, 분노, 방어적 태도, 보호욕구 등을 느낄 경우, 이는 치료자의 과거 상처나 억압된 감정이 내담자에 의해 촉발된 결과일 수 있다.

역전이는 자칫 치료의 객관성과 중립성을 해칠 위험이 있으나, 오히려 치료자가 자기이해를 바탕으로 이러한 심리적 반응을 면밀히 성찰하고 분석할 경우, 내담자의 전이와 심리 역동을 깊이 있게 이해할 수 있는 유용한 단서를 제공한다. 즉, 역전이는 치료자가 자신의 감정 반응을 통찰함으로써 내담자의 무의식적 투사와 방어기제, 심리적 갈등을 보다 명확히 해석하고, 치료 과정에 반영할 수 있는 중요한 심리적 자료가 되는 것이다.

현대 정신역동적 치료에서는 역전이를 치료자가 의식적으로 관리하고 활용하는 능력이 치료자의 성숙도와 분석 능력의 지표로 간주된다. 치료자는 역전이의 존재를 인식하고, 이를 통찰적 도구로 삼아 내담자의 심리적 구조와 전이현상을 분석한다. 또한 역전이를 통해 치료자 자신의 무의식적 심리구조에 대한 성찰이 가능해지며, 이는 치료과정의 깊이를 더하고 치료적 관계의 질을 향상시키는 데 기여한다.

역전이는 단순히 치료자의 감정적 오류가 아니라, 내담자와 치료자 사이에서 형성되는 상호적 무의식의 역동을 반영하는 심리적 현상으로, 치료 장면에서의 관계 역학을 이해하는 핵심적 요소이다. 따라서 역전이를 인식하고 분석하는 과정은 치료자가 자기 객관성을 유지하며, 내담자에 대한 왜곡된 반응을 최소화하고, 보다 효과적인 해석과 개입을 가능하게 한다.

역전이는 프로이트의 정신분석 이론에서 방어기제의 일환으로 나타날 수 있으며, 무의식적 심리역동이 치료자에게 투사되어 발현되는 현상이다. 이는 치료자의 자기성찰과 분석 능력을 통해 내담자의 무의식 세계를 이해하고, 치료적 통찰을 도출하는 데 필수적인 개념으로, 오늘날 정신분석 및 심리치료 전반에서 핵심적인 이론적·임상적 요소로 자리매김하고 있다.

나. 기타 개념

1) 오이디푸스 콤플렉스

프로이트의 정신분석 이론에서 오이디푸스 콤플렉스는 유아기 성격발달 과정 중 남근기에 해당하는 핵심 심리현상으로, 인간의 성격형성과 무의식적 욕망, 그리고 성 정체성 확립에 지대한 영향을 미치는 주요 개념으로 간주된다. 오이디푸스 콤플렉스는 고대 그리스 신화의 인물 오이디푸스의 이름을 차용한 것으로, 이는 아들이 무의식적으로 어머니에 대한 성적 애착을 느끼고, 동시에 아버지를 경쟁자이자 잠재적 위협으로 인식하는 심리적 갈등을 상징적으로 표현한 개념이다.

프로이트에 따르면, 아동은 대략 3세에서 6세에 해당하는 남근기 발달 단계에 이르면 자신의 성적 정체성을 인식하기 시작하고, 부모와의 관계 속에서 성적 충동과 권력관계에 대한 무의식적 갈등을 경험하게 된다. 남아의 경우, 어머니에 대한 사랑과 독점 욕구가 성적 의미를 띠게 되며, 이러한 욕망은 아버지에 대한 무의식적 경쟁심과 적대감으로 이어진다. 그러나 동시에 아버지가 강력한 존재로서 자신에게 거세불안을 초래할 수 있다는 무의식적 공포를 지니게 된다. 이로 인해 아동은 내적 갈등을 해소하기 위한 심리적 기제로써 아버지의 가치와 권위를 내면화하고 동일시하게 되며, 이는 초자아의 형성과 윤리적 규범의 내면화로 이어진다.

오이디푸스 콤플렉스는 성격구조의 형성뿐 아니라 사회적 규범과 도덕적 가치 내면화의 근간이 되는 중요한 심리적 사건으로, 이를 성공적으로 극복할 경우 자아(Ego)는 현실원칙에 입각한 성숙한 사고와 행동양식을 발달시킬 수 있다. 동일시 과정을 통해 아동은 자신의 성 역할을 내면화하며, 이후 이성에 대한 관계형성 및 성적 정체성 확립의 기초를 마련하게 된다. 그러나 이러한 갈등이 해결되지 못하거나, 과도하게 억압되거나 부정될 경우, 성인기에 이르러 심리적 고착이나 강박적 성격, 대인관계 문제, 신경증적 증상 등 다양한 심리적 병리로 나타날 수 있다.

프로이트는 오이디푸스 콤플렉스를 정신분석 이론의 핵심 축으로 삼으며, 무의식적 욕망과 억압의 메커니즘, 그리고 성격발달 과정에서의 갈등 해소 방식을 설명하는 데 필수적인 개념으로 강조하였다. 특히, 오이디푸스 콤플렉스는 초자아 형성에 결정적 영향을 미치며, 아동이 아버지라는 외적 권위의 내면화를 통해 윤리적 가치체계와 금지의식을 자기 내면에 확립하는 과정으로 이해된다. 이로써 성인은 사회적 규범에 부합하는 자아구조를 형성하게 되며, 이는 이후 심리적 안녕과 대인관계의 기초가 된다.

여아의 경우 프로이트는 엘렉트라 콤플렉스라는 개념을 통해 유사하게 설명하려 했으나, 오이디푸스 콤플렉스만큼 이론적 완성도를 갖추지 못했다. 프로이트는 여아가 아버지를 향한 애정과 어머니에 대한 경쟁심을 경험하며, 이 과정에서 남근선망이라는 심리적 현상이 발생한다고 보았다. 이는 어머니와 동일시함으로써 갈등을 해소하고 여성으로서의 성 정체성을 확립하게 되는 과정으로 귀결된다.

정신분석적 치료에서는 오이디푸스 콤플렉스를 통해 내담자의 무의식적 갈등과 초자아의 구조, 성격 형성의 역사를 탐색하며, 억압된 욕망과 갈등을 의식화하고 통합하는 작업이 이루어진다. 이는 내담자가 자신의 심리적 문제의 근원을 이해하고, 보다 성숙하고 현실적인 방식으로 갈등을 해소하도록 돕는 치료적 접근의 핵심이 된다.

오이디푸스 콤플렉스는 프로이트 정신분석 이론에서 인간 성격구조의 형성, 무의식적 욕망과 갈등의 이해, 성적 정체성과 초자아 형성에 있어 핵심적 역할을 담당하는 이론적 개념으로, 오늘날에도 심리학과 정신분석학, 심리치료 전반에서 그 영향력을 지속적으로 유지하고 있다.

2) 리비도

프로이트의 정신분석 이론에서 리비도는 인간 정신활동의 원동력이자 본능적 에너지의 핵심 개념으로 정의된다. 리비도는 주로 성적 에너지로 이해되지만, 보다 넓게는 생명력과 창조성을 포함하는 원초적 심리적 동력으로서 작용한다. 프로이트는 리비도를 무의식 속에 존재하는 본능적 충동과 욕구를 구동시키는 심리적 에너지로 간주하였으며, 이는 개인의 욕망, 행동, 심리적 발달과 밀접하게 연관되어 있다.

리비도는 원초아(Id)에 내재한 본능적 성적 충동에서 비롯되며, 인간은 이 본능적 에너지를 다양한 심리적 과정과 사회적 환경 속에서 표출하거나 억압하면서 성격을 형성해 나간다. 프로이트에 의하면, 리비도는 인간 행동의 동기를 설명하는 가장 기본적인 심리적 에너지로서, 생의 충동(Eros)과 파괴 충동(Thanatos) 간의 역동적 상호작용 속에서 균형을 이루며 작동한다. 생의 충동으로서의 리비도는 생존과 번식, 사랑과 결합을 지향하는 긍정적 힘으로 작용하는 반면, 파괴 충동과의 긴장 관계는 개인 내적 갈등의 근원이 되기도 한다.

리비도의 역동성은 특히 프로이트의 정신성적 발달 이론에서 두드러지게 나타난다. 인간의 심리 발달 단계마다 리비도가 집중되는 신체 부위(성기)가 다르게 나타나며, 이를 통해 각 발달 단계의 특징적 심리 현상과 성격 특성이 설명된다. 예를 들어, 구강기에는 입술과 입 주변이 리비도의 초점이며, 항문기에는 배설 기능과 관련된 부위로 이동한다. 남근기에는 생식기가 리비도의 중심이 되며, 잠복기에는 리비도가 상대적으로 잠복하고, 생식기에 이르러 성적 에너지가 성숙한 형태로 표출된다. 이러한 리비도의 이동과 집중 과정은 개인의 성격 형성과 심리적 갈등 해소에 결정적 역할을 한다.

또한, 리비도는 무의식적 심리 과정에서 충동과 욕망을 지속적으로 추동하는 힘으로, 자아와 초자아 사이의 갈등 상황에서 다양한 방어기제를 유발한다. 리비도의 표출이 사회적 규범과 도덕적 제약에 부딪힐 때 자아는 억압, 투사, 승화 등 심리적 방어기제를 통해 갈등을 완화하며, 이는 개인의 심리적 안녕과 적응에 중요한 기제로 작용한다.

프로이트는 리비도를 단순한 성적 에너지로 국한하지 않고, 인간의 창조성, 생산성, 사랑, 그리고 사회적 관계 형성에 필수적인 원동력으로 보았다. 따라서 리비도의 건전한 흐름과 표출은 심리적 건강과 성숙의 지표가 되며, 반대로 리비도의 억압이나 왜곡은 신경증, 성격장애, 심리적 갈등의 근원으로 작용할 수 있다. 정신분석 치료 과정에서는 내담자의 리비도 에너지가 어떤 방식으로 표출되고 억압되는지 탐색하며, 이를 통해 무의식적 갈등을 인식하고 건강한 에너지 흐름을 회복하는 데 중점을 둔다.

리비도는 프로이트 정신분석학의 중심 개념으로서, 인간 심리의 원초적 동력이며, 성격발달과 심리적 갈등, 무의식적 동기 부여와 밀접히 연결되어 있다. 리비도의 개념은 개인의 심리 구조를 이해하고 치료적 개입을 설계하는 데 핵심적인 이론적 토대를 제공하며, 현대 심리학과 정신분석학 분야에서 여전히 중요한 연구 주제이자 임상적 도구로 활용되고 있다.

3) 생명본능

지그문트 프로이트의 정신분석이론에서 생명본능, 곧 에로스는 그의 후기 이론에서 핵심적인 개념으로 자리 잡는다. 프로이트는 인간 존재를 근본적으로 양대 본능적 충동, 즉 생명본능과 죽음본능의 상호작용 속에서 이해하려 하였다. 그 중 생명본능은 삶을 유지하고 보존하며, 인간의 생존과 발전을 도모하는 모든 심리적, 신체적 에너지원으로 간주된다.

프로이트에 따르면 생명본능은 궁극적으로 자기 보존, 종족 유지, 성적 결합, 사랑, 사회적 유대, 창조적 활동 등 생명을 긍정하고 지향하는 모든 활동의 동인으로 작용한다. 그는 이러한 본능이 단순히 성적인 차원에 국한되지 않으며, 보다 넓은 의미에서 삶의 에너지로 기능한다고 보았다. 즉, 리비도는 단순히 성적 충동의 에너지라기보다는 생명 유지와 발전을 위한 심리적 에너지의 총체를 의미하며, 이는 신체적 건강뿐 아니라 심리적, 사회적 영역에까지 영향을 미치는 포괄적 개념으로 이해되어야 한다.

에로스는 분열된 것을 결합하려는 충동, 즉 '통합'과 '일체화'의 경향을 가진다. 이는 무기체적 세계로의 복귀를 지향하는 죽음본능과 근본적으로 대비된다. 생명본능은 개인을 외부세계와 연결시키며, 애착과 사랑, 사회적 연대와 문화 창조라는 형태로 구체화된다. 이러한 본능적 에너지는 개인의 성격 형성과 대인관계, 그리고 사회적 구조의 유지에 필수적인 요소로 기능한다. 프로이트는 이러한 에로스의 근본적 목적이 삶의 지속과 생명의 확장, 종족 보존에 있음을 강조하였다.

이러한 관점에서 프로이트는 생명본능을 단순히 생물학적 본능으로만 보지 않고, 심리적 발달의 동력으로서 이해하였다. 유아기의 구강기, 항문기, 남근기 등 심리성적 발달 단계 역시 이 에로스적 에너지의 다양한 표현으로 해석할 수 있다. 아울러 그는 예술, 종교, 과학 등 고등 정신활동도 궁극적으로 이 본능적 에너지의 승화를 통한 결과물로 보았다. 즉, 생명본능은 리비도 에너지를 통해 직접적 쾌락을 추구하는 것을 넘어, 사회적으로 가치 있는 형태로 변화되고 표현되며, 이는 인간 문명의 진보와도 밀접한 관련을 가진다.

프로이트의 생명본능 이론은 인간의 모든 창조적, 사랑적, 융합적, 보존적 에너지를 설명하는 이론적 틀을 제공하며, 이는 단순히 성충동에 국한되지 않고, 광범위한 삶의 전 영역에서 인간 행위의 근본적 동력으로 작동한다. 따라서 정신분석학적 관점에서 생명본능은 개인의 정신적 통합과 심리적 건강, 사회적 관계와 문명 유지에 있어 필수불가결한 심층 동기이며, 인간 존재 이해의 핵심 열쇠로 간주된다.

4) 죽음본능

지그문트 프로이트의 정신분석 이론에서 죽음본능은 인간의 무의식에 내재하는 본능적 충동 중 하나로, 생명 유지와 번식을 지향하는 생명본능과 대조되는 파괴적이고 자기 파괴적인 힘으로 정의된다. 죽음본능은 생명체가 궁극적으로 본래의 무기력하고 무 생명상태로 회귀하고자 하는 내적 욕구를 반영하는 심리적 원리이며, 이는 충동 이론의 핵심 요소 중 하나로 자리 잡고 있다.

프로이트는 후기 이론에서 인간의 정신세계가 상반된 두 가지 본능적 충동, 즉 생명본능과 죽음본능의 상호작용과 긴장 관계에 의해 지배된다고 보았다. 생명본능은 창조, 생존, 성장, 사랑, 결합과 같은 긍정적, 건설적 욕구를 포함하며, 인간이 생명력을 유지하고 사회적 유대를 형성하도록 추동한다. 반면, 죽음본능은 파괴, 공격성, 자기파괴, 분리, 무(無)로의 회귀와 같은 부정적이고 파괴적인 경향을 내포한다. 이 본능은 무의식 깊은 곳에서 인간 행동과 정신작용에 영향을 미치며, 자아와 초자아 간의 갈등을 심화시키는 주요 요인으로 작용한다.

죽음본능은 무의식적 수준에서 다양한 형태로 표출된다. 대인관계에서의 공격성, 자기 파괴적 행동, 파괴적 충동, 자살 충동 등이 그 예이며, 이들은 표면적으로는 억압되거나 왜곡되어 나타나기도 한다. 프로이트는 이러한 충동들이 사회적 규범과 개인의 도덕적 가치체계에 의해 통제되고 억제되는 과정에서 심리적 갈등과 신경증 증상을 유발한다고 보았다. 또한, 죽음본능은 파괴적 에너지가 외부로 향할 때 공격성으로, 내부로 향할 때는 우울증, 자기비하, 자학 등의 심리적 병리 현상으로 전이될 수 있음을 설명하였다.

프로이트는 죽음본능을 통해 인간 존재의 근본적 이중성, 즉 창조와 파괴, 생명과 죽음, 결합과 분리의 이원적 본질을 설명하고자 하였다. 이 본능은 생명본능과의 끊임없는 투쟁과 균형 속에서 개인의 심리적 안정성과 불안을 동시에 조절하며, 심리적 성격구조의 역동성을 이해하는 데 필수적인 개념이다. 정신분석 치료에서는 죽음본능에 의해 야기된 무의식적 파괴 충동과 갈등을 탐색하고, 이를 의식화함으로써 내담자가 자기 파괴적 경향을 극복하고 건강한 자아통합을 이루도록 돕는다.

죽음본능은 프로이트 정신분석학에서 인간 본성의 근원적이고 파괴적인 측면을 규명하는 핵심 이론적 개념으로, 무의식적 자기파괴 욕구와 공격성을 포괄한다. 이는 생명본능과 상호작용하며 심리적 갈등과 성격발달, 신경증의 원인을 설명하는 데 중요한 역할을 한다. 죽음본능에 대한 심층적 이해는 현대 심리학과 정신분석학에서 인간 심리의 복합성을 해명하고 치료적 개입을 설계하는 데 있어 불가결한 요소로 자리매김하고 있다.

5) 자유연상

지그문트 프로이트의 정신분석 이론에서 자유연상은 무의식에 억압된 욕망과 갈등을 탐색하고 해석하기 위한 핵심적인 심리치료 기법으로, 정신분석적 치료 과정 전반에 걸쳐 적용되는 근본적 기법이다. 자유연상은 내담자가 자신의 마음속에 떠오르는 모든 생각, 감정, 이미지, 기억 등을 주제나 논리적 연관성을 따지지 않고 검열 없이 자유롭게 표현하도록 유도하는 방식으로 진행되며, 이 과정을 통해 무의식 속에 은폐되어 있던 심리적 갈등과 억압된 욕구가 자연스럽게 드러나게 된다.

프로이트는 자유연상을 통해 환자의 심층 심리구조에 접근하고자 하였으며, 표면적으로는 무질서하게 보이는 사고의 흐름이 사실은 무의식적 동기와 밀접하게 연결되어 있다는 점을 강조하였다. 이는 무의식의 검열 작용에 의해 직접적으로 표출되지 못한 충동이나 기억이 우회적으로 드러나는 방식으로, 환자의 언어적 표현 속에 심리적 억압과 갈등의 단서가 숨겨져 있다는 정신분석적 가설에 근거한다. 따라서 자유연상은 무의식의 내용을 탐색하는 동시에, 꿈 분석, 전이 분석, 방어기제 탐색과 더불어 심층 치료에 필수적인 방법으로 활용된다.

자유연상의 구체적 절차에서 치료자는 내담자에게 머릿속에 떠오르는 모든 생각을 검열하거나 수정하지 말고, 그 내용이 사소하거나 부적절하게 느껴지더라도 숨기지 말고 솔직하게 표현할 것을 요청한다. 이러한 과정을 거치며 내담자는 자아의 방어기제를 느슨하게 만들고, 이드에 잠재된 무의식적 욕망이나 억압된 심리적 갈등을 점진적으로 노출하게 된다. 자유연상 중 발생하는 사고의 단절, 망설임, 주저함 등은 심리적 저항의 표현으로 간주되며, 분석가는 이를 해석의 중요한 실마리로 삼는다.

특히 자유연상은 전이현상의 형성과 밀접하게 연관되어 있다. 내담자는 분석가를 대상으로 자신의 과거 중요한 인물에 대한 무의식적 감정이나 갈등을 전이하게 되며, 이러한 전이 과정에서 억압된 무의식적 내용이 보다 명확히 드러난다. 분석가는 자유연상 중 나타난 전이와 저항, 그리고 사고의 흐름 속에 내포된 무의식적 의미를 해석함으로써 내담자가 자각하지 못했던 내적 갈등의 근원을 인식하도록 돕는다.

자유연상은 자아가 무의식적 충동과 욕망을 직면하게 함으로써 심리적 통합과 자기이해를 촉진하며, 궁극적으로 자아의 통찰과 성숙한 적응을 가능하게 하는 치료적 도구이다. 내담자는 무의식적 내용을 언어화하고 의식화하는 과정을 통해, 억압되었던 감정과 충동을 수용하고 해소함으로써 내적 긴장을 완화하고 정신적 안정을 회복하게 된다.

자유연상은 프로이트 정신분석학의 치료적 핵심 기법으로서, 무의식의 세계를 탐색하고 억압된 심리적 갈등을 의식화하는 데 필수적인 방법론이다. 이는 내담자의 내면 깊숙이 자리 잡은 무의식적 동기와 갈등을 드러내어 심리적 변화를 유도하며, 정신분석 치료에서 통찰과 해방의 기초가 되는 핵심적 역할을 수행한다. 오늘날에도 자유연상은 정신분석학뿐 아니라 다양한 심리 치료적 접근에서 무의식 탐색과 심리적 치유를 위한 유효한 기제로 널리 활용되고 있다.

Chapter 3

알프레드 아들러의 성격이론

01 열등감과 보상

가. 열등감의 발생원인

알프레드 아들러(Alfred Adler)의 개인심리학 이론에 의하면, 열등감은 인간 존재의 필연적이고 보편적인 심리적 현상으로 간주된다. 열등감은 단순히 개인적 결핍에 대한 인식에서 비롯되는 것이 아니라, 인간이 태어나는 순간부터 겪는 신체적, 심리적, 사회적 경험 전체 속에서 발생한다. 알프레드 아들러는 열등감의 발생 원인을 크게 신체적 요인, 심리적 요인, 사회적 요인, 가족관계 요인으로 구분하여 설명한다. 이들 요인은 상호 복합적으로 작용하며, 개인의 심리적 구조와 행동양식을 결정짓는 심층적 요인이 된다.

첫째, 신체적 열등감은 인간이 출생 초기부터 지니는 필연적 약점에서 비롯된다. 유아는 신체적으로 미성숙하고 무력한 존재이며, 타인의 보호 없이는 생존이 불가능하다. 이러한 신체적 취약성은 인간 내면에 무의식적 열등감을 형성하며, 성장과 발달의 과정에서 타인과의 비교 속에서 더욱 강화될 수 있다. 신체적 장애나 질병, 왜소함과 같은 명백한 신체적 결함은 열등감의 경험을 더욱 심화시켜, 자기 가치에 대한 부정적 신념을 내면화하게 만든다.

둘째, 심리적 열등감은 개인의 성격적 특성이나 심리적 자원 부족에서 기인한다. 이는 자신에 대한 낮은 자존감, 부적절감, 자신감 결여 등의 형태로 나타나며, 타인과의 관계에서 자신의 능력 부족을 민감하게 인식할 때 심화된다. 아들러에 의하면 인간은 본래 완전성을 지향하는 존재이나, 현실 속에서 반복되는 실패 경험이나 비교로 인해 심리적 열등감이 강화될 수 있다. 이러한 심리적 열등감은 종종 개인의 목표설정과 자기효능감에 부정적인 영향을 미치며, 성격형성과 생활양식에 지속적인 영향을 준다.

셋째, 사회적 열등감은 개인이 속한 사회적 환경이나 문화적 맥락 속에서 타인과의 관계를 통해 형성된다. 특히 현대사회는 경쟁과 비교가 불가피한 구조를 지니고 있으며, 이는 개인이 타인의 기대나 사회적 규범에 미치지 못한다고 느낄 때 열등감을 유발하게 된다. 경제적 지위, 학력, 직업, 외모 등의 비교는 사회적 우열감을 조장하며, 열등감은 사회적 소속감과 자기정체성에 직접적 영향을 미친다. 아들러는 이러한 사회적 열등감이 공동체 속에서 자신의 존재 의미를 찾지 못하게 하며, 소외감과 고립감을 증폭시킨다고 보았다.

넷째, 가족관계 요인 역시 열등감 발생의 중요한 원인으로 작용한다. 아들러는 특히 출생순위(birth order)와 부모의 양육태도, 형제자매와의 관계 등을 강조하였다. 첫째, 둘째, 막내 등 출생순위에 따라 개인이 경험하는 가족 내 역할과 기대는 상이하며, 이는 열등감 형성에 큰 영향을 준다. 예컨대 첫째는 부모의 과도한 기대와 부담 속에서 실패에 대한 두려움으로 열등감을 경험할 수 있고, 둘째는 비교적 완성된 첫째와의 비교 속에서 무력감을 경험할 수 있다. 또한 과잉보호나 방임, 거부 등의 부적절한 부모 양육태도는 아동의 자아개념 형성에 부정적 영향을 미쳐 열등감의 기저를 형성하게 된다.

열등감은 단일한 요인에 의해 발생하는 것이 아니라 신체적, 심리적, 사회적, 관계적 요인이 복합적으로 상호작용하여 형성된다. 알프레드 아들러는 이러한 열등감이 인간 존재의 본질적 일부이며, 이를 극복하고자 하는 노력 속에서 인간은 성장하고 발전한다고 보았다. 따라서 열등감은 단순히 부정적 감정이 아닌, 창조적 생활양식과 우월성 추구의 동기가 되는 심리적 기제로 이해되어야 한다. 이러한 관점은 오늘날 상담과 심리치료에서 개인의 열등감 이해와 그 극복을 위한 실천적 방향을 제시하는 이론적 토대가 된다.

나. 열등감의 심리적 기능

아들러의 열등감은 단순히 부정적인 심리적 결핍으로 이해되지 않는다. 오히려 그는 열등감을 인간 성장과 발달에 있어 필연적이고 본질적인 심리적 기제로 간주하였다. 열등감의 심리적 기능은 인간이 자신의 존재적 한계를 자각하는 데서 비롯되며, 이를 극복하고자 하는 의지와 노력이 개인의 성장을 촉진하고 목표 지향적 행동을 유발하는 긍정적 동력으로 작용한다고 아들러는 주장하였다. 이러한 관점에서 열등감은 인간 존재의 결핍을 인식하는 심리적 신호체계이자, 보다 나은 자기(self)를 향해 나아가도록 이끄는 내면적 원동력이라 할 수 있다.

열등감의 가장 핵심적인 심리적 기능은 인간이 우월성 추구 또는 완전성 추구라는 본능적 경향을 발휘하도록 유도한다는 점에 있다. 아들러에 의하면 모든 인간은 유아기의 미숙함과 무력감에서 비롯된 열등감을 극복하고자 하는 근본적인 심리적 충동을 지니고 있으며, 이는 곧 자신을 끊임없이 발전시키고 환경을 극복하려는 방향으로 삶을 이끌어 간다. 이때 열등감은 현재 상태에 안주하지 않고 더 나은 자아실현과 자기초월을 향해 나아가게 만드는 동기적 장치로서 작용한다.

또한 열등감은 인간이 목표지향적 존재로 기능하게 하는 중요한 심리적 기제이다. 인간은 열등감을 극복하고자 자신의 삶에 목표를 설정하며, 그 목표를 향해 자신을 발전시키는 과정 속에서 의미를 찾는다. 아들러는 이러한 목표를 '허구적 최종목표'라 명명하였으며, 이는 현실에서 아직 실현되지 않았으나 개인이 궁극적으로 도달하고자 하는 이상적 상태로 작용한다. 열등감이 없다면 인간은 변화나 발전의 필요성을 느끼지 못하며, 이는 곧 자기 성찰과 성장의 부재로 이어진다. 열등감은 인간으로 하여금 현재 자신의 불완전함을 자각하게 하고, 더 나은 자신과 미래를 향해 나아가게 하는 존재론적 필연성을 지닌다.

열등감은 또한 자기효능감과 자아 존중감의 발달에 결정적인 영향을 미친다. 열등감을 극복하기 위해 작은 성취를 반복하는 과정 속에서 개인은 자신의 능력을 확인하고, 이는 자기 효능감으로 이어진다. 반대로 열등감을 극복하지 못하고 좌절하거나 포기하게 될 경우, 이는 병리적 형태의 열등감 콤플렉스로 발전할 위험이 있다. 그러나 정상적이고 건강한 수준의 열등감은 오히려 자아성장에 긍정적으로 기여하며, 자기효능감과 자아존중감을 강화시키는 역할을 수행한다. 이러한 맥락에서 열등감은 인간의 심리적 건강과 적응적 행동에 중요한 기능을 한다.

마지막으로, 열등감은 인간이 사회적 존재로서 타인과의 관계 속에서 자신의 역할과 의미를 자각하게 만드는 심리적 촉매 역할을 수행한다. 아들러는 사회적 관심을 인간 심리의 핵심으로 보았는데, 열등감은 개인이 타인과의 비교를 통해 자신의 부족함을 깨닫고, 더 나아가 공동체 내에서 자신의 가치를 실현하고자 노력하게 만든다. 이 과정에서 열등감은 개인을 타인과 연결 짓고, 협력과 상호의존의 필요성을 자각하게 하며, 결과적으로 공동체적 삶을 영위하도록 이끄는 기능적 역할을 한다.

알프레드 아들러가 설명한 열등감의 심리적 기능은 단순히 개인 내면의 결핍으로서가 아니라, 인간이 보다 나은 자아로 성장하고, 자신의 삶을 의미 있게 구성하며, 타인과 협력적 관계를 형성해 나가도록 유도하는 발전적 에너지로 이해된다. 열등감은 인간의 정신적 삶을 움직이는 필수적인 심리적 기제로서, 삶의 방향성과 목표를 설정하고, 이를 실현해 나가는 과정에서 심리적 성숙과 건강을 이루게 한다는 점에서 심리학적, 존재론적 의의를 지닌다.

다. 열등감 콤플렉스

아들러의 열등감은 인간이 본질적으로 경험하는 정상적이고 보편적인 심리적 현상으로 이해된다. 그러나 이러한 열등감이 비현실적 수준으로 과도하게 내면화되고, 개인의 사고와 행동 전반을 지배하게 될 때, 이는 단순한 열등감을 넘어 병리적 심리구조로 고착화된 열등감 콤플렉스로 발전하게 된다. 아들러는 열등감 콤플렉스를 개인이 자신의 결핍을 객관적으로 극복하려는 노력 대신, 과도하게 확대된 열등의식에 사로잡혀 무능력과 패배감 속에 정체되는 심리적 상태로 규정하였다.

열등감 콤플렉스는 일반적인 열등감이 개인의 성장과 발전을 위한 우월성 추구 또는 완전성 추구라는 긍정적 동기를 유발하는 것과 달리, 개인이 자신에 대한 부정적 신념에 압도되어 정체되고 위축되는 병리적 심리기제로 작동한다. 이러한 상태에 빠진 개인은 자신의 무능함, 실패, 결핍을 현실 이상의 왜곡된 시각으로 인식하며, 타인과의 비교 속에서 끊임없이 자기비하와 자기혐오에 사로잡힌다. 이는 자기효능감의 약화와 자아존중감의 저하로 이어지며, 개인의 사회적 적응과 정신적 건강에 심각한 부정적 영향을 미친다.

열등감 콤플렉스의 형성에는 유년기의 가족관계, 특히 부모의 양육태도와 출생순위가 밀접하게 연관되어 있다. 과도한 비판, 비교, 방임, 과잉보호 등의 환경에서 자란 아동은 자신의 능력을 부정적으로 인식하게 되며, 이러한 왜곡된 자기개념이 성인이 된 이후에도 지속되어 열등감 콤플렉스로 굳어질 가능성이 크다. 또한 반복되는 실패 경험이나 부정적 사회적 피드백 역시 열등감 콤플렉스를 심화시키는 주요 요인으로 작용한다.

열등감 콤플렉스에 사로잡힌 개인은 삶의 주요 과업인 직업(Work), 사랑(Love), 사회적 관계의 영역에서 회피적 태도와 소극적 행동을 보이게 되며, 이는 더욱 깊은 열등감을 초래하는 악순환으로 이어진다. 이 과정에서 아들러는 열등감 콤플렉스가 개인의 창조적 자아를 억압하며, 자기실현의 가능성을 심각하게 저해한다고 지적하였다. 또한 열등감 콤플렉스는 종종 우월콤플렉스라는 반동적 심리기제로 변질되기도 하는데, 이는 자신의 열등함을 감추기 위해 과장된 자만심, 권위주의, 타인 비하 등의 방어적 행동으로 나타난다. 이러한 병리적 보상기제는 개인뿐 아니라 사회적 관계와 공동체에도 부정적 영향을 미친다.

열등감 콤플렉스를 극복하기 위해 아들러는 사회적 관심의 회복과 공동체적 유대 속에서 자신의 가치를 발견하고 실현하는 노력이 필수적이라고 강조하였다. 또한 현실적인 목표 설정, 소규모의 성취 경험을 통한 자기효능감 회복, 타인과의 협력적 관계 형성을 통해 건강한 생활양식을 구축해 나가는 것이 필요하다. 이는 상담 및 심리치료 현장에서 내담자의 왜곡된 자기 인식 교정과 현실 적응력 향상을 위한 주요 개입 전략으로 활용되고 있다.

열등감 콤플렉스는 정상적 열등감이 비현실적이고 병리적으로 고착된 심리구조로서, 개인의 자아정체성, 자아존중감, 사회적 기능에 심대한 부정적 영향을 미친다. 그러나 아들러의 이론에 의하면 열등감 콤플렉스조차도 극복 가능한 심리적 상태이며, 이를 통해 개인은 보다 성숙하고 건강한 자아를 회복할 수 있다. 이러한 통찰은 오늘날 심리상담, 교육, 조직문화 등 다양한 분야에서 개인의 심리적 건강과 성장, 사회적 적응을 위한 실천적 지침으로 여전히 유효하게 적용되고 있다.

라. 우월콤플렉스의 개념과 병리

아들러 열등감은 인간의 성장과 발달을 자극하는 자연스러운 심리적 긴장으로 이해되며, 정상적인 경우 개인은 자신의 결핍이나 부족함을 극복하기 위한 보상기제를 통해 긍정적인 성취를 이루어 나가게 된다. 그러나 이러한 열등감이 병리적 형태로 왜곡될 때, 그 보상기제 역시 비현실적이며 부적응적인 방향으로 작동하게 되며, 이러한 병리적 보상의 대표적인 형태가 바로 우월콤플렉스이다.

우월콤플렉스란 개인이 자신의 열등감을 현실적으로 극복하기보다는, 내면에 자리 잡은 결핍감을 은폐하고 보상하려는 심리적 방어기제의 일환으로, 과도하게 자신을 우월한 존재로 인식하거나 타인보다 우월하다고 믿으려는 왜곡된 자아구조를 의미한다. 아들러는 우월콤플렉스가 실제 성취나 능력에 기초한 것이 아니라, 오히려 극복되지 못한 열등감에서 비롯된 심리적 반동으로 보았다. 즉, 개인은 내면의 깊은 열등감과 무가치함에 대한 두려움을 억압하고, 이를 보상하기 위해 외현적으로 과장된 자아상을 구축함으로써 일시적인 심리적 안정감을 얻고자 한다.

우월콤플렉스의 병리적 특성은, 그것이 개인의 자아개념과 생활양식에 깊이 스며들어 비현실적인 자기 과신, 타인에 대한 경멸, 과도한 경쟁심, 권위적 태도로 나타난다는 점에 있다. 이러한 병리적 기제는 사회적 관심과 공동체 감각을 심각하게 훼손하며, 타인과의 협력적 관계 형성을 방해하고 대인관계에서 지속적인 갈등과 소외를 초래하게 된다. 우월콤플렉스에 사로잡힌 개인은 타인을 억압하거나 지배하려는 경향을 보이며, 자기 과시와 명예욕에 집착함으로써 일시적으로 우월감을 획득하려 하지만, 이는 궁극적으로 내면의 열등감을 더욱 강화하는 악순환으로 귀결된다.

우월콤플렉스의 병리는 개인의 자아정체성을 왜곡하며, 현실과 이상의 괴리를 심화시킨다. 실제 능력이나 성취와 무관하게 자기 자신을 과대평가하거나, 타인의 평가에 지나치게 의존하게 되며, 이는 자아효능감과 자아존중감의 불안정성을 초래한다. 이러한 심리구조는 실패나 비판을 견디기 어렵게 만들며, 개인은 자신의 결핍을 직면하기보다는 회피하거나 부정하며, 외부에 대해 방어적이고 공격적인 태도로 일관하게 된다. 이로 인해 개인은 진정한 자기 성장의 기회를 상실하고, 오히려 자기 고립과 대인관계의 단절 속에서 더욱 깊은 열등감에 사로잡히게 된다.

아들러는 우월콤플렉스와 같은 병리적 보상기제를 극복하기 위해, 개인이 자신의 열등감을 직시하고 현실적이고 구체적인 목표를 설정하며, 꾸준한 노력과 성취를 통해 자기효능감을 회복하는 과정이 필요하다고 강조하였다. 특히 공동체 내에서의 긍정적 역할 수행과 사회적 관심의 회복은 우월콤플렉스의 병리적 고착을 해소하고, 보다 건강하고 창조적인 생활양식을 형성하는 데 필수적인 요소로 제시된다.

우월콤플렉스는 열등감을 비현실적이고 왜곡된 방식으로 보상하려는 병리적 심리기제로서, 개인의 자아정체성과 사회적 적응을 심각하게 저해한다. 이는 자기과시와 타인에 대한 우월 의식, 과장된 자아상이라는 형태로 표출되며, 장기적으로는 자아분열, 사회적 고립, 내면적 불안정성을 초래하게 된다. 아들러의 이론은 이러한 병리적 심리구조의 이해와 상담적 개입에 있어 현대 심리학 및 상담학의 중요한 이론적 토대를 제공하고 있다.

02 우월성 추구와 완전성의 원리

가. 우월성 추구의 심리적 의미

아들러의 성격심리학에서 '우월성 추구'는 그의 개인심리학의 핵심적 개념으로, 인간 존재의 심리적 동기를 설명하는 중심 원리로 간주된다. 아들러에 따르면 인간은 본질적으로 불완전하고 결핍된 존재로서, 이러한 근본적 열등감에서 비롯된 보상적 에너지로 삶을 영위해 나가며, 이는 우월성 추구라는 형태로 심리적 동기화가 이루어진다. 즉, 인간의 삶의 전 과정은 심리 내적 긴장과 열등감 극복을 향한 방향성을 지니며, 이는 보다 나은 자기(Self)로의 발전을 지향하는 창조적이고 의식적이며 목표 지향적인 활동을 포함한다.

아들러가 정의한 '우월성'이란 단순히 타인을 지배하거나 물리적 권력을 확보하는 협소한 개념이 아니다. 오히려 이는 인간이 자신의 내적 결핍을 극복하고, 보다 완전하고 조화로운 존재로 나아가려는 심리적 성장 욕구와 긴밀하게 연결되어 있다. 아들러는 이러한 과정을 '자기완성' 또는 '생활양식'이라는 개념과 결부시켜 설명하며, 개인의 특수한 방식으로 열등감을 보상하고 우월성을 실현하려는 시도는 일생을 관통하는 지속적이고 일관된 심리 역동으로 보았다.

우월성 추구는 인간의 행동을 유발하는 근원적 원동력으로서, 아들러 심리학에서는 인간 존재를 역동적으로 이끄는 심층적 긴장상태로 이해된다. 개인은 유년기의 열등감이나 결핍 경험을 통해 무의식적 목표를 형성하며, 이는 성인기까지 지속되어 다양한 방식으로 현실에 투영된다. 예컨대, 과거 육체적 장애를 경험한 개인이 신체적 능력을 강조하는 직업을 선택하거나, 사회적 인정을 통해 자신의 가치를 증명하려는 행위는 우월성 추구의 발현으로 해석될 수 있다. 이러한 과정은 아들러가 강조한 '허구적 최종목표'와도 연계되는데, 이는 현실에 존재하지 않는 이상적 상태나 자기상에 대한 상상을 통해 현재 행동을 방향 짓는 심리적 메커니즘을 의미한다.

아들러는 우월성 추구가 병리적 양상으로 변질될 경우, 과도한 자기과대나 우월 콤플렉스와 같은 심리적 방어기제로 표출될 수 있다고 보았다. 이는 오히려 열등감에 대한 왜곡된 보상으로 작동하며, 타인을 억압하거나 비현실적 성취를 통해 자신의 가치를 부풀리려는 경향을 낳는다. 반대로 건강한 우월성 추구는 사회적 관심과 결합되어, 개인이 사회적 유대 속에서 공동체적 가치를 실현하며 자기 성장과 타인 복지를 동시에 도모하는 긍정적 방향으로 발현된다. 여기서 사회적 관심은 아들러 심리학의 또 다른 핵심 축으로, 타인과의 공감적 관계와 공동체 의식을 통해 우월성 추구가 병리적 왜곡 없이 건강하게 실현될 수 있음을 시사한다.

아들러는 우월성 추구를 통해 인간이 스스로의 가능성을 실현하고, 삶의 의미를 부여하며, 사회적 존재로서 조화를 이루려는 창조적 삶의 과정으로 이해하였다. 이러한 관점은 개인의 내적 동기를 고립된 심리 현상으로만 보지 않고, 사회적 맥락과 긴밀히 결부시킨 점에서 기존 정신분석적 접근과 명확히 구분되며, 오늘날 인간중심 심리학과 긍정심리학의 기초가 되는 심리학적 통찰로 평가받는다.

따라서 아들러의 우월성 추구는 단순한 성공 지향성을 넘어, 인간 존재가 본래적으로 지닌 결핍을 극복하고 자기초월을 이루려는 심리적 동인의 표현으로서, 개인의 삶의 의미와 방향을 이해하는 핵심적 심리 개념으로 자리매김한다고 할 수 있다.

나. 개인적 목표의 설정

아들러의 '개인적 목표의 설정'은 인간 존재의 삶의 방향성과 행동 양식을 규정하는 핵심 개념으로 이해된다. 아들러는 인간을 단순히 환경에 수동적으로 반응하는 존재로 보지 않고, 오히려 스스로의 삶을 능동적으로 창조해 나가는 목적론적 존재로 규정하였다. 이러한 관점에서 인간은 자신의 내면적 열등감을 극복하고 보다 완전한 자아(Self)를 실현하기 위해, 무의식적으로 혹은 의식적으로 '허구적 최종목표'를 설정하며, 이 목표는 개인의 모든 행동을 이끄는 심리적 원동력이 된다.

아들러 이론에서 개인적 목표란 현실적이고 구체적인 차원에 머무르는 것이 아니라, 미래의 자신이 도달하고자 하는 이상적 상태에 대한 심리적 표상으로 기능한다. 이 목표는 반드시 현실적일 필요는 없으며, 오히려 다소 비현실적이고 허구적인 형태를 취할 수도 있다. 그러나 그 목표는 개인의 생활양식과 긴밀하게 결합되어, 삶 전체의 방향성과 행동 전략을 결정짓는 심리적 구조로 작동하게 된다. 즉, 인간은 자신이 설정한 최종목표에 맞추어 사고하고, 감정과 행동을 조직화하며, 이 목표를 향해 끊임없이 삶을 조율해 나간다.

개인적 목표의 설정은 개인의 유년기 경험, 초기 기억, 그리고 열등감의 성격에 따라 구체화되며, 이는 창조적 자아에 의해 능동적으로 구성된다. 창조적 자아는 개인이 자신의 삶의 방향을 스스로 설계할 수 있는 능력을 의미하며, 이러한 기능을 통해 인간은 자신이 설정한 목표에 따라 특정한 삶의 과제를 선택하고, 그 과제를 해결하기 위한 고유한 방식으로 삶을 영위하게 된다. 이 과정에서 형성된 목표는 단순히 직업적 성공이나 사회적 지위에 국한되지 않고, 자아완성, 자기초월, 그리고 공동체적 유익과 같은 더 높은 차원의 가치를 지향하는 경우가 많다.

아들러는 인간이 설정하는 개인적 목표가 병리적일 경우, 이는 비현실적인 우월성 추구나 과도한 자기과대로 이어질 수 있으며, 이러한 왜곡된 목표는 우월콤플렉스나 열등콤플렉스의 형태로 나타난다고 보았다. 이러한 경우, 개인은 현실과 유리된 과도한 목표에 집착하거나, 타인과의 경쟁 속에서 끊임없이 자신을 비교하며 심리적 불안을 강화하게 된다. 반면, 건강한 개인적 목표는 사회적 관심과 조화를 이루며, 공동체 속에서 자신과 타인의 복지를 증진시키는 방향으로 설정된다. 이는 아들러가 강조한 성숙한 인간상으로, 자기완성과 사회적 기여를 동시에 실현하려는 통합적 삶의 목표와 맞닿아 있다.

아들러의 개인심리학에서 개인적 목표의 설정은 인간 삶의 방향성과 행동의 의미를 규정하는 본질적 요소로, 인간은 자신의 불완전성을 극복하고 보다 완전한 존재로 나아가기 위해 끊임없이 목표를 수립하고 이를 향해 전진하는 존재로 이해된다. 이러한 목표는 현실을 초월하는 이상적 자기상과 긴밀히 연결되어 있으며, 인간의 삶을 구조화하고, 자기실현과 공동체적 조화를 이루려는 목적론적 동기로 작용한다. 따라서 개인적 목표 설정은 인간 발달과 성장의 근본적 원리로서, 아들러 심리학의 핵심 축을 이루는 개념으로 평가받는다.

다. 우월성 추구와 병리적 변형

아들러 우월성 추구는 인간 존재가 본질적으로 지니고 있는 성장 동기이자, 내면의 불완전성과 열등감을 극복하고 보다 완전한 자아(Self)로 발전하고자 하는 근본적인 심리적 에너지로 이해된다. 아들러에 따르면, 인간은 누구나 출생 시 신체적, 심리적으로 미성숙하고 무력한 존재로서 필연적으로 열등감을 경험하게 되며, 이 열등감은 오히려 개인이 자신의 능력을 개발하고 환경에 적응하며, 보다 나은 삶을 추구하도록 유도하는 창조적 긴장의 근원이 된다. 이러한 긴장은 인간이 자신을 극복하고자 하는 방향으로 삶을 설계하게 만들며, 궁극적으로는 자기완성과 자기초월을 향해 나아가는 목적론적 동력으로 작동한다.

그러나 아들러는 우월성 추구라는 인간 본연의 심리적 에너지가 언제나 건강하고 긍정적인 방식으로 발현되는 것은 아니라고 지적하였다. 우월성 추구는 개인이 자신의 열등감을 창조적 방식으로 극복하고, 타인 및 공동체와 조화를 이루며 사회적 관심을 실현하는 방향으로 작동할 때 건강한 성장을 이루게 된다. 그러나 특정한 유년기 경험이나 부정적 양육 환경, 심리적 상처 등으로 인해 우월성 추구가 비현실적이거나 과도하게 왜곡될 경우, 이는 병리적 변형을 초래할 수 있다. 이러한 병리적 변형은 아들러가 제시한 우월콤플렉스와 열등콤플렉스의 형태로 구체화된다.

우월콤플렉스란 내면의 깊은 열등감을 감추거나 보상하기 위해 과도하게 자신을 과시하거나 타인에 대해 우월감을 드러내려는 심리적 방어기제로 정의된다. 이러한 우월콤플렉스에 사로잡힌 개인은 실제 역량이나 성취와 관계없이, 타인보다 우월하다는 환상을 유지하기 위해 왜곡된 사고방식이나 비현실적 행동을 지속하게 된다. 이는 과도한 경쟁심, 지배욕구, 권력 추구, 또는 타인에 대한 비하와 같은 형태로 나타나며, 궁극적으로는 사회적 부적응과 대인관계의 왜곡을 초래하게 된다.

반면, 열등콤플렉스는 자신의 무능력이나 결함을 실제보다 과도하게 인식하고, 이를 극복하려는 의지보다는 회피와 위축, 패배주의적인 태도로 귀결되는 병리적 심리 상태를 의미한다. 이러한 열등콤플렉스는 개인으로 하여금 현실에서의 도전을 회피하게 만들며, 자존감 저하, 자기비하, 무력감, 우울감 등의 정서적 문제를 유발할 수 있다. 아들러는 열등콤플렉스와 우월콤플렉스가 모두 건강한 우월성 추구가 병리적으로 변형된 결과로 이해하였으며, 이는 개인의 생활양식에 고착된 비적응적 패턴으로 나타난다고 보았다.

이러한 병리적 변형의 본질은 우월성 추구가 자신의 내적 열등감을 창조적으로 극복하기보다는, 왜곡된 목표를 통해 일시적으로 심리적 안정을 얻으려는 비합리적 방식에 있다. 현실과 유리된 허구적 목표에 집착하거나, 타인과 끊임없이 비교하며 불안정한 자아를 유지하려는 경향은, 결국 자아실현과 사회적 관심 실현을 저해하는 부정적 심리 구조로 기능하게 된다.

아들러의 개인심리학에서 우월성 추구는 인간 발달과 성장의 필수적 심리 동력이지만, 그 방향성과 방식에 따라 건강한 성장으로 이어질 수도 있고, 병리적 변형으로 타락할 수도 있다. 우월성 추구가 사회적 관심과 통합되어 발현될 때, 이는 개인이 공동체 속에서 조화롭게 자아를 실현하는 건강한 동력으로 작용하나, 그렇지 못할 경우 우월콤플렉스나 열등콤플렉스라는 병리적 결과를 초래하며, 이는 인간 심리와 행동의 부적응을 설명하는 중요한 이론적 근거가 된다. 이러한 관점은 아들러 심리학이 강조하는 공동체 감각의 중요성을 명확히 하며, 우월성 추구의 건강한 방향성을 모색하는 실천적 기반을 제공한다.

라. 삶의 과업과 우월성 추구의 관계

아들러의 우월성 추구는 인간이 내재적으로 지닌 가장 근본적인 심리적 동기로 이해된다. 아들러는 모든 인간이 본래적 열등감을 극복하고 보다 완전하고 조화로운 존재로 성장하고자 하는 심리적 에너지를 가지고 있다고 보았으며, 이러한 우월성 추구는 단순히 타인에 대한 지배나 우위를 의미하는 것이 아니라, 자기완성과 자기초월이라는 긍정적이고 창조적인 삶의 방향성을 내포한다. 이러한 관점에서 아들러는 인간 삶을 구성하는 삶의 과업과 우월성 추구의 긴밀한 상호관계를 강조하였다.

아들러가 제시한 삶의 과업은 크게 직업의 과업, 우정의 과업, 사랑의 과업으로 구분되며, 이는 인간이 사회 속에서 자신의 존재를 실현해 나가는 필수적인 심리적, 사회적 과제들을 의미한다. 이러한 삶의 과업들은 단순히 외적인 행동이나 역할에 국한되지 않고, 개인이 내면적으로 추구하는 성장과 완성의 과정에서 핵심적인 역할을 수행한다. 즉, 삶의 과업은 인간이 자신의 우월성 추구를 현실 속에서 구체적으로 실현하고, 자기 자신과 타인, 그리고 공동체와의 관계 속에서 조화롭게 발달할 수 있도록 하는 실천적 장(field)으로 기능한다.

우월성 추구는 이러한 삶의 과업 수행의 근원적 동력이자, 방향성을 제공하는 내적 에너지로 작용한다. 직업의 과업에서 개인은 자신의 능력을 발휘하고 성취함으로써 열등감을 극복하고, 자아효능감을 증진시킨다. 이는 단순히 경제적 목적을 넘어, 자기존중과 자아실현을 이루기 위한 구체적 실천의 장으로서 기능한다. 우정의 과업에서는 타인과의 평등하고 상호존중적인 관계 형성을 통해 공동체 감각을 강화하며, 이는 자신의 존재가 사회적으로 의미 있고 가치 있음을 확인하는 통로가 된다. 사랑의 과업에서는 상호의존과 신뢰, 헌신의 관계를 통해 자아를 초월하는 경험을 하게 되며, 이는 인간 존재의 심리적 완성에 이르는 궁극적 과업으로 간주된다.

아들러는 우월성 추구가 건강하게 발달할 경우, 삶의 과업 수행은 타인과의 협력과 상호이해를 전제로 하며, 사회적 관심이라는 공동체적 가치를 기반으로 이뤄진다고 보았다. 그러나 만약 우월성 추구가 병리적으로 변형될 경우, 개인은 삶의 과업을 회피하거나 왜곡하며, 자신의 우월성을 과시하거나 타인에 대한 지배를 통해 열등감을 보상하려는 비정상적 행동 패턴을 보이게 된다. 이러한 왜곡은 결국 우울, 불안, 대인관계 문제, 직업적 실패 등 다양한 신경증적 증상으로 귀결될 수 있다.

아들러는 삶의 과업과 우월성 추구는 상호 긴밀히 연결된 개념으로, 우월성 추구는 인간이 삶의 과업을 수행하는 과정에서 내면적 성장과 완성을 도모하게 하는 심리적 동력이며, 삶의 과업은 그 우월성 추구가 구체적으로 실현되고 사회적 맥락 안에서 조화를 이루는 장으로 기능한다. 따라서 우월성 추구와 삶의 과업의 관계를 올바르게 이해하는 것은 인간 존재의 발달 과정과 심리적 건강을 설명하는 핵심적 이론적 기반이 된다.

03 생활양식과 창조적 자아

아들러는 핵심적으로 강조되는 개념 중 하나는 바로 생활양식과 창조적 자아이다. 아들러는 인간을 수동적으로 환경에 의해 결정되는 존재가 아니라, 자신의 삶을 능동적으로 창조하고 방향을 선택해 나가는 목적론적 존재로 보았다. 이러한 관점에서 생활양식과 창조적 자아는 인간의 성격 형성과 삶의 방향성을 이해하는 데 필수적인 개념적 틀을 제공한다.

먼저, 생활양식이란 개인이 유년기 경험과 초기기억을 토대로 형성한 고유하고 일관된 사고, 감정, 행동 양식의 총체를 의미한다. 이는 단순한 행동 습관이나 외적 성격 특성을 넘어, 개인이 자신과 세계를 어떻게 인식하고 해석하며, 어떠한 방식으로 삶의 문제를 해결해 나갈 것인가에 대한 심리적 청사진이라 할 수 있다. 아들러는 생활양식을 인간존재의 개인적 의미부여 체계로 규정하였으며, 이는 각 개인이 열등감을 극복하고 우월성 추구를 실현하는 구체적 방식으로 나타난다. 생활양식은 대체로 5세 무렵까지 고착되며, 이후 삶 전반에 걸쳐 일관성을 유지하지만, 결코 결정론적이지 않고 변화와 수정이 가능한 가변적 구조로 이해된다.

생활양식은 주로 세 가지 삶의 과업(직업, 사랑, 사회적 관계)을 대하는 방식에서 명확히 드러난다. 어떤 이는 경쟁적이고 공격적인 방식으로 열등감을 보상하려 하며, 또 어떤 이는 협력과 공감의 태도를 통해 사회적 관심을 실현하려 한다. 이처럼 생활양식은 개인의 우월성 추구가 구체적으로 실현되는 양식이며, 건강한 생활양식은 사회적 관심을 바탕으로 한 조화롭고 통합된 삶으로 나아가지만, 병리적 생활양식은 왜곡된 우월성 추구로 인해 신경증적 증상과 부적응적 삶을 초래할 수 있다.

이러한 생활양식을 형성하고 조율하는 핵심 심리기제가 바로 창조적 자아이다. 창조적 자아란 인간이 자신의 삶을 수동적으로 받아들이는 존재가 아니라, 자신의 환경과 경험, 그리고 유전적 요소를 바탕으로 능동적으로 삶의 방향과 의미를 창조해 나가는 심리적 능력을 뜻한다. 아들러는 창조적 자아를 통해 개인이 자신만의 독자적인 생활양식을 선택하고 발전시킨다고 보았으며, 이는 인간의 주체성, 자율성, 목적론적 사고를 강조하는 근거가 된다. 즉, 동일한 환경과 유사한 열등감을 지닌 사람일지라도, 각자의 창조적 자아에 의해 전혀 다른 생활양식을 구축하게 되며, 이는 곧 다양한 성격유형과 삶의 방식으로 나타난다.

창조적 자아는 끊임없는 자기성찰과 자기조율을 가능케 하며, 개인이 자신의 열등감을 현실적으로 수용하고, 이를 극복하기 위한 창조적이고 적극적인 방식으로 행동하도록 유도한다. 이는 아들러가 강조한 자기초월, 자기완성과 깊이 연결되며, 건강한 생활양식으로의 변화와 성숙을 가능하게 하는 심리적 근원으로 작동한다. 창조적 자아는 변화 가능성을 내포한 유연한 심리구조로서, 삶의 과업 수행 과정에서 개인이 새로운 문제에 직면할 때마다 보다 현실적이고 사회적으로 유익한 방향으로 자신을 재구성하게 한다.

아들러의 생활양식과 창조적 자아는 개인이 자신의 삶을 어떻게 인식하고, 의미를 부여하며, 열등감을 극복하고 우월성 추구를 실현해 나가는지를 설명하는 핵심 개념이다. 생활양식은 개인의 일관된 삶의 방식이자, 심리적 구조이며, 창조적 자아는 이를 능동적으로 창출하고 수정하며 발전시켜 나가는 주체적 힘으로 기능한다. 이 두 개념을 통해 아들러는 인간을 능동적, 목적론적, 사회적 존재로 파악하였으며, 이는 오늘날 인간 이해와 상담, 심리치료의 중요한 이론적 토대를 제공하고 있다.

가. 생활양식의 형성 과정

아들러는 핵심적으로 강조되는 개념 중 하나는 바로 생활양식의 형성과정이다.

아들러에 따르면 인간의 생활양식은 단순히 환경적 요인이나 유전적 소질에 의해 결정되는 것이 아니라, 개인이 유년기부터 경험한 다양한 삶의 사건들을 바탕으로 스스로 의미를 부여하고 해석하는 심리적 과정 속에서 능동적으로 형성된다. 이러한 생활양식은 개인이 삶을 바라보는 기본적인 인지적, 정서적, 행동적 틀을 의미하며, 이후 삶의 모든 상황에서 지속적이고 일관된 방식으로 작동하는 심리적 지도와 같다.

생활양식의 형성과정은 무엇보다도 유년기 초기 경험에 깊은 영향을 받는다. 아들러는 인간이 성장 과정에서 겪는 형제관계, 부모와의 상호작용, 가족 내 위치, 양육 태도 등의 사회적 맥락이 생활양식 형성에 결정적인 영향을 준다고 보았다. 예컨대 과잉보호, 방임, 혹은 경쟁적인 가족환경은 각각 독자적인 방식으로 열등감과 보상심리를 유발하며, 이는 개인이 자신과 세상에 대해 어떠한 관점을 갖게 되는지를 결정짓는 심리적 기반이 된다.

특히, 유년기의 초기 기억은 생활양식 형성에 있어 개인이 어떤 삶의 과제를 어떻게 받아들이고 해결해 나갈 것인지에 대한 심리적 암시를 담고 있다. 아들러는 초기 기억을 무의식적 선택의 산물로 보았으며, 이는 개인이 현실을 해석하고 재구성하는 방식, 즉 생활양식의 근본적인 틀을 반영한다고 주장하였다. 초기 기억은 삶의 의미와 방향성을 구축하는 기초이며, 이는 우월성 추구의 구체적인 발현 형태를 결정짓는다.

이러한 생활양식의 형성과정에서 중요한 역할을 수행하는 것이 바로 창조적 자아이다. 창조적 자아는 인간이 주어진 환경이나 조건에 수동적으로 반응하는 존재가 아니라, 스스로 삶의 의미를 해석하고 방향을 설정하며, 자신의 존재방식을 창조해 나가는 능동적이고 주체적인 심리적 원천으로 작용한다. 즉, 동일한 환경에 놓인 두 사람이라 할지라도 각자의 창조적 자아에 의해 전혀 다른 생활양식이 형성될 수 있다. 창조적 자아는 개인이 자신의 열등감에 대한 보상방식을 선택하고, 이를 통해 목표를 설정하며, 삶의 과업에 어떻게 접근할 것인지를 자율적으로 결정하게 한다.

결국, 생활양식은 개인이 자신의 열등감을 극복하고 보다 완전한 자아를 실현하기 위해 만들어낸 일관된 심리적 구조이며, 이는 창조적 자아에 의해 능동적으로 조직되고 구체화된다. 이러한 생활양식은 삶의 세 가지 주요 과업, 즉 직업, 사랑, 사회적 관계 속에서 반복적으로 확인되며, 개인은 이를 통해 자신의 정체성과 존재 의의를 지속적으로 강화하거나 수정해 나간다.

아들러에 의하면 생활양식은 비록 유년기에 형성되나, 고정불변한 것이 아니라 개인의 자각과 통찰, 그리고 심리치료를 통해 변화 가능하다. 따라서 생활양식의 형성과정에 대한 이해는 개인의 성격 이해뿐 아니라, 상담 및 심리치료에서 변화의 가능성을 모색하는 핵심적인 이론적 토대가 된다. 이는 아들러가 인간을 능동적이고 목적지향적인 존재로 보았음을 잘 보여주며, 오늘날 심리학과 상담 분야에서 인간 이해에 있어 중요한 통찰을 제공한다.

나. 생활양식의 유형

아들러의 생활양식은 인간이 자신의 열등감을 극복하고, 우월성 추구를 실현하기 위해 형성하는 독자적이고 일관된 사고, 감정, 행동의 틀을 의미한다. 이러한 생활양식은 유아기의 경험과 초기 기억(Early Recollections), 가족 내 위치(Birth Order), 사회적 환경 등의 영향 아래 개인의 창조적 자아에 의해 능동적으로 조직되고 구성된다. 아들러는 모든 인간이 각기 다른 방식으로 자신의 삶을 해석하고 의미를 부여하는 존재라고 보았으며, 이러한 해석과 의미부여 방식이 곧 생활양식으로 구체화된다고 보았다.

아들러는 생활양식을 크게 4가지 기본 유형으로 분류하여 설명하였다. 이러한 유형 구분은 인간이 삶의 과업, 즉 직업, 사랑, 사회적 관계라는 세 가지 주요 과업을 대하는 방식에 따라 파악된 것으로, 각 유형은 열등감 극복과 우월성 추구를 달성하기 위한 전략적 성향을 반영한다.

첫째, 지배형(Dominant Type) 생활양식은 타인에 대한 통제와 지배를 통해 자신의 열등감을 보상하려는 특징을 지닌다. 이 유형은 적극적이고 공격적인 태도를 보이며, 자신의 욕구 충족을 위해 타인을 이용하거나 억압하려는 경향이 있다. 사회적 관심이 결여되어 있어 대인관계에서 갈등이 잦고, 타인과 협력하기보다는 경쟁적이고 독단적인 삶의 태도를 취하는 경우가 많다.

둘째, 의존형(Getting Type) 생활양식은 타인에 대한 의존과 수동성을 통해 자신의 열등감을 해소하려는 경향을 보인다. 이들은 스스로 문제를 해결하기보다 타인의 도움을 기대하며, 사회적 관심이 결여되어 있음에도 외부로부터의 보호와 지지를 받고자 한다. 이러한 유형은 자율성과 독립성이 결여되어 있고, 과잉 보호적 환경에서 자란 경우에 흔히 나타난다.

셋째, 회피형(Avoiding Type) 생활양식은 실패와 열등감으로부터 자신을 보호하기 위해 삶의 과업으로부터 도피하려는 경향이 특징이다. 이들은 문제 상황에 직면했을 때 적극적으로 해결하려 하지 않고, 회피하거나 현실로부터 도망치는 태도를 보인다. 이로 인해 사회적 관심은 물론, 자기실현도 방해받게 된다. 심한 경우 신경증적 증상이나 회피적 성격장애로 발전할 가능성이 있다.

넷째, 사회적 유익형 생활양식은 아들러가 가장 건강하고 바람직한 유형으로 간주한 것으로, 열등감을 현실적이고 생산적인 방식으로 극복하며, 사회적 관심에 기반하여 타인과 협력하고 공동체 속에서 의미 있는 삶을 영위하려는 성향을 지닌다. 이 유형은 직업, 사랑, 사회적 관계라는 삶의 과업을 적극적으로 수행하며, 자기초월과 공동체 감각을 실천하려는 특징을 보인다.

아들러는 이 네 가지 생활양식 중 사회적 유익형만이 진정으로 건강한 방향의 우월성 추구를 실현한다고 보았다. 반면, 지배형, 의존형, 회피형은 열등감에 대한 부적절하거나 병리적 반응으로, 사회적 유익이나 공동체적 조화와는 괴리된 비건강한 생활양식으로 분류된다.

생활양식의 유형은 인간이 열등감과 상호작용하며 우월성 추구를 어떤 방식으로 실현하고자 하는지를 설명하는 심리적 틀로서, 이는 개인의 성격구조와 행동양식을 이해하는 데 필수적이다. 이러한 구분은 인간을 환경의 피동적 산물이 아닌, 자신의 삶을 창조적으로 구성하고 의미를 부여하는 존재로 이해하려는 아들러 심리학의 기본 관점을 잘 반영하고 있다.

다. 창조적 자아의 개념

아들러는 핵심적 개념 중 하나인 창조적 자아는 인간이 주어진 환경적 조건이나 생물학적 요인에 수동적으로 종속되는 존재가 아니라, 오히려 자신의 삶을 능동적으로 해석하고 의미를 부여하며, 독자적인 방식으로 방향성을 설정하는 창조적이고 목적론적 존재라는 관점을 뒷받침하는 심리적 구조를 의미한다. 아들러에 따르면, 인간은 태어날 때부터 자신만의 고유한 방식으로 경험을 조직하고 해석하는 경향을 지니며, 이러한 창조적 자아의 기능을 통해 각 개인은 자신의 생활양식을 형성하고, 열등감을 극복하며, 궁극적으로 우월성 추구를 실현하게 된다.

창조적 자아는 인간 존재의 주체성과 자율성을 상징하는 개념으로, 동일한 환경적 자극이나 경험을 접하더라도 각 개인이 이를 어떻게 해석하고 수용하며 자기 삶의 방향으로 전환하느냐는 창조적 자아의 기능에 달려 있다. 즉, 창조적 자아는 인간이 자신의 삶을 수동적으로 받아들이는 존재가 아니라, 능동적이고 창조적으로 의미를 부여하며, 궁극적으로 자기 자신과 세상에 대한 태도를 결정짓는 심리적 기제로 작동한다. 이러한 측면에서 창조적 자아는 인간 삶의 통합성과 연속성을 보장하는 내적 원리로 기능하며, 유년기 경험, 초기 기억, 가족 내 위치 등 다양한 심리적, 사회적 요소들을 하나의 통합된 생활양식으로 조직화하는 주체로서의 역할을 담당한다.

아들러는 인간이 창조적 자아를 통해 자신의 열등감을 보완하고, 이를 우월성 추구라는 보다 생산적이고 발전적인 방향으로 승화시킬 수 있다고 보았다. 이는 개인이 경험하는 삶의 사건들이 선형적 인과관계에 의한 필연적 결과가 아니라, 창조적 자아에 의해 독자적으로 해석되고 의미화되며, 그 결과로 각기 다른 생활양식이 구성된다는 점에서 중요하다. 창조적 자아는 개인의 목표 설정, 삶의 과업 수행, 문제 해결 방식에 직간접적으로 영향을 미치며, 이는 곧 개인의 자아실현과 자기초월이라는 궁극적 목적 달성의 밑거름이 된다.

또한 창조적 자아는 인간이 환경적 제약이나 생물학적 한계를 초월하여 스스로의 삶을 재구성할 수 있는 능동적 힘을 지니고 있음을 시사한다. 이는 인간이 자신의 인생을 창조해 나가는 작가이자 설계자로서 존재한다는 아들러 심리학의 목적론적 세계관과 밀접하게 연결된다. 창조적 자아는 개인이 자신의 생활양식을 구성하는 방식에 따라 건강한 방향으로 나아갈 수도 있고, 반대로 병리적 왜곡으로 치우칠 수도 있음을 설명해 주며, 이는 심리치료의 과정에서 개인의 자율성과 창조성을 회복하고, 보다 긍정적이고 사회적으로 유익한 생활양식을 채택하도록 돕는 근거가 된다.

창조적 자아란 인간이 주어진 환경에 수동적으로 반응하는 존재가 아니라, 자신의 삶을 능동적으로 조직하고 의미를 부여하며, 고유한 목표와 생활양식을 창조하는 중심적 심리구조를 의미한다. 이는 개인이 자기 삶을 스스로 선택하고 책임지며, 열등감을 극복하고 우월성 추구를 실현하는 과정에서 필수적인 역할을 담당한다는 점에서, 아들러 심리학의 핵심 개념으로 평가받는다.

라. 생활양식의 평가와 변화

핵심 개념인 창조적 자아는 개인이 자신의 삶을 능동적으로 해석하고 재구성하며, 자율적이고 목적지향적인 방향으로 나아갈 수 있는 심리적 주체로 이해된다. 이 창조적 자아의 기능은 개인이 과거 경험이나 환경적 조건에 의해 일방적으로 결정되는 것이 아니라, 오히려 그러한 경험을 스스로 해석하고 의미를 부여하며, 생활양식을 창조적으로 형성하고 조정할 수 있음을 의미한다. 아들러에 따르면 생활양식은 개인이 유년기부터 무의식적으로 형성한 일관된 사고, 감정, 행동의 패턴으로, 이는 삶의 과업(일, 사랑, 사회적 관계) 수행 방식에 직접적인 영향을 미친다.

그러나 생활양식은 한 번 형성되었다고 하여 고정불변의 것이 아니며, 개인의 창조적 자아는 이를 지속적으로 평가하고 필요에 따라 수정, 변화시킬 수 있는 역동적 기능을 지닌다. 아들러는 건강하지 못한 생활양식은 왜곡된 열등감 보상이나 비현실적인 우월성 추구, 사회적 관심의 결여로 나타나며, 이는 개인이 현실적 삶의 과업을 적절하게 수행하지 못하게 만드는 주요 요인이 된다고 보았다. 따라서 창조적 자아는 이러한 기존 생활양식을 인식하고, 그 부적응적 패턴을 의식화함으로써 보다 건강하고 사회적으로 유용한 방향으로 변화시킬 수 있는 심리적 기제로 작용한다.

생활양식의 평가란 개인이 자신의 사고방식, 감정반응, 대인관계 양상 등을 비판적으로 성찰하고, 그것이 삶의 목적 달성이나 공동체적 유익에 얼마나 부합하는지를 검토하는 과정이다. 이때 창조적 자아는 기존 생활양식의 비효율성과 부적응성을 자각하게 하며, 보다 성숙하고 통합적인 방향으로 변화할 수 있도록 이끈다. 이러한 평가 과정은 자기이해와 자기통찰을 심화시키며, 이는 궁극적으로 자기결정적 삶을 위한 토대를 제공한다.

변화의 과정에서 창조적 자아는 새로운 목표를 설정하고, 열등감 극복과 우월성 추구를 보다 현실적이고 사회적으로 유익한 방향으로 재구성하는 역할을 수행한다. 이때 개인은 기존의 회피적, 지배적, 수동적 생활양식에서 벗어나 사회적 유용형에 가까운 적극적이고 협력적인 생활양식을 채택하게 된다. 이러한 변화는 개인이 자기 삶의 주체로서 스스로를 재구성하는 과정이며, 창조적 자아의 궁극적 표현이라 할 수 있다.

창조적 자아는 생활양식의 평가와 변화를 가능하게 하는 핵심적 심리구조로, 이는 개인이 자신의 열등감을 인식하고 극복하며, 사회적 관심과 조화를 이루는 방향으로 우월성 추구를 실현하도록 돕는다. 창조적 자아의 기능을 통해 개인은 고정된 삶의 방식에 머무는 것이 아니라, 지속적인 자기평가와 변화를 통해 보다 건강하고 성숙한 인간으로 성장할 수 있는 가능성을 지니며, 이는 아들러 이론이 지향하는 인간 발달의 궁극적 목표와 부합한다.

Chapter

4

칼 구스타브 융의 성격이론

01 의식과 무의식의 구조

칼 구스타브 융은 인간의 정신을 총체적이고 역동적인 구조로 파악하였다. 그는 정신의 구조를 세 가지 주요 구성 요소, 즉 의식, 개인적 무의식, 집단적 무의식으로 구분함으로써 인간 내면의 심층적 작용을 설명하고자 하였다. 이 세 층위는 단순히 수직적 위계가 아니라 상호작용하는 심리 역동을 이루며, 자아와 무의식 간의 긴장 및 조화의 과정이 인격통합을 이끄는 중심 동력이 된다.

우선 의식은 개인이 자신을 주체로 인식하고 외부 세계와 상호작용할 수 있는 심리적 영역으로서, 현실 판단과 사고, 감정, 의지 등이 기능하는 중심 장소이다. 융은 의식의 중심에 위치한 자아(Ego)를 '자신'을 인식하는 의식적 정체성의 핵심으로 보았다. 자아는 환경과의 상호작용을 통해 형성되며, 개인의 사고방식과 감정 유형에 따라 외향적 또는 내향적 특성을 갖는다. 그러나 자아는 전체 정신의 일부분에 불과하며, 인간 심성의 보다 광대한 영역은 무의식에 속한다.

개인적 무의식은 프로이트의 개념과 유사하게, 개인이 과거 경험을 통해 억압하거나 망각한 심리적 내용들이 저장된 공간이다. 이 무의식은 의식에서 밀려난 기억, 감정, 충동, 그리고 자아가 인식하지 못한 경험들로 구성되어 있으며, 종종 꿈이나 환상, 실수 행동 등에서 그 흔적을 드러낸다. 융은 이러한 개인적 무의식 속에 콤플렉스라 불리는 감정적으로 강렬한 의미 중심의 심리 구조들이 존재한다고 주장하였다. 콤플렉스는 자아의 통제 범위를 벗어나 때때로 독립적인 행동을 유발하며, 성격형성과 심리병리 모두에 깊이 관여한다.

그러나 융의 이론에서 가장 독창적이고도 심오한 개념은 집단적 무의식이다. 이는 개인의 삶을 초월하는 보편적이고 원형적인 심리 구조로, 인간 종 전체가 공유하는 심층 무의식의 층위이다. 융은 이를 인류가 진화 과정에서 축적한 원초적 심상과 행동양식의 저장소로 이해하였다. 집단적 무의식은 개인의 경험과 무관하게 선험적으로 존재하며, 이 안에는 원형이라는 보편적 심상과 이미지들이 존재한다.

원형은 특정한 형태를 갖기보다는 반복적인 인간 경험의 구조로 나타나며, 예컨대 '어머니', '영웅', '그림자', '자기(Self)' 등의 원형은 전 인류에게 공통적으로 발견되는 심리적 구조로 작용한다.

융은 인간의 심리를 이해하기 위해 이 세 구조가 어떻게 상호작용하는지를 탐구하였다. 자아는 의식의 중심이지만 무의식의 넓은 바다에 떠 있는 작은 섬에 불과하다. 의식은 무의식으로부터 지속적으로 영향을 받으며, 특히 집단적 무의식 속의 원형은 꿈, 신화, 종교, 예술 등의 상징체계를 통해 반복적으로 드러난다. 융은 무의식과 의식의 긴장 속에서 발생하는 내면의 갈등을 해소하고 통합하는 과정을 개성화라 명명하였으며, 이는 자아가 자기(Self)의 중심성과 통합성을 향해 나아가는 심리적 여정이다.

칼 융의 의식과 무의식의 구조 이론은 인간의 정신세계를 단순한 병리 분석의 대상이 아니라, 상징과 의미를 통한 성장과 통합의 장으로 이해하게 만든다. 그의 이론은 현대 심리학과 분석심리학, 그리고 정신의학과 종교학, 예술분석에 이르기까지 폭넓은 학문 분야에 지대한 영향을 미쳤으며, 인간 이해에 대한 깊이 있는 통찰을 제공하는 고전적이면서도 여전히 현대적인 틀을 제시하고 있다.

가. 자아

칼 구스타브 융의 성격이론에서 자아는 인간 정신 구조의 의식 중심을 구성하는 핵심 요소로 규정된다. 자아는 개인이 "나"라는 존재를 인식하고, 외부 세계와 상호작용하며, 내면의 경험을 통합하는 기능을 수행하는 심리적 좌표이다. 융은 자아를 단순히 사고와 감정, 의지를 담지하는 심리 주체로 보지 않고, 인간 정신의 다양한 층위 속에서 중심적인 통제력과 조직 기능을 지닌 의식의 관리자로 이해하였다.

자아는 주체로서의 '나'를 형성하며, 자기 동일성과 연속성을 부여하는 역할을 한다. 개인이 자신을 하나의 통일된 존재로 인식하고 삶의 경험들을 해석할 수 있도록 돕는 심리적 기반이 바로 자아이다. 이 자아는 고정된 실체가 아니라, 개인의 성장과 경험에 따라 지속적으로 형성되고 변화하는 역동적 구조로 작동한다. 특히 융은 자아가 경험의 총합이라기보다는, 개인이 외부 자극과 내부 충동 사이에서 자기 보존적 균형을 유지하려는 심리적 기제라고 강조한다.

자아의 주요 기능은 크게 네 가지로 정리할 수 있다. 첫째, 의식화 기능이다. 자아는 감각기관을 통해 들어오는 정보를 해석하고, 외부 현실에 대한 인식을 형성한다. 이를 통해 환경에 대한 이해와 적응이 가능해진다. 둘째, 기억과 정체성 통합 기능이다. 자아는 과거의 기억을 현재의 자각과 연결시키며, 자전적 기억 속에서 자기 동일성을 구성한다. 셋째, 의사결정과 판단 기능이다. 자아는 다양한 심리 기능—사고, 감정, 감각, 직관—을 조절하며, 상황에 따라 적절한 판단을 내리도록 돕는다. 넷째, 방어 기능이다. 자아는 무의식으로부터 유입되는 혼란스러운 내용이나 충동적 요소로부터 의식의 질서를 지키기 위해 심리적 방어기제를 동원한다.

그러나 자아는 인간 정신의 전부가 아니라, 광대한 심리 세계의 일부분에 불과하다. 자아는 마치 등불이 비추는 좁은 범위와 같아서, 그 외의 영역인 개인적 무의식과 집단적 무의식은 자아의 통제를 벗어난 심층 심리적 실재로 존재한다. 이처럼 자아는 한편으로는 중심이지만, 다른 한편으로는 전체(Self)의 일부로서 기능한다. 융은 자아를 정신 구조의 절대적 주체가 아닌, 전체 인격의 일시적 중심으로 간주하였다.

특히 자아는 무의식적 내용과의 조화로운 상호작용 속에서 발전하고 성숙해진다고 보았다. 의식의 중심인 자아가 무의식의 영향—특히 원형이나 콤플렉스의 작용—을 무시하거나 억압하면 심리적 균형이 붕괴될 수 있으며, 이는 신경증이나 심리적 고통으로 이어질 수 있다. 따라서 융은 자아가 무의식의 영역과 의식적으로 대화하며, 그 내용을 통합할 때 개성화의 과정이 가능하다고 보았다. 개성화는 자아가 자기(Self)라는 보다 심오하고 통합적인 중심성을 향해 나아가는 과정이며, 이는 곧 자아의 확장과 통합, 자기초월의 길을 의미한다.

융의 이론에서 자아는 단순한 자기인식의 장소가 아니라, 전체 정신의 구조 속에서 중심성과 한계성을 동시에 지닌 복합적 기능체이다. 자아는 인간이 자신과 세계를 이해하고 의미를 구성하는 주체로서의 역할을 감당하면서, 동시에 무의식의 깊은 흐름과 지속적으로 관계 맺는 심리적 교차점이다. 이러한 관점은 자아에 대한 이해를 기존의 표면적 인식 수준에서, 깊은 심리적 자기탐구의 차원으로 확장시킨다는 점에서 심층심리학의 본질을 잘 보여주는 핵심 개념이라 할 수 있다.

나. 개인적 무의식

칼 구스타브 융은 인간 정신을 다층적인 구조로 이해하며, 이를 의식, 개인적 무의식, 집단적 무의식이라는 세 가지 주요 영역으로 구분하였다. 이 중 개인적 무의식은 개인의 생애 동안 경험된 사건들 가운데 의식되지 못했거나 의식에서 억압된 심리적 내용들이 저장된 영역이다. 이 무의식은 프로이트의 이론에서 말하는 전의식과 무의식의 개념과 유사하지만, 융은 이를 보다 넓고 역동적인 구조로 이해하였다.

개인적 무의식은 시간적으로는 과거의 경험이지만, 심리적으로는 현재에도 지속적인 영향을 미친다. 이 영역은 단지 망각된 기억의 저장소가 아니라, 감정적으로 의미 있는 심상과 기억, 충동, 상처, 그리고 억압된 욕망이 집적된 심리적 심연으로 간주된다. 개인이 의식적으로 받아들이기 어렵거나 자아의 자기상과 충돌하는 요소들은 억압되어 이 무의식에 위치하게 되며, 이는 자아의 의식 구조와 상호작용하면서 특정한 인지적 왜곡, 감정적 반응, 반복되는 행동 패턴으로 나타날 수 있다.

특히 융은 개인적 무의식 속에 존재하는 강한 감정적 에너지를 띤 심리 구조들을 콤플렉스라 명명하였다. 콤플렉스는 단순한 기억이나 사고가 아니라, 강한 감정과 이미지, 태도, 기억이 결합된 자율적인 심리 단위로, 자아의 통제 밖에서 독립적으로 작용할 수 있다. 예를 들어, '열등감 콤플렉스', '어머니 콤플렉스' 등은 개인의 사고와 감정, 행동 양식을 왜곡시키며 삶의 여러 영역에서 지속적인 영향을 끼친다. 융은 이러한 콤플렉스가 병리적인 것으로만 간주되어서는 안 되며, 오히려 자아가 무의식의 목소리를 인식하고 통합하는 기회로 삼아야 한다고 보았다.

개인적 무의식은 꿈, 환상, 실수 행동, 신체 증상 등 다양한 경로를 통해 의식에 신호를 보낸다. 이러한 표현은 무의식이 자아에게 '주의를 환기'하는 방식으로 작용하며, 개인이 이를 무시하거나 억압할 경우 심리적 불균형과 갈등이 심화될 수 있다. 따라서 개인적 무의식과의 대화는 정신 건강의 회복뿐만 아니라 개성화 과정의 필수 조건이 된다. 개성화란 자아가 무의식의 내용들을 통합함으로써 자기(Self)라는 더 깊은 중심성과 일치를 이루어 가는 여정이며, 개인적 무의식은 이 과정의 출발점이자 통로로 기능한다.

개인적 무의식은 단지 '의식하지 못하는 것들'의 수동적인 저장소가 아니라, 인간 심리의 깊은 에너지가 축적된 능동적이고 창조적인 영역이다. 융은 이를 통해 인간이 단순히 주어진 존재가 아니라, 무의식적 자원과의 관계 속에서 자신을 끊임없이 재구성해 나가는 심리적 자기형성의 주체임을 강조하였다. 따라서 개인적 무의식을 인식하고 이해하며 통합하려는 시도는 성격의 변형과 정신의 통합을 위한 본질적인 과정으로 간주되어야 한다.

다. 집단적 무의식

융의 분석심리학에서 가장 독창적이고도 심오한 개념 중 하나는 바로 집단적 무의식이다. 이는 융 심리학의 이론적 정체성을 특징짓는 핵심 개념으로, 인간 정신이 단지 개인의 경험과 기억에 의해 형성된 것이 아니라, 인류 공동의 원초적 경험과 보편적 구조를 공유하고 있다는 전제를 바탕으로 한다. 융은 이 집단적 무의식을 단순한 심리적 기능이 아니라, 진화론적 역사와 문화적 경험이 응축된 심층 정신의 보편적 층위로 간주하였다.

집단적 무의식은 개인적 무의식과는 달리, 한 개인의 삶에서 형성된 경험이나 기억에 의존하지 않는다. 오히려 그것은 모든 인간에게 선천적으로 내재되어 있는 심리 구조로, 종(種)의 경험적 유산이라 할 수 있다. 이 무의식은 인류가 수천 년에 걸쳐 반복적으로 마주한 보편적인 삶의 상황—예를 들어 탄생, 죽음, 모성과 부성, 생존과 갈등, 변형과 구원 등—에 대한 경험의 핵심이 압축되어 상징적 형태로 저장되어 있는 곳이다. 융은 이러한 구조를 생물학적 유전이 신체적 특징을 전달하듯, 심리적 유전이 정신의 틀을 전달한다고 이해하였다.

이 집단적 무의식의 가장 주요한 구성 요소는 원형이다. 원형은 일정한 형상을 지닌 이미지나 개념이 아니라, 인간의 경험을 특정한 방식으로 구조화하고 해석하게 만드는 심리적 패턴 또는 잠재적 경향성이다. 예를 들어, '어머니' 원형은 단순한 개별 어머니에 대한 기억이 아니라, 돌봄, 양육, 생명력, 보호 등의 상징적 의미를 포괄하며, 이는 문화와 시대를 초월하여 유사한 형태로 나타난다. 마찬가지로 '그림자', '페르소나', '자기', '영웅', '아니마', '아니무스' 등 다양한 원형은 집단적 무의식의 심층에 존재하며, 꿈과 신화, 종교, 예술, 환상 등의 상징체계 속에서 반복적으로 표현된다.

집단적 무의식은 정신의 가장 깊은 층에 존재하며, 자아와 개인적 무의식보다 훨씬 넓고 깊은 구조로 작용한다. 그것은 개인의 인식을 초월한 차원에서 상징의 언어로 표현되며, 의식의 언어로 직접 번역되지 않기에 종종 꿈이나 전통 신화, 종교적 체험, 무의식적 창작을 통해 간접적으로 나타난다. 융은 이러한 상징의 해석을 통해 인간이 자신도 인식하지 못한 내면의 구조를 이해하고, 전체 인격의 통합에 이를 수 있다고 보았다.

집단적 무의식은 인간 심성의 근원적 에너지원이며, 동시에 인격 통합의 목적지이기도 하다. 융은 인간의 성장이란 곧 자아가 무의식과의 조화로운 관계를 구축하고, 그 상징들을 의식화하며 통합해 나가는 여정이라고 보았다. 이 과정은 개성화로 명명되며, 집단적 무의식 속 원형들과의 상호작용은 개성화 과정의 핵심을 이룬다. 예컨대, 자아가 '그림자' 원형을 인정하고 통합하거나, '아니마·아니무스'의 내면적 상보성을 수용하게 될 때, 인간은 보다 깊은 자기 이해와 통합에 도달하게 된다. 이러한 통합의 최종 목적지는 전체 인격의 중심이자 상징적 완성체로서의 자기(Self)이다.

융은 집단적 무의식을 통해 인간 존재의 깊이를 새롭게 조명하였다. 인간은 단지 개인적인 삶을 살아가는 고립된 존재가 아니라, 인류 보편의 심리 구조를 내면에 지닌 공동체적 존재이며, 원형과 상징을 매개로 과거와 현재, 자아와 전체, 개별성과 보편성을 연결하는 존재이다. 이러한 관점은 정신병리학, 종교학, 신화학, 문학 해석, 예술 분석 등 다양한 분야에 지대한 영향을 미쳤으며, 심리학의 경계를 초월하여 인간학적 성찰을 가능케 한 획기적인 통찰로 평가받는다.

집단적 무의식은 융 심리학의 중심축으로서, 인간 정신이 단지 개인의 영역에 국한되지 않고, 인류 공동의 심층적 경험과 상징 구조 속에서 이해되어야 함을 강력히 시사한다. 이 무의식은 인간 존재의 깊은 원형적 기원을 내포하고 있으며, 이를 자각하고 통합하는 작업은 단순한 심리 치유를 넘어서 삶의 의미와 자기 초월을 향한 여정으로 확장될 수 있다.

02 원형의 이론

칼 구스타브 융의 원형이론에서 원형은 융의 집단적 무의식 개념과 불가분의 관계에 있으며, 인간 정신이 단지 개인적 경험의 산물에 머무르지 않고, 인류 전체가 공유하는 보편적 심상과 심리적 패턴을 통해 구조화되어 있음을 설명하는 이론적 기초를 제공한다. 융은 원형을 단순한 기억이나 이미지로 보지 않았으며, 오히려 그것을 인류의 심층 정신에 선험적으로 내재된 의미 생성의 틀로 이해하였다.

원형은 일정한 내용이나 고정된 형태를 지닌 구체적 이미지가 아니다. 그것은 오히려 인간의 내면에서 특정한 방식으로 경험을 구성하게 만드는 근원적 형식 또는 원천적 구조로 작동한다. 이러한 구조는 다양한 문화와 시대, 인종, 언어를 초월하여 유사한 형태로 반복적으로 출현하며, 이는 신화, 종교, 꿈, 전설, 예술 등 인간의 상징적 표현 속에서 확인된다. 융은 원형을 "경험의 공통된 형식이며, 인간의 본능과 유사한 심리적 기능"이라고 정의하며, 이들이 무의식적 차원에서 인간의 사고와 행동, 감정과 세계관에 깊이 관여한다고 보았다.

가장 대표적인 원형들로는 자기(Self), 자아, 페르소나, 그림자, 아니마, 아니무스, 영웅, 현자, 대지 어머니 등이 있으며, 이들은 집단적 무의식의 구조를 이루는 상징적 중심축들이다. 각 원형은 독립적인 상징체계로 존재하는 동시에, 서로 상호작용하며 인간 심리의 역동성을 구성한다.

예를 들어, 페르소나(Persona)는 사회적 적응을 위해 개인이 외부에 드러내는 가면으로서, 타인의 기대에 부응하려는 자기표현의 형태이며, 그림자는 자아가 인식하고 수용하기를 거부한, 억압된 감정이나 충동, 잠재된 가능성 등을 상징한다. 아니마와 아니무스는 남성과 여성 각각의 내면에 존재하는 반대 성의 심상으로, 감정적 직관성과 이성적 사고의 내적 균형을 상징하며, 자기(Self)와의 통합적 관계 속에서 중요한 매개 역할을 한다. 이러한 원형들이 상징적으로 표출되는 과정은 주로 꿈, 환상, 종교적 체험, 예술 표현 등에서 나타나며, 이는 자아가 무의식의 깊은 층과 접촉하게 되는 통로로 기능한다.

융은 이러한 원형들이 인간의 정신적 성장과 개성화 과정에 핵심적 역할을 한다고 보았다. 개성화란 자아가 무의식 속 원형적 요소들과의 상호작용을 통해 점차 자기의 중심성과 통합성을 향해 나아가는 과정이며, 이 여정에서 원형은 방향을 제시하는 심리적 나침반으로 작용한다. 인간은 원형의 존재를 인식하고 그 상징적 의미를 수용함으로써 자기 내부의 갈등과 분열을 통합하고, 궁극적으로는 전체 인격의 완성과 초월을 지향하게 된다.

원형은 그 자체로는 의식화될 수 없는 잠재적 형식이지만, 다양한 문화적 상징물과 종교 신화, 예술 창작물, 꿈의 이미지 등을 통해 간접적으로 표현된다. 따라서 융 심리학에서 상징은 원형을 이해하는 핵심 도구이며, 심리 치료나 자기 성찰의 과정에서 상징 해석은 원형과의 만남을 촉진하는 주요 수단이 된다. 융은 상징을 "미지의 것을 알려진 것으로 번역하는 도구"라고 표현하였으며, 이는 원형이 지닌 무의식적 에너지를 의식 수준에서 이해하고 통합하는 과정을 가능하게 한다.

원형 이론은 인간의 심리 구조가 단순히 개인적 경험에 의해 형성되는 것이 아니라, 인류 보편의 심층적 정신 유산에 기반하고 있음을 보여준다. 원형은 인간 존재의 내면적 질서를 형성하고 삶의 방향성과 의미를 제공하는 심리적 근간으로, 자아와 무의식, 상징과 통합의 관계를 설명하는 강력한 틀을 제공한다. 융의 이론은 정신분석학을 개인적 병리의 치료에만 국한시키지 않고, 인간 내면의 영적 여정과 자기초월의 가능성을 향한 통합적 사유로 확장시킨 고전적이면서도 현대적인 심리학적 유산이다.

가. 아니마와 아니무스

칼 구스타브 융의 원형은 집단적 무의식의 구조를 형성하는 보편적이고 선험적인 심리 형식으로 이해되며, 그중에서도 아니마와 아니무스는 인간 심성의 양성적 통합과 심리적 균형을 상징하는 중심 원형이다. 이 개념은 인간 존재가 외형적 성(性)의 경계를 넘어, 내면에 반대 성(性)의 심상을 잠재적으로 지니고 있음을 전제로 한다. 즉, 아니마는 남성의 내면에 존재하는 여성성의 심상이며, 아니무스는 여성의 내면에 존재하는 남성성의 심상으로서, 자아가 의식하지 못하는 반대 성의 심리적 특질을 상징적으로 구현한다.

아니마와 아니무스는 단순한 성별의 심리적 투사물이 아니라, 정신의 심층에서 작용하는 자율적이고 역동적인 원형 구조로 작동한다. 융은 모든 남성의 무의식 속에는 아니마라는 여성적 원형이 존재하며, 이는 감정, 직관, 상상력, 생명력, 무의식과의 연결 능력을 상징한다고 보았다. 반면, 모든 여성의 무의식에는 아니무스라는 남성적 원형이 존재하며, 이는 이성, 판단력, 의지, 견고함, 방향성 등의 속성을 상징한다. 이 두 원형은 자아의 의식 세계에 직접적으로 통합되어 있지 않기 때문에, 자아가 이를 인식하지 못하거나 억압할 경우 무의식적 투사의 형태로 외부에 표출된다.

예컨대 남성이 외부 여성에게 비현실적 이상화나 과도한 감정적 반응을 보일 경우, 이는 내면의 아니마가 의식되지 않은 채 외부에 투사된 결과로 해석된다. 마찬

가지로 여성이 외부 남성에게 절대적 권위나 강압적 이미지, 또는 과도한 비판적 태도를 부여할 때, 이는 아니무스가 무의식적 방식으로 작용하고 있음을 시사한다. 이처럼 아니마와 아니무스는 의식과 무의식 간의 심리적 경계에서 다양한 방식으로 나타나며, 꿈, 예술, 종교적 체험, 신화 속 상징 등에서 반복적으로 등장한다.

융은 인간의 심리적 성숙과 자아통합의 핵심 과정인 개성화 여정에서 아니마와 아니무스의 인식과 통합이 결정적인 전환점이라고 강조하였다. 자아가 이 원형들을 인식하고 의식화할 때, 인간은 자신의 내면에 존재하는 반대 성적 특질을 수용하고, 자아 중심적 일방성을 극복하며 심리적 전체성을 향해 나아가게 된다. 아니마는 남성에게 감정적 깊이와 생명력의 상징으로 기능하며, 무의식과의 교량 역할을 수행하고, 아니무스는 여성에게 내적 논리, 통찰력, 자율성의 자원을 제공함으로써 내면의 자기와의 연결을 돕는다.

특히 아니마는 네 가지 주요 단계로 발전한다고 융은 제시하였다. 첫 번째는 에로틱하고 관능적인 여성상(예: 이브)이며, 이후 사랑의 이상화를 통한 낭만적 여성(예: 헬렌), 영적·지적인 동반자(예: 마리아), 그리고 자기(Self)와 연결된 지혜의 중재자로 진화한다. 아니무스 또한 야성적 힘의 상징(예: 타잔)에서 시작하여, 언어와 논리의 화신(예: 오라토르), 객관적 사고의 원리, 최종적으로는 여성의 자기(Self)와 연결된 내면의 안내자로 변화한다. 이 과정은 단순한 성별 정체성의 문제가 아니라, 인간 존재가 내면의 전체성과 조화를 이뤄가는 심리적 통합의 과정이다.

궁극적으로 아니마와 아니무스는 인간 내면에 잠재된 양성적 통합의 가능성을 상징한다. 이들은 무의식의 심층에서 자아와의 긴장과 협력 속에서 작용하며, 인간이 자기 자신의 전모를 이해하고 수용하는 데 있어 불가결한 원형적 안내자이다. 이들의 통합은 성숙한 인격 형성과 영적 완성의 중요한 전제이며, 인간 존재의 정체성을 보다 깊이 있게 성찰하게 만드는 상징적 구조이기도 하다. 융은 이 원형들의 작용을 통해 인간이 자아의 한계를 넘어서 전체(Self)로 향하는 심리적 통로를 발견할 수 있다고 보았으며, 이는 단순한 심리 치료를 넘어 삶의 의미에 대한 실존적 탐구로 확장될 수 있다.

나. 페르소나

칼 구스타브 융의 페르소나는 집단적 무의식에 뿌리를 둔 대표적인 원형 가운데 하나로, 개인이 사회적 환경에 적응하고 타인과 관계를 맺기 위해 외부에 드러내는 심리적 가면이다. 페르소나는 원래 고대 라틴어로 '가면'을 뜻하며, 고대 연극에서 배우가 역할을 수행하기 위해 착용하던 가면에서 유래한 개념이다. 융은 이 개념을 확장하여, 현대인이 사회적 역할 수행을 위해 자신의 내면적 본성과는 구분된 사회적 자아를 구성하는 방식을 설명하는 데 사용하였다.

페르소나는 인간의 자아(Ego)와 외부 세계 사이의 중재적 매개체로 기능한다. 이는 곧 개인이 특정한 사회적 맥락 속에서 요구받는 역할과 기대에 따라 형성한 인격의 일면을 의미하며, 일상적으로는 직업적 정체성, 사회적 지위, 언어 습관, 감정 표현 방식 등으로 나타난다. 예를 들어 교사는 교사다운 말과 태도를, 의사는 전문가다운 침착함과 권위를 유지하며, 부모는 자녀 앞에서 보호자 역할을 수행하는 방식이 바로 페르소나의 작용이다. 이처럼 페르소나는 사회적 기능성과 대인관계의 효율성을 보장하기 위한 방어적이면서도 전략적인 심리 기제이다.

그러나 융은 페르소나가 단지 긍정적 적응 기제로만 기능하는 것이 아님을 지적한다. 페르소나의 가장 큰 위험은 개인이 그것을 자신의 전 인격으로 착각하게 되는 경우이다. 즉, 페르소나에 동일시되어 자아의 고유성과 무의식의 진정한 목소리를 억압하거나 소외시키는 심리적 왜곡이 발생할 수 있다. 이 경우, 개인은 사회적으로는 성공하고 안정된 인상을 줄 수 있으나, 내면적으로는 공허함과 소외감, 정체성의 위기, 심지어는 신경증에 이를 수 있다. 융은 이러한 상태를 '인격의 고정화' 또는 '가면에의 종속'이라고 표현하며, 이는 심리적 성장과 자아통합을 저해하는 주요 요인으로 간주하였다.

페르소나의 그림자는 종종 자아가 억압하거나 의식에서 배제한 충동, 감정, 가능성 등으로 구성되며, 이 둘 간의 갈등은 인간 내면의 중요한 심리 드라마를 형성한다. 자아가 사회적 기준에 순응하기 위해 형성한 페르소나가 지나치게 경직되거나 외부 평가에 과도하게 의존할 경우, 억눌린 그림자는 무의식 속에서 강한 심리적 에너지를 축적하며, 꿈이나 실수 행동, 투사, 감정의 폭발 등을 통해 의식 세계로 침투하게 된다. 이때 자아는 혼란과 위기를 경험하지만, 융은 이를 개성화 과정의 중요한 전환점으로 보았다. 즉, 페르소나의 해체와 재구성은 자아가 무의식과의 조화로운 통합을 이루기 위한 필연적인 과정이다.

진정한 자아실현은 페르소나의 역할을 완전히 제거하는 것이 아니라, 그것이 하나의 기능적 도구에 불과함을 자각하고, 내면의 자기와의 접촉을 통해 보다 전체적이고 통합된 인격을 실현하는 데 있다. 다시 말해, 건강한 페르소나는 사회적 역할과 내면의 진실한 자아 사이의 균형을 유지하면서, 개인의 심리적 전체성과 영적 성숙을 지향하는 유연한 심리적 경계 장치로 기능한다.

페르소나는 융 심리학에서 인간이 사회 속에서 살아가기 위해 반드시 필요한 심리적 구성요소이지만, 그것에 함몰되지 않고 내면의 자기를 인식할 때 비로소 개성화와 자기초월의 길로 나아갈 수 있음을 일깨운다. 페르소나를 이해하고 재구성하는 작업은 단지 외부와의 관계 조율이 아닌, 자기 내면과의 본질적 만남을 가능하게 하는 심리적 의식의 진보이며, 인간 존재의 이중성과 복합성을 이해하는 데 있어 매우 중요한 통찰을 제공한다.

다. 그림자

칼 구스타브 융의'그림자'는 인간 정신의 구조 중 자아의 의식에 통합되지 못한 무의식적 요소들의 집합체를 의미하며, 집단적 무의식의 주요 원형 중 하나로 간주된다. 그림자는 인간 내면에 존재하지만 자아가 받아들이기를 거부하거나 억압한 충동, 감정, 기억, 태도, 본능적 욕망, 혹은 잠재된 가능성을 포함하고 있다. 그것은 개인이 스스로 인식하지 못하거나 외면하고 있는 인격의 어두운 이면이며, 심리학적으로는 자아정체성과의 긴장 관계 속에서 작동하는 심리적 반대 극으로 기능한다.

모든 인간은 자신의 정체성과 사회적 역할을 형성하는 과정에서 특정한 심리적 속성들을 '선한 것'으로, 또 다른 속성들을 '나쁜 것' 혹은 '부적절한 것'으로 분류하고 억압하게 된다. 이 억압된 측면이 무의식 속에 모여 형성된 것이 바로 그림자이다. 다시 말해, 그림자는 자아가 스스로의 일관성과 사회적 수용성을 유지하기 위해 희생시킨 심리적 측면의 상징적 집합체로, 개인의 무의식적 자기부정의 반영이라 할 수 있다.

하지만 융은 그림자를 단순히 부정적이고 병리적인 요소로 보지 않았다. 오히려 그림자는 인간의 심리적 통합과 개성화 과정에 있어서 핵심적인 구조로 간주된다. 왜냐하면 그림자 속에는 억압된 감정이나 충동뿐 아니라, 창조성, 잠재력, 용기, 자발성 등 자아가 미처 수용하지 못한 긍정적 가능성 또한 함께 포함되어 있기 때문이다. 그림자는 인격의 어두운 면을 반영할 뿐 아니라, 개인이 진정한 자기(Self)에 다가가기 위해 반드시 마주하고 통합해야 할 심리적 문턱이기도 하다.

그림자는 무의식적 투사의 형태로 자주 외부에 나타난다. 예컨대, 자신이 억압한 공격성, 질투심, 두려움, 욕망 등이 타인에게 투사되어 그들을 혐오하거나 비난하게 되는 현상이 대표적인 그림자의 투사 작용이다. 이러한 투사는 타인과의 갈등을 초래할 뿐 아니라, 자신에 대한 왜곡된 자기 인식을 고착시키는 원인이 된다. 따라서 융은 그림자를 통합하기 위해서는 우선적으로 자기 인식의 확대와 의식적 수용이 필요하다고 강조하였다.

그림자 통합의 과정은 고통스럽고 불편한 자기 대면을 요구한다. 자아는 자신이 외면하고 싶어 하는 감정이나 욕구, 행동 경향 등을 솔직히 인정하고, 그것들이 인격의 한 부분임을 받아들여야 한다. 이 과정에서 자아는 무의식의 내용들을 의식으로 끌어올리고, 내면의 이질적인 요소들과 대화하며, 심리적 전체성을 향해 나아가게 된다. 이 통합은 단순히 '좋은 인간'이 되기 위한 도덕적 수양이 아니라, 진정한 인간됨의 실현을 향한 심리적 변화이며, 내면의 분열을 치유하는 심오한 자기 변형 과정이다.

융은 그림자와의 조우를 '자기 자신과의 진정한 만남'이라고 표현하였다. 이 만남은 종종 꿈(dreams), 투사된 감정, 감정의 폭발, 대인 갈등 등 다양한 무의식의 표현을 통해 이루어진다. 예술, 문학, 종교, 신화에서도 그림자는 반복적으로 나타나는 상징적 존재이며, 괴물, 이방인, 도깨비, 악마, 늑대인간 등의 모습으로 구현된다. 이는 인간이 보편적으로 경험하는 내면의 어두운 측면을 외화한 상징적 표현이며, 집단적 무의식의 작용을 보여주는 대표적인 사례이다.

그림자는 인간 심리의 부정적 잔재가 아니라, 성숙한 인격 형성의 본질적 조건이다. 그것은 우리가 외면한 자신의 진실을 대면하게 하며, 이를 통해 자아는 더욱 유연하고 입체적인 존재로 성장할 수 있다. 융의 원형 이론에서 그림자는 단순한 정신적 장애물이 아니라, 자기 이해와 초월의 길로 나아가기 위한 심리적 통과의례이다. 따라서 그림자의 인식과 수용은 분석심리학의 핵심이자, 인간 존재의 깊이와 통합을 향한 본질적인 여정이라 할 수 있다.

라. 자기

칼 구스타브 융의 자기(Self)는 인간 정신의 가장 근원적이고 총체적인 중심 원형으로서, 자아를 초월하는 의식과 무의식을 통합하는 통합의 상징이자 인격의 중심을 의미한다. 융에게 있어서 자기는 단순히 '나 자신'이라는 일상적 의미의 자아와 동일한 개념이 아니며, 오히려 자아보다 훨씬 넓고 깊은 차원에 존재하는 심리적 전체성의 구현으로 이해된다. 다시 말해, 자기란 인간 존재의 가장 깊은 내면에서 작용하는 통합적 원리이며, 모든 원형적 힘들이 조화롭게 통합된 완전체로서의 인격을 상징한다.

자기는 집단적 무의식의 핵심 원형 중 하나이며, 자아와 그림자, 아니마/아니무스, 페르소나 등 다양한 원형들을 포함하면서도 그것들을 초월하는 전체 인격의 중심축으로 기능한다. 자아가 의식의 중심이라면, 자기는 무의식과 의식을 모두 아우르는 중심이자, 자아가 점진적으로 향해 나아가야 할 궁극적 목표이기도 하다. 융은 이를 우주론적 상징으로 확장하여, 자기를 만다라나 신성의 상징과 결부

지었으며, 이는 자기 원형이 단지 심리적 구조가 아닌 영적 차원의 실재와도 연결되어 있음을 의미한다.

융은 자기를 인간 존재의 중심이자 주변의 모든 심리적 요소들이 향하는 심리적 중력의 중심으로 묘사하였다. 자기는 일차적으로는 무의식 속에 잠재된 가능성의 형태로 존재하며, 자아는 삶의 여정을 통해 다양한 원형들과의 조우를 거치며 이 중심에 도달하게 된다. 이 여정이 바로 융이 말한 개성화의 과정이다. 개성화란 자아가 점진적으로 무의식의 원형들을 의식화하고 통합하면서, 자기라는 보다 전체적인 인격 중심에 접근하는 심리적 성장의 여정이다. 이 과정에서 자기(Self)는 단순한 이상이 아니라, 실제적인 심리적 원동력으로 작용하여, 자아를 인도하고 조정하는 내부의 안내자 역할을 수행한다.

자기의 상징은 꿈, 신화, 종교, 예술 등 다양한 문화적 표현 속에서 다양하게 나타난다. 만다라 도상, 태양, 황금빛 아이, 원형 구조, 정중앙에 위치한 성소 혹은 왕국 등의 이미지들은 모두 자기의 상징으로 해석될 수 있다. 특히 꿈속에서 자기 원형은 종종 통합의 상징, 조화의 이미지, 또는 초월적 인물(예: 지혜로운 노인, 내면의 스승)로 나타나며, 이는 자아가 자신을 넘어선 더 넓은 존재 차원을 마주하고 있음을 암시한다. 이 상징들은 인간이 심리적 전체성에 다가가는 통로로 기능하며, 무의식이 자아에게 보내는 메시지로 이해된다.

융은 자기를 인격의 중심이자 목적지로 보면서도, 그것이 자아가 완전히 지배하거나 소유할 수 없는 초월적 현실임을 강조하였다. 자기는 '전 인격'을 상징하지만, 자아는 그 일부일 뿐이다. 따라서 자기를 향한 접근은 항상 겸손과 자기 인식의 태도를 요구하며, 자기와의 조우는 자아가 자신의 한계를 인정하고 무의식과의 대화를 통해 보다 높은 통합 상태에 이르려는 노력 속에서 이루어진다. 이와 같은 심리적 여정은 단지 병리의 치료를 넘어, 존재의 의미와 목적에 대한 실존적 자각으로 나아가는 과정이며, 인간 내면의 영적 차원과도 깊이 연결되어 있다.

궁극적으로 자기는 융 심리학에서 인간 정신의 목적론적 방향성을 제시하는 궁극적 통합 원형이며, 자아가 평생에 걸쳐 추구해야 할 내면의 중심점이다. 자기는 인격의 조화로운 균형을 상징하며, 내면의 분열을 극복하고 다양한 심리적 요소들을 통합하는 과정을 통해 실현된다. 융은 자기를 "인간 존재의 본질이자 궁극적 자아실현의 상징"으로 규정하였으며, 이는 단지 심리적 치유의 차원을 넘어서, 인간 삶 전체를 아우르는 통합과 초월의 상징적 여정이라 할 수 있다.

03 성격의 두 가지 태도

칼 구스타브 융은 인간 성격의 구조를 이해하기 위한 이론적 기반으로서 두 가지 기본적인 성격 태도 유형을 제시하였다. 이는 바로 외향성과 내향성으로, 각각의 태도는 개인이 에너지를 지향하는 방향성과 세계를 지각하고 반응하는 방식에 따라 구분된다. 융의 이론은 단순한 성격 분류의 틀을 넘어, 인간의 심리 에너지가 어떻게 흐르며, 어떤 방식으로 무의식과 의식, 자아와 자기 간의 상호작용이 이루어지는지를 설명하는 심층 심리학적 개념으로 발전하였다.

먼저 외향성은 개인의 심리적 에너지가 주로 외부 세계, 곧 사람, 사건, 대상, 사회적 환경으로 향하는 경향을 말한다. 외향적인 인격은 외부 세계와의 상호작용 속에서 활력을 얻고, 외적 현실의 사실성에 기반하여 사고하며, 타인과의 관계 및 경험을 통해 자신의 정체성을 형성해나간다. 이들은 객관성을 중시하며, 환경에 잘 적응하고, 적극적으로 사회적 관계를 구축하는 데 익숙하다. 외향성의 심리 역동은 자아가 외부 대상과의 관계에 의존적이라는 점에서, 자기 내부의 무의식보다는 외부 세계의 질서와 규범에 더 민감하게 반응하는 경향을 보인다.

반면, 내향성은 개인의 심리적 에너지가 외부가 아닌 자기 내부로 향하는 경향성을 말한다. 내향적인 인격은 외부 현실보다 자신의 사상, 감정, 상상, 내면의 가치체계 등을 더 중시하며, 주관성에 기초한 자기 성찰과 내면 탐구를 통해 존재의 방향성을 정립한다. 내향적 성격은 외부 자극에 과민하거나 쉽게 피로를 느낄 수 있으며, 외부 세계보다는 자기 안의 무의식과 상징적 구조에 더 강하게 반응한다. 이들은 자아를 보호하기 위해 자기 방어적 성향을 나타내는 경향이 있으며, 종종 자기중심성과 혼동되기도 하지만, 실제로는 자기 내부의 세계와 의미를 탐색하고자 하는 본능적인 방향성을 지닌다.

융은 이 두 가지 태도를 선천적인 경향으로 보았으며, 어느 한 쪽이 절대적으로 우월하거나 바람직한 것이 아님을 강조하였다. 오히려 융의 분석심리학은 인간 성격이 이 두 태도 사이의 동적 균형을 통해 통합될 수 있음을 역설한다. 실제로 대부분의 사람들은 외향성과 내향성의 요소를 모두 지니고 있으나, 특정 태도가 일관되게 우세함에 따라 성격유형이 구분될 수 있다. 따라서 융의 입장에서 성격은 고정된 구조가 아니라, 심리적 에너지의 흐름과 방향성이 시간과 상황에 따라 유기적으로 조정되는 유동적 체계이다.

이러한 태도 유형은 융의 성격유형론에서 제시된 기능 유형(사고, 감정, 감각, 직관)과 결합되어 보다 구체적인 성격구조를 형성한다. 즉, 개인은 외향 또는 내향이라는 태도를 기반으로 하여, 사고, 감정, 감각, 직관이라는 심리 기능 중 하나를 우세 기능으로 삼아 작동하게 된다. 예컨대, 외향적 사고형은 논리와 객관성에 기초하여 외부 세계를 분석하려 하며, 내향적 감정형은 내면의 정서와 가치에 따라 판단하고 행동하는 경향을 보인다. 이처럼 태도와 기능의 상호작용은 개인의 전반적인 성격구조를 이해하는 데 결정적인 단서를 제공한다.

융은 또한, 외향성과 내향성의 불균형이 심리적 병리로 이어질 수 있음을 경고하였다. 외향성에 지나치게 치우친 인격은 자아가 사회적 기준이나 타인의 기대에 지나치게 예속되어 내면의 진정한 욕구와 단절되기 쉽고, 반대로 내향성에 지나치게 치우치면 현실 회피, 자기 몰입, 정서적 고립 등이 발생할 수 있다. 따라서 건강한 성격은 특정 태도의 고착이 아니라, 자기와의 통합을 향한 개성화 과정 속에서 외향성과 내향성을 상호 조화롭게 수용하고 조절하는 심리적 유연성에 의해 실현된다.

칼 융의 성격이론에서 외향성과 내향성은 인간 심리의 기본적 에너지 방향성과 대응 양식을 설명하는 핵심 개념으로, 인간이 세계와 자신을 어떻게 인식하고, 어떻게 존재하며, 어떤 방식으로 통합된 자기를 향해 나아가는지를 이해하는 데 필수적인 틀을 제공한다. 이 두 태도는 상호 배타적인 이분법이 아니라, 심리적 균형과 통합을 위한 상보적 양극성으로 작동하며, 인간 존재의 깊이와 복잡성을 조명하는 통찰의 출발점이라 할 수 있다.

04 심리기능에 따른 성격유형

칼 구스타브 융은 인간의 성격을 이해하는 데 있어 단순한 표면적 행동양식의 관찰을 넘어, 심리 에너지의 흐름과 의식과 무의식의 역동적 관계를 반영하는 구조적 이론 체계를 제시하였다. 그의 성격유형론은 두 가지 태도인 외향성과 내향성, 그리고 네 가지 심리 기능인 사고, 감정, 감각, 직관의 조합을 통해, 인간의 내면적 성향과 정보 처리 방식의 차이를 설명한다. 이 이론은 융의 분석심리학 이론, 특히 원형과 집단적 무의식의 구조와 연결되어 있으며, 인간 심리의 깊이와 개별성을 동시에 포착하는 데 중요한 틀을 제공한다.

융은 모든 인간이 네 가지 심리 기능을 잠재적으로 보유하고 있으나, 그중 한 기능이 우세 기능으로서 자아의 의식 활동을 주도하며, 나머지 기능들은 각각 보조, 열등 기능으로 심리 구조 내에서 상호작용한다고 보았다. 이 네 가지 기능은 크게 두 범주로 나뉜다. 이성적 기능에는 사고와 감정이 포함되며, 이는 판단과 가치평가를 중심으로 작동한다. 반면, 비이성적 기능에는 감각과 직관이 속하며, 이는 외부 또는 내부 세계로부터 정보를 수용하는 방식에 초점을 맞춘다.

가. 사고

사고 기능은 사물과 사건을 논리적이고 객관적인 기준에 따라 분석하고 조직하며, 이해와 해석을 통해 현실을 구조화하려는 경향을 나타낸다. 사고형 인격은 사실, 원리, 개념, 인과관계를 중시하며, 감정보다 논리에 기반한 판단을 선호한다. 외향적 사고형은 외부 세계의 사실과 규범에 근거하여 판단하고 체계를 구성하는 반면, 내향적 사고형은 주관적 원칙이나 이념에 따라 자기 세계를 해석하려는 경향을 보인다. 이 유형은 종종 이성과 체계성을 통해 자기 정체성을 정립하고 세계에 대응한다.

나. 감정

감정 기능은 대상을 평가하거나 판단할 때 정서적 반응, 인간관계, 도덕적 가치 등의 정의적 요소에 따라 결정을 내리는 방식이다. 감정형 인격은 타인과의 관계, 공감, 조화, 미적·윤리적 판단을 중시하며, 논리보다 정서적 울림을 우선시한다. 외향적 감정형은 사회적 규범과 타인의 감정을 잘 조율하며 친화적이고 외향적인 성향을 보이는 반면, 내향적 감정형은 자신의 가치 체계와 내면적 정서를 중시하며 조용하고 절제된 표현을 선호한다. 이들은 사회적 조화와 내면적 정직함 사이의 균형을 추구한다.

다. 감각

감각 기능은 직접적 경험과 지각된 정보에 기반하여 현실을 인식하는 기능으로, 오감과 실제적인 세부사항에 민감하게 반응한다. 감각형 인격은 구체적이고 실재적인 사실, 현재의 경험, 물리적 환경에 몰두하며, 현재 중심적인 삶의 태도를 보인다. 외향적 감각형은 외부 세계의 자극에 활발하게 반응하며 미각, 촉각, 시각 등 구체적 감각 경험을 중시하고, 내향적 감각형은 내면에 떠오르는 이미지, 기억, 심상을 바탕으로 세상을 인식하며 더 은밀하고 주관적인 감각 체계를 가진다.

라. 직관

직관 기능은 감각이 포착하지 못하는 무의식의 상징, 가능성, 의미, 패턴을 통해 현실을 인식하는 방식이다. 직관형 인격은 미래의 가능성, 상징, 암시적 메시지, 전체적 맥락에 주목하며, 종종 현실의 이면에서 작동하는 원인과 흐름을 감지한다. 외향적 직관형은 외부 세계에서 새로운 기회나 가능성을 탐색하고, 창조적 아이디어를 형성하는 데 능하며, 내향적 직관형은 무의식에서 떠오르는 이미지와 상징을 통해 자기 세계를 구성하며, 신화, 예술, 철학적 사유에 강한 흥미를 보이기도 한다.

마. 성격유형의 종합 구조

융의 성격유형론은 두 가지 태도(외향성, 내향성)와 네 가지 기능의 조합으로 총 8가지 주요 성격유형을 형성한다. 예를 들어, 외향적 사고형, 내향적 감정형, 외향적 감각형, 내향적 직관형 등과 같은 조합은 각 개인이 현실을 인식하고 해석하며 반응하는 고유한 심리적 방식의 차이를 설명한다. 이 구조는 단순한 분류가 아니라, 인간 내면의 복잡한 심리 에너지의 배치와 기능 간 긴장 관계, 그리고 그것들이 자아와 자기(Self)의 관계 속에서 어떻게 통합되어 가는지를 분석하는 데 중대한 통찰을 제공한다.

융은 이러한 성격유형 구분이 인간 이해의 도식적 틀로 사용되는 것을 경계하면서도, 개성화 과정에서 의식화되지 않은 기능, 특히 열등 기능의 통합이 자아의 성숙과 인격의 전인화를 위한 필수적 과제라고 보았다. 즉, 자아가 특정 기능과 태도에 지나치게 고착될 경우, 무의식은 억압된 기능을 통해 그림자, 아니마/아니무스, 자기의 형상으로 개입하며, 이를 인식하고 조화시키는 작업이야말로 진정한 심리 치유와 성장을 가능케 한다.

Chapter

5

멜라니 클라인의 성격이론

01 원초적 환상과 무의식적 본능

멜라니 클라인의 가장 핵심적인 출발점은 인간 존재의 근원적 심층에 내재된 무의식적 본능 충동과 이로부터 유래하는 원초적 환상의 개념이다. 그녀는 프로이트의 정신분석학을 수용하면서도 이를 보다 발달 초기의 단계, 특히 생후 첫해의 정신 구조에 초점을 맞추어 심화하였다. 클라인에 따르면, 유아는 출생 직후부터 단순한 수동적 수용체가 아니라, 외부 세계를 적극적으로 해석하고 반응하는 본능 충동의 주체로서 존재한다. 이러한 본능은 단순히 쾌와 불쾌의 감각을 넘어서, 파괴적 충동(죽음 본능, Thanatos)과 생명 유지적 충동(생명 본능, Eros) 사이의 역동적인 긴장 속에서 표출된다.

이러한 본능적 충동은 단순한 생물학적 기제에 그치지 않고, 유아의 정신 내부에서 원초적 환상의 형태로 구체화된다. 클라인은 환상을 단순한 상상이나 공상으로 보지 않고, 무의식 속에서 활동하는 실질적인 심리 작용으로 간주하였다. 원초적 환상은 외부 대상을 향한 충동의 표출과 함께, 대상에 대한 인지와 감정이 결합되어 형성되며, 이는 내면적 현실을 구성하는 핵심 요소로 기능한다. 예컨대, 배고픔이라는 신체적 자극은 단순한 결핍 상태를 넘어, '나쁜 젖가슴'을 공격하고 싶은 파괴적 환상과, '좋은 젖가슴'을 취하고 보존하고자 하는 애착적 환상으로 연결된다.

이처럼 유아는 외부 세계를 선-악의 이분법적 방식으로 인식하며, 자신의 내적 충동을 투사하거나 내사하는 방식을 통해 자아의 경계를 설정하고 대상을 구성해 나간다. 이러한 투사와 내사 과정은 원초적 환상이 기능하는 심리적 장(場)에서 발생하며, 이는 곧 자아와 외부 대상 간의 역동적 상호작용, 즉 초기 대상관계의 시작을 의미한다. 특히, 원초적 환상은 자아가 초기 위기 상황에 대응하여 형성한 방어기제로서의 성격을 띠며, 이는 이후 분열-편집 위치와 우울 위치의 형성, 그리고 초자아의 발달 과정에도 심대한 영향을 미친다.

클라인은 이러한 환상의 무의식적 실재성에 주목함으로써, 성격의 형성과 병리의 근원을 보다 근원적인 무의식의 층위에서 탐색하였다. 그녀의 이론에서 성격은 단지 외적 행동 양식의 집합체가 아니라, 무의식적 본능 충동이 정신 내 구조를 조직하고, 대상과의 관계를 매개하며, 환상을 통하여 세계를 해석하는 복합적인 심리적 시스템이다. 이 시스템은 출생 직후부터 작동하며, 자아의 통합과 해체, 대상을 향한 사랑과 증오, 죄책감과 수선적 충동을 아우르는 심층적 성격구조의 토대를 형성한다.

클라인의 이론에서 원초적 환상과 무의식적 본능은 단순한 유아기의 정신 현상을 설명하는 도구에 그치지 않고, 전 생애를 관통하는 성격의 핵심 기반으로 기능한다. 이는 성인기 정신병리의 원인을 초기의 환상 구조와 본능적 역동성에서 찾을 수 있다는 정신분석적 통찰을 제공하며, 인간의 정신세계가 단순한 인지적 과정이 아닌, 심층적 본능과 환상, 그리고 대상관계의 복합체임을 시사한다.

가. 구강기 중심의 본능적 충동

멜라니 클라인의 구강기 중심의 본능적 충동은 초기 심리구조 형성의 핵심적인 동력으로 간주된다. 그녀는 프로이트의 심리성적 발달 단계 가운데 첫 번째 시기인 구강기를 단순히 생리적 욕구 충족의 시기로 보지 않고, 심리적 현실이 본격적으로 구성되기 시작하는 시점으로 강조하였다. 출생 직후부터 유아는 생명유지에 필수적인 영양섭취라는 기능을 통해 외부 세계와 접촉하게 되며, 이때 구강을 매개로 하는 수용과 배제, 사랑과 증오, 보존과 파괴의 이중적 충동이 동시에 작동한다.

구강기는 단순한 입의 사용을 넘어선 심리적 표상 형성의 주요 무대이다. 유아는 자신의 내적 긴장을 해소하기 위해 생명 본능(Eros)과 죽음 본능(Thanatos)이라는 양가적 본능 충동을 경험하며, 이러한 충동은 대부분 무의식적 수준에서 표출된다. 생명 본능은 좋은 대상을 빨아들이고 내사함으로써 안정과 만족을 추구하는 성향을 가지며, 죽음 본능은 나쁜 대상을 공격하고 파괴하려는 충동을 지닌다. 이러한 구강기적 본능은 대상에 대한 사랑과 증오의 감정으로 연결되며, 유아는 외부의 대상을 좋고 나쁜 것으로 분열시켜 인식하는 분열 메커니즘을 통해 내적 세계를 조직해 나간다.

이 시기의 본능적 충동은 단순한 쾌락 원칙에 따른 행동 양식을 넘어서, 유아의 원초적 환상 속에서 매우 구체화되고 실질적인 방식으로 작용한다. 유아는 '좋은 젖가슴'을 내면화하려 하고, 동시에 '나쁜 젖가슴'을 공격적으로 투사하려는 환상을 가지며, 이는 구강기적 충동이 단순히 물리적 수유 경험이 아니라 무의식적 환상 속에서의 대상관계로 기능함을 보여준다. 이러한 환상은 외적 대상이 실제로 어떻게 행동하는가와는 무관하게, 유아의 본능 충동과 내면적 해석에 의해 구성되며, 이는 곧 자아 형성 초기의 정서적 경험과 방어기제를 설명하는 이론적 기반이 된다.

특히 클라인은 유아가 경험하는 공격성과 탐욕이 단순히 발달상의 오류가 아니라, 본능적 충동의 자연스러운 표현이라는 점을 강조하였다. 구강기적 탐식성은 좋은 대상을 완전히 소유하고자 하는 강한 충동에서 비롯되며, 이는 대상에 대한 집착과 의존, 그리고 궁극적으로는 불안과 죄책감으로 이어지는 감정적 연쇄를 낳는다. 나아가 이러한 충동의 결과로 유아는 자기 내면에 '파괴된 대상'이라는 환상을 형성하게 되며, 이는 이후 수리적 충동과 초자아 형성에 중요한 심리적 기제를 제공하게 된다.

클라인의 이론에서 구강기 중심의 본능적 충동은 유아의 생물학적 욕구를 넘어서서, 자아의 구조화, 대상의 내면화, 방어기제의 발달, 그리고 초기 감정 경험의 심리적 토대를 제공하는 결정적인 요소로 기능한다. 이러한 구강기적 본능의 역동성은 단지 발달 초기의 특수한 현상에 머무르지 않고, 성격의 심층 구조에 지속적인 영향을 미치며, 성인기의 정신병리와도 깊은 연관을 맺는다. 따라서 구강기 중심의 본능적 충동은 성격 형성과 병리의 이론적 이해를 위한 핵심적 범주로 간주될 수 있으며, 이는 클라인 이론의 독창성과 임상적 통찰을 잘 보여주는 핵심 개념이라 할 수 있다.

나. 죽음 본능과 생명 본능의 갈등

멜라니 클라인의 핵심적인 심리적 역동은 인간 내면에 존재하는 죽음 본능과 생명 본능 사이의 근원적 갈등으로부터 출발한다. 그녀는 지그문트 프로이트가 후기 저작에서 제시한 이 두 본능 개념을 심화하고, 인간 정신의 가장 초기 단계에서부터 이들 본능이 실제로 어떻게 작동하는지를 구체적으로 이론화하였다. 클라인은 유아가 출생 직후부터 단순한 감각적 존재가 아니라, 본능적 충동에 의해 지배되는 무의식적 정신구조를 가진 존재로 파악하며, 이 구조 속에서 생명 본능과 죽음 본능은 서로 대립하고 충돌하면서 자아의 발달을 이끌어간다고 보았다.

죽음 본능은 파괴, 공격, 해체, 분열을 지향하는 본능으로, 유아의 초기 경험에서 나타나는 투사적 공격성, 파괴적 환상, 그리고 대상을 해치고 분열시키려는 무의식적 충동에서 그 작동을 드러낸다. 클라인은 특히 이 시기의 자아가 미숙하고 취약한 상태이기 때문에, 죽음 본능의 충동이 자아를 향해 내적으로 작동할 경우, 극심한 해체 불안과 자아 붕괴의 위협을 경험하게 된다고 보았다. 유아는 이러한 불안을 견디기 위해, 공격성을 외부 대상으로 투사함으로써 자아를 방어하며, 이러한 투사는 곧 '나쁜 대상'을 구성하고 그에 대한 방어적 공격을 유발하는 심리적 메커니즘으로 발전한다.

반면, 생명 본능은 통합, 애착, 보존, 수리에 대한 경향을 지닌 본능으로, 자아가 좋은 대상을 내사하고, 사랑과 감사의 감정을 느끼며, 파괴로부터 회복하고자 하는 움직임에서 드러난다. 생명 본능은 자아가 외부 세계와의 긍정적 관계를 유지하고자 하는 힘이며, 수리적 충동을 통해 자아는 파괴한 대상에 대한 회복적 행동을 시도하고, 정서적 통합을 이루려 한다. 이러한 수리 충동은 죽음 본능의 파괴성과 대립하면서 자아의 구조를 보다 통합적으로 형성하게 만든다.

클라인은 이러한 두 본능의 갈등을 단순한 양가감정의 차원으로 보지 않고, 자아의 구조적 형성에 영향을 미치는 근본적인 정신 내적 투쟁으로 이해하였다. 특히, 죽음 본능의 위협이 심화될 경우, 자아는 이를 방어하기 위해 '분열', '부인',

'투사'와 같은 원시적 방어기제를 동원하며, 이러한 방어기제는 이후 분열-편집 위치와 우울 위치의 전환 과정에 중요한 역할을 한다.

죽음 본능과 생명 본능은 단순히 독립적으로 작용하는 것이 아니라, 서로 복잡하게 얽혀 유아의 내면세계를 구성하고, 대상과의 관계, 자아의 통합, 초자아의 형성 등 전반적인 성격구조의 기초를 이룬다. 클라인에 따르면, 유아가 경험하는 정서적 고통, 불안, 죄책감은 이 두 본능의 상호작용 결과이며, 이러한 내적 갈등은 성인기까지 지속적으로 영향을 미친다. 특히, 강한 죽음 본능이 통제되지 못하고 자아에 침투할 경우, 이는 심한 분열, 편집적 불안, 또는 정신병적 해리로 이어질 수 있으며, 반대로 생명 본능이 우세할 경우, 자아는 보다 통합적이고 수용적인 방향으로 발달할 수 있다.

성격 형성의 심층적 이해는 이러한 무의식적 본능의 이중구조를 통해 이루어지며, 죽음 본능과 생명 본능의 갈등은 인간 존재의 본질적 이중성과 그 내적 투쟁을 상징적으로 드러낸다. 그녀의 독창성은 이 갈등을 단순한 이론적 추상화가 아닌, 실제 유아기 경험과 환상, 정동적 반응 속에서 구체화하고 임상적으로 적용할 수 있도록 정교하게 구성한 데에 있다. 이러한 접근은 정신병리의 원인을 초기 대상관계와 본능 간의 역동적 긴장에서 탐색할 수 있도록 하는 강력한 정신분석적 도구를 제공하며, 인간 성격이란 본능, 환상, 관계성의 삼중적 상호작용 속에서 형성된다는 깊은 통찰을 가능케 한다.

다. 투사와 내사를 통한 자아 형성

인간의 자아가 고정되고 완결된 구조가 아니라, 무의식적 본능 충동과 대상관계의 역동 속에서 점진적으로 형성되는 개방적이고 유동적인 체계임을 전제로 한다. 그녀는 특히 유아기 초기의 심리 발달에서 핵심적으로 작용하는 두 가지 정신작용인 투사와 내사를 자아 형성의 결정적 메커니즘으로 제시하였다. 이 두 메커니즘은 단순한 인지적 모사나 감정적 동일시 수준을 넘어, 무의식적 환상과 본능 충동이 외부 대상을 통해 내면화되거나, 자아 내부의 긴장이 외부로 분리되어 외화되는 심층적 심리 과정이다.

유아는 생후 초기부터 자신이 감당할 수 없는 내적 불안과 공격성을 외부 세계로 내보내기 위해 투사적 방어기제를 활용한다. 이는 자아의 취약성과 미성숙함으로부터 기인한 것으로, 유아는 자신의 내부에 존재하는 파괴 충동이나 불안 요소를 외부의 대상(특히 어머니의 유방)에 투사함으로써 심리적 안정을 모색한다. 이 과정에서 외부 대상은 단순한 실제 대상이 아니라, 무의식 속에서 '나쁜 대상' 혹은 '공격적인 외부 존재'로 환상화되며, 유아는 이를 방어하고 조절하려는 다양한 심리기제를 동원하게 된다.

반대로, 유아는 자신에게 안정과 만족을 제공한 외부 대상을 내사함으로써 자기 내부에 긍정적 자아상을 구축해 나간다. 클라인은 이러한 내사를 단순히 외부 대상의 내면화가 아니라, 환상적 동일시의 결과로 이해하였다. 유아는 '좋은 유방'을 빨고 만족을 경험한 후, 그것을 내면에 품으려는 충동을 느끼며, 이는 곧 자아 내부에 '좋은 대상'을 형성하고, 안정된 자아의 기반을 마련하는 과정으로 연결된다. 이러한 내사적 작용은 자아의 통합성과 안정성을 높이며, 정서적 자기감(selfhood)의 핵심 요소로 작용한다.

투사와 내사는 자아 형성의 상호보완적인 양면으로 기능하며, 유아기 자아는 이 두 과정을 통해 외부 세계와 상호작용하고, 자기 내부의 정체성을 구성해 나간다. 클라인은 특히 자아가 내사된 좋은 대상과 투사된 나쁜 대상 간의 긴장과 통합을 경험하면서, 점차 복합적인 감정 상태를 감내할 수 있는 심리 구조를 획득한다고 보았다. 이는 곧 초기의 분열-편집 위치에서 점차 우울 위치로의 발달적 이행을 의미하며, 자아는 이 과정에서 양가감정, 죄책감, 수리 충동 등을 경험하며 성숙하게 된다.

또한, 투사와 내사는 클라인 이론에서 자기와 대상의 구분을 형성하는 초기의 심리적 경계 설정 수단으로 기능한다. 자아는 이 두 과정을 통해 '내 것'과 '타자'를 구별하고, 대상과의 상호작용을 통해 자신의 정체성을 더욱 정교하게 구성해 나간다. 특히 반복적인 투사와 내사의 역동은 자아의 구조화를 가능하게 하며, 성격 발달에서 나타나는 방어 양식, 애착 유형, 그리고 병리적 증상의 원형적 기반을 제공한다.

클라인의 투사와 내사는 단지 초기 아동기 행동의 설명에 그치지 않고, 인간 정신의 가장 근본적인 구성 원리를 보여준다. 자아는 이 두 심리적 행위를 통해 자신을 이해하고, 외부 세계를 내면화하며, 내적 세계를 조직화한다. 따라서 클라인이 말하는 자아 형성은 단순한 성장의 결과가 아니라, 끊임없는 내적 환상과 본능 충동, 대상과의 역동적 상호작용이 반복되고 통합되는 복합적 과정이다. 이러한 관점은 인간의 성격구조와 정신병리의 근원을 보다 심층적으로 이해할 수 있는 통찰을 제공하며, 현대 대상관계이론과 정신분석적 심리치료의 기초를 형성하는 중요한 이론적 자산이 된다.

02 분열-편집과 우울

클라인은 인간의 성격 형성과 심리 발달을 설명함에 있어, 전통적인 연령 중심의 발달 단계 구분을 넘어, 정신적 위치라는 독창적인 개념을 제시하였다. 그녀는 인간의 자아가 생애 초기부터 특정한 심리적 긴장과 본능적 충동, 그리고 대상관계의 역동 속에서 기능하며, 이에 따라 자아가 특정한 심리적 위치에서 세계를 지각하고 반응한다고 보았다. 클라인은 그중에서도 특히 분열-편집 위치와 우울 위치라는 두 가지 기본적 심리 위치를 중심으로 초기 성격 형성과 병리의 기제를 체계적으로 설명하였다.

먼저, 분열-편집 위치는 생후 첫 수개월 동안 유아가 경험하는 심리 상태로, 이 시기의 자아는 극히 미숙하고 취약하며, 외부 대상에 대한 인식 또한 통합적이지 못하다. 클라인에 따르면, 유아는 자신의 본능적 충동과 불안을 다루기 위해 투사와 분열이라는 원시적 방어기제를 적극적으로 활용한다. 유아는 만족을 주는 대상(예: 포만감을 주는 어머니의 젖가슴)을 '좋은 대상'으로 이상화하고, 불만족을 유발하는 대상(예: 배고픔을 유발하는 젖가슴의 부재)을 '나쁜 대상'으로 분리하여 지각한다. 이는 외부 현실의 일관된 통합이 아니라, 내면에서의 이분법적 인식 체계로서 기능하며, 자아는 선과 악, 보호자와 공격자 사이를 명확히 구분하려는 강박적 경향을 보인다.

이러한 분열-편집 위치에서의 '편집'이라는 명칭은, 유아가 투사한 나쁜 대상이 외부에서 공격해 온다고 느끼는 편집적 불안에 기반한다. 유아는 자신이 투사한 공격성과 파괴 충동이 외부 대상에게서 다시 자신에게로 되돌아올 수 있다는 상상 속에서, 깊은 공포와 방어적 반응을 경험한다. 이러한 불안은 실재의 위협이 아니라, 본능 충동과 원초적 환상이 얽힌 무의식적 심리현실의 표현이다.

이후 유아는 발달 과정 속에서 점차 자아가 성숙함에 따라, 좋은 대상과 나쁜 대상이 사실상 동일한 실재 대상임을 인식하기 시작하며, 그에 따라 심리적 통합의 가능성이 생겨난다. 이때 자아는 기존의 분열된 인식이 만들어낸 환상 구조를 해체하고, 양가감정을 수용하려는 우울 위치로의 전환을 경험한다. 우울 위치는 단순히 슬픔이나 의기소침을 의미하는 것이 아니라, 정신 내적 통합의 가능성을 여는 결정적인 발달적 이정표로 기능한다.

우울 위치에서 자아는 '좋은 대상'과 '나쁜 대상'이 동일한 인물(예: 어머니)임을 이해하게 되며, 이에 따라 이전의 공격적 환상과 행동에 대해 죄책감을 느끼고, 손상시켰다고 여겨지는 대상에 대해 수리 충동을 갖게 된다. 이는 자아가 보다 현실 지향적이고 관계지향적인 구조로 이행하는 심리적 과정이며, 정서의 복잡성을 감내하고, 애착 대상과의 지속적 관계를 유지하고자 하는 애도작업의 시작이기도 하다.

이 시기의 방어기제는 이전의 원시적 방어에서 보다 성숙한 형태로 이행하며, 자아는 이제 외부 세계의 복합성과 내적 충동의 상반된 측면을 보다 현실적으로 수용할 수 있게 된다. 동시에, 자아는 죄책감을 해소하고 대상과의 관계를 회복하기 위한 다양한 수리 행동을 모색하게 되며, 이는 자아통합의 강화, 초자아의 형성, 사회적 윤리감의 기초가 된다.

클라인은 분열-편집 위치와 우울 위치를 일회적, 선형적 단계로 보지 않고, 전 생애에 걸쳐 반복적으로 작동하는 정신적 위치로 간주하였다. 즉, 인간은 스트레스나 상실, 심리적 위기 상황에 직면할 때마다 분열-편집 위치로의 퇴행을 경험할 수 있으며, 그로부터 다시 우울 위치로의 회복을 통해 자아를 재통합할 수 있다. 이러한 반복적인 이동은 성숙한 성격과 미성숙한 성격을 가르는 중요한 기준이 되며, 다양한 정신병리 현상의 진단 및 치료적 개입에서도 핵심적인 분석 도구로 활용된다.

분열-편집 위치와 우울 위치는 자아의 발달, 대상과의 관계, 정서 조절 능력, 그리고 방어기제의 성숙도를 설명하는 데 있어 중심적인 개념이다. 이 두 위치 간의 역동은 클라인 성격이론의 핵심이며, 무의식적 본능 충동과 원초적 환상의 상호작용을 통한 자아 형성과 병리의 기제를 심층적으로 이해하는 데 필수적인 이론적 틀을 제공한다.

가. 초기 자아의 방어적 기능

멜라니 클라인은 자아를 성숙한 통합체가 아닌, 생애 초기부터 끊임없는 내적 갈등과 방어의 장(場) 속에서 형성되어 가는 동적인 구조로 이해한다. 그녀는 특히 자아 형성의 가장 초기 단계에서부터 본능적 충동과 외부 자극, 그리고 무의식적 환상 사이의 복잡한 상호작용이 작동하며, 이로 인해 자아는 본질적으로 방어적 성격을 지닌다고 강조하였다. 클라인의 이론에서 초기 자아는 단순히 감각 자극에 반응하는 수동적 존재가 아니라, 외부 세계와의 접촉 속에서 내적 불안을 조절하고 생존을 도모하는 적극적인 방어기제의 주체로 기능한다.

초기 자아는 생후 몇 개월 동안 극도로 미성숙하며, 외부 세계에 대한 통합된 인식 능력을 갖추기 이전에, 투사, 분열, 부인과 같은 원시적 방어기제를 통해 내적 불안을 조절하려 한다. 클라인은 이러한 방어기제들이 단순히 병리적 상태를 의미하는 것이 아니라, 초기 자아가 감당하기 어려운 죽음 본능의 위협과 그로 인한 해체 불안을 조절하고 자아의 생존을 유지하기 위한 심리적 적응 장치로 작동한다고 보았다.

분열-편집 위치에서 자아는 아직 통합되지 않은 채로 존재하며, 외부 대상에 대해 이분법적 인식을 통해 긍정적인 대상과 부정적인 대상을 분리하여 다룬다. 이는 자아 내부에 존재하는 상반된 본능 충동—생명 본능(Eros)과 죽음 본능(Thanatos)의 갈등—을 외부로 분산시킴으로써 자아의 구조적 해체를 방지하려는 방어 전략이다. 자아는 좋은 감정은 '좋은 대상(good object)'에, 나쁜 감정은 '나쁜 대상(bad object)'에 투사함으로써 내적 긴장을 완화하고 자신을 보호한다. 이러한 투사는 외부 대상이 실제로 어떻게 기능하느냐 와는 무관하게, 유아의 내적 환상과 본능 충동의 결과로 형성되며, 이는 심리적 현실 속에서 자아가 어떻게 세계를 지각하고 반응하는지를 결정짓는 중요한 요소가 된다.

또한, 초기 자아는 위협적인 내적 감정을 부인하고 억압함으로써 불안을 줄이기도 한다. 부인은 감당할 수 없는 현실이나 감정을 의식에서 제거하는 방식으로, 유아가 불쾌한 자극을 전혀 존재하지 않는 것으로 인식하게 만드는 심리 기제이다. 이와 같은 방어기제들은 외부 세계에 대한 왜곡된 지각을 유발하기도 하지만, 클라인은 이를 병리적인 왜곡으로만 보지 않고, 자아의 발달적 생존 기제로 이해하였다.

이후 자아는 발달 과정을 거치며 점차 '좋은 대상'과 '나쁜 대상'이 동일한 외적 존재임을 인식하게 되며, 이로 인해 우울 위치로의 이행이 시작된다. 이 전환 과정에서 자아는 이전의 투사와 분열이 유발한 공격적 환상에 대해 죄책감을 경험하고, 손상된 대상을 회복하려는 수리 충동을 갖게 된다. 여기서 자아의 방어는 단지 외적 위협으로부터의 보호에 머무르지 않고, 자기 내면의 파괴적 충동을 감당하고 통합하려는 심리적 노력으로 확장된다. 우울 위치의 자아는 보다 성숙한 방어기제를 도입하며, 양가감정을 수용하고 정서적 통합을 도모하는 능력을 갖추게 된다.

클라인은 이러한 초기 자아의 방어 기능이 비단 유아기에만 한정되지 않으며, 전 생애에 걸쳐 반복적이고 순환적인 방식으로 작동한다고 보았다. 특히 심리적 위기나 상실, 스트레스 상황에서 인간은 다시금 분열-편집 위치로 퇴행하며, 초기 자아가 사용하던 원시적 방어기제를 재활성화할 수 있다. 이는 곧 자아의 방어 기능이 성격의 고정된 측면이 아니라, 상황적이고 반복적인 정신역동의 일부로 이해되어야 함을 의미한다. 초기 자아의 방어적 기능은 인간 정신의 생존 전략이자, 자아 형성의 토대를 제공하는 근본적인 심리적 기제로 간주된다. 투사, 분열, 부인 등은 병리의 징후가 아니라, 자아가 외적 위협과 내적 갈등 속에서 자기 보존을 시도하는 일차적 수단이다. 이러한 관점은 성격구조의 이해를 단순한 성숙의 결과가 아닌, 본능, 환상, 대상관계의 역동적 상호작용 속에서 구축되는 방어적 자아의 역사로 확장시키며, 현대 정신분석적 심리이론에 지대한 이론적 유산을 남겼다.

나. 좋은 대상과 나쁜 대상

성격이론에서 핵심적인 출발점은 자아가 생애 초기부터 외부 대상과의 관계 속에서 무의식적 환상과 본능 충동을 조직화하며 정체성을 형성한다는 전제에 있다. 그녀는 인간의 초기 정신 구조가 고도로 역동적이고 방어적인 체계로 구성되어 있으며, 특히 생애 초기 수개월 동안 유아의 자아는 현실 세계를 통합적으로 인식할 수 있는 능력을 갖추기 이전에, 외부 대상에 대해 극단적으로 양분된 방식으로 반응한다고 보았다. 이러한 반응 양식은 클라인 이론에서 '좋은 대상'과 '나쁜 대상'의 분리로 개념화되며, 이는 분열-편집 위치의 중심 기제 중 하나로 작용한다.

유아는 생존 본능과 파괴 본능이라는 상반된 본능 충동을 경험하며, 이로부터 파생된 쾌와 불쾌, 안정과 위협, 만족과 결핍의 경험을 외부 대상에게 투사하거나 내사함으로써 자아를 유지하려 한다. 이러한 본능적 긴장을 견디기 위해 초기 자아는 분열이라는 원시적 방어기제를 작동시켜, 외부 대상—특히 어머니의 유방이라는 최초의 중요한 대상—을 만족을 주는 '좋은 젖가슴'과 불만족을 야기하는 '나쁜 젖가슴'으로 구분한다. 이때의 분리는 실제 어머니의 행동이나 성질에 기반한 현실적 판단이 아니라, 유아의 무의식적 환상과 본능적 감정의 반영으로 형성된 주관적 구조이다.

좋은 대상은 유아의 생명 유지에 기여하는 영양과 안정을 제공하며, 이로 인해 유아는 그 대상을 내사하여 자기 내부에 긍정적 자아상을 형성한다. 반대로, 나쁜 대상은 배고픔, 결핍, 혹은 불쾌한 감각을 유발하는 존재로 인식되며, 유아는 이에 대한 공격 충동을 투사하고 파괴하려는 환상 속에서 심리적 방어를 구성한다. 이러한 대상 분리는 자아가 감당하기 어려운 내적 긴장을 외부로 분리함으로써 해체불안과 같은 극심한 불안을 완화시키고, 미성숙한 자아 구조의 유지와 생존을 가능케 하는 적응적 기능을 지닌다.

그러나 이러한 이분법적 대상 인식은 시간이 지남에 따라 심리적 갈등을 유발한다. 자아가 발달함에 따라 유아는 점차 자신이 사랑하고 의존하던 대상에게도 공격성과 파괴적 환상을 투사했다는 사실을 인식하게 되고, 이는 죄책감과 불안을 야기한다. 이 전환점에서 자아는 더 이상 대상을 이상화하거나 악마화할 수 없게 되며, 좋음과 나쁨이라는 감정이 동일한 대상에게 동시에 향할 수 있음을 받아들이는 통합의 과정을 경험하게 된다. 이것이 바로 클라인이 말하는 우울 위치로의 이행이다.

우울 위치에서 자아는 외부 대상, 특히 어머니가 '좋은' 존재이자 '나쁜' 존재일 수 있음을 통합적으로 인식하게 되며, 이러한 통합은 유아로 하여금 이전의 공격 충동에 대한 수리 욕구(reparative wish)를 갖게 만든다. 이는 곧 파괴한 대상에 대한 회복 시도, 애착의 재구성, 그리고 보다 현실적이고 성숙한 관계 형성으로 이어진다. 이 시점에서 자아는 이전의 분열 방식을 넘어서, 양가감정을 감내할 수 있는 심리적 용량을 획득하게 되며, 이는 성격 발달에서 중대한 전환점이 된다.

클라인은 '좋은 대상'과 '나쁜 대상'의 분리를 일회적 현상으로 보지 않고, 인간의 전 생애에 걸쳐 반복되고 강화되거나 통합될 수 있는 심리적 경향성으로 이해하였다. 성인기에도 스트레스, 상실, 관계의 실패 등 외적 자극은 자아를 다시 분열-편집 위치로 퇴행시킬 수 있으며, 이때 개인은 타인을 이상화하거나 악마화하는 양극단의 사고방식에 빠지게 된다. 이는 성격장애, 우울증, 편집증적 사고, 경계선적 특성 등 다양한 병리의 기반을 이루기도 하며, 클라인 이론은 이를 치료적 탐색의 핵심 경로로 제시하였다.

좋은 대상과 나쁜 대상의 분리는 초기 자아가 본능 충동과 내적 불안을 감당하고 심리적 생존을 도모하기 위해 필연적으로 사용하는 방어적 전략이며, 이는 이후의 대상관계, 애착 유형, 초자아의 성격, 정서 조절 능력 등 성격 전반에 깊은 영향을 미치는 핵심 기제로 작용한다. 이러한 클라인의 통찰은 현대 정신분석학 및 발달심리학의 핵심 개념으로 계승되며, 인간 내면의 이중성과 그 통합 가능성에 대한 심층적 이해를 가능하게 한다.

다. 통합과 상실감의 경험으로의 발전

클라인는 유아기 자아의 발달 과정을 단순한 생물학적 성숙이나 환경 반응의 결과로 보지 않고, 무의식적 본능 충동, 환상, 그리고 초기 대상관계 속에서 이루어지는 정신 내적 위치의 이행 과정으로 설명한다. 그 가운데 핵심이 되는 이론적 구조가 바로 분열-편집 위치와 우울 위치이며, 이 두 위치의 전환과정은 자아가 겪는 통합과 상실의 경험을 통해 이루어진다. 클라인은 이 전환 과정을 단순한 발달의 진보가 아닌, 본능, 방어기제, 감정, 관계의 통합적 경험을 수반하는 질적 변화로 보았다.

초기 자아는 분열-편집 위치에서 외부 세계를 이분법적으로 인식한다. 이 시기의 자아는 생존 본능과 죽음 본능의 긴장 속에서, 만족을 주는 대상을 '좋은 대상', 불쾌감을 유발하는 대상을 '나쁜 대상'으로 분리하고, 이들에 대한 감정을 각각 이상화하거나 악마화하며 투사와 분열이라는 원시적 방어기제를 통해 정서적 평형을 유지하려 한다. 그러나 시간이 흐르고 자아의 인지적, 정서적 용량이 증가함에 따라 유아는 외부 대상이 단일한 속성으로만 구성된 존재가 아니라, 사랑과 미움을 동시에 품을 수 있는 복합적이고 양가적인 대상임을 인식하게 된다. 이때 자아는 분열된 환상 구조를 유지하기보다, 대상을 통합된 전체로 받아들이기 시작하며, 이는 곧 우울 위치로의 이행을 의미한다.

이 통합의 경험은 곧 상실감의 경험으로 이어진다. 유아는 자신이 한때 미워하고 공격하려 했던 대상이 바로 자신이 사랑하고 의존했던 대상과 동일하다는 사실을 인식하게 되며, 이러한 통찰은 깊은 죄책감과 애도 반응을 유발한다. 이는 단순히 대상을 잃는 감정이 아니라, 자신의 파괴적 충동이 사랑하는 대상에게 피해를 주었을지도 모른다는 심리적 고통이다. 클라인은 이 상실의 경험을 정신병리의 원인이 아닌, 오히려 자아의 성숙과 통합의 필수적 전제로 이해하였다.

우울 위치에서 자아는 분열된 감정을 통합하고, 대상에 대한 사랑과 미움을 함께 감당할 수 있는 심리적 용량을 획득한다. 이 과정은 양가감정의 수용으로 이어지며, 자아는 파괴적인 본능을 조절하고, 손상된 대상을 회복하려는 수리 충동을 통해 보다 성숙한 관계를 형성하려 한다. 즉, 상실의 경험은 단지 결핍이나 박탈이 아니라, 자기중심적인 세계관으로부터 벗어나 타자를 전체적으로 수용하고, 자기 내면의 공격성까지도 직면할 수 있는 정신적 통합의 계기가 된다.

또한, 클라인은 우울 위치의 도달이 곧 자아의 고정된 완성을 의미하지 않는다고 강조한다. 통합과 상실, 그리고 그에 따른 회복 시도는 반복적인 과정으로, 개인은 삶의 다양한 위기나 상실 상황에서 다시금 분열-편집 위치로의 퇴행을 경험할 수 있다. 그러나 이전에 우울 위치를 충분히 경험하고 통합해본 자아는, 보다 성숙한 방식으로 감정을 다루고, 수리적 행동을 통해 관계를 회복하며, 현실과의 접촉을 유지하려는 능력을 갖게 된다. 이러한 반복적 과정은 자아의 점진적인 강화를 이끌며, 건강한 성격구조의 토대를 마련한다.

클라인은 통합과 상실감의 경험은 단지 발달의 중간 단계가 아니라, 자아가 내면의 분열을 극복하고 현실적 관계를 수용하며, 윤리적 감정과 초자아 형성의 기초를 마련하는 정신적 전환의 핵심 과정이다. 이러한 관점은 인간 내면의 이중성과 모순성, 그리고 그 통합 가능성에 대한 심층적 이해를 가능하게 하며, 현대 정신분석 이론에서 성숙한 성격과 병리적 상태의 구분을 위한 정교한 분석 도구로 자리 잡고 있다.

03 투사적 동일시와 내면세계의 구성

멜라니 클라인은 무의식적 본능 충동과 원초적 환상이 인간의 정신구조를 결정짓는 핵심 요인임을 강조하며, 자아의 형성과 대상과의 관계, 그리고 정신병리의 기원을 설명하는 데 있어 투사적 동일시라는 독창적인 개념을 제시하였다. 이 개념은 단순한 투사나 내사의 차원을 넘어, 자아의 일부분이 타인에게 투사된 후, 다시 그 투사된 자아의 파편을 통제하거나 조작하려는 심리적 경향성을 포함하는 복합적인 무의식적 과정이다. 투사적 동일시는 초기 자아가 내면의 본능적 갈등을 외부로 분산시키는 동시에, 외부 대상을 내면적으로 재조직함으로써 내면세계의 구조를 구성하고 유지하는 중심 기제로 작용한다.

이러한 기제는 특히 분열-편집 위치에서 활발히 작동한다. 자아는 자신의 공격성, 불안, 공포 등의 감정이나 자아의 일부분을 외부 대상으로 분리하여 투사하고, 그 대상을 통해 자신의 내적 세계를 간접적으로 조작하고자 한다. 예를 들어, 유아는 자신의 파괴적 충동을 어머니의 젖가슴에 투사하여 그것을 '나쁜 젖가슴'으로 인식하고, 그 젖가슴이 자신을 공격하거나 위협한다고 느낀다. 이때 단순히 감정을 외부에 전가하는 것이 아니라, 자신의 내면 파편을 외부로 옮겨 그 대상을 조종하거나 통제하려는 환상적 동일시가 이루어지는 것이다. 이러한 투사적 동일시는 유아의 심리적 생존을 위한 방어기제이자, 대상과의 관계를 조직화하는 수단으로 기능한다.

투사적 동일시는 단지 병리적 현상이나 유아기적 특징으로 제한되지 않는다. 클라인과 그녀의 후계자들, 특히 비온(Wilfred Bion)과 세갈(Hanna Segal)은 이 개념을 확장하여, 모든 대인관계에서 나타나는 무의식적 소통의 양상으로 이해하였다. 즉, 개인은 타인에게 자신의 정서를 투사하고, 타인은 그 투사된 정서를 '느끼게 됨'으로써, 관계 속에서 정서가 전이되고 구조화되는 상호작용적 내면 구성 과정이 발생한다. 이러한 과정은 자아가 외부 세계와 맺는 심리적 연계 고리이자, 내면세계의 상징화와 정체성 구조화의 기반이 된다.

더 나아가, 투사적 동일시는 클라인 이론에서 내면 대상세계를 어떻게 구성하고 유지하는지를 설명하는 데 핵심적인 역할을 한다. 초기 자아는 외부 대상과의 상호작용 속에서 반복적으로 투사하고 내사하며, 이 과정을 통해 '좋은 내적 대상'과 '나쁜 내적 대상'을 형성한다. 이 내면 대상들은 현실의 대상과는 구분되는 환상 속에서의 구성물이며, 자아는 이들과 끊임없이 관계를 맺고 갈등하고 조화하며 자신의 정체성과 감정 구조를 발전시킨다. 따라서, 내면세계란 현실 대상의 단순한 내면화가 아니라, 투사와 동일시, 내사와 반응이 얽힌 복잡한 무의식적 구성의 결과물인 것이다.

이와 같은 내면세계의 구성은 성격의 구조, 초자아의 특성, 자아의 통합성, 그리고 정신병리의 유형까지 결정짓는다. 예컨대, 투사적 동일시가 과도하거나 지속될 경우, 자아는 외부 세계와의 경계를 혼란스럽게 인식하며, 자신의 정서를 타인에게서 느끼거나, 타인의 감정을 자신의 것으로 오해하게 된다. 이러한 현상은 경계선 성격, 편집증적 사고, 투사성 정체감 등의 심리적 병리로 발현될 수 있으며, 현실 검증 능력의 손상으로 이어지기도 한다.

반대로, 건강한 투사적 동일시는 정서적 소통과 공감적 관계를 가능하게 하며, 치료적 관계에서도 중요한 역할을 한다. 정신분석적 치료 상황에서 내담자는 분석가에게 자신의 내면 감정을 투사하고, 분석가는 이를 받아들이고 해석함으로써 내담자가 자신의 감정을 재인식하고 통합할 수 있도록 돕는다. 이는 내면세계의 재구성 과정이며, 자아의 안정성과 관계의 성숙도를 향상시키는 핵심적 치료 기제다.

투사적 동일시는 단순한 방어기제를 넘어, 자아가 내면세계를 구성하고 외부 세계와 심리적으로 관계 맺는 핵심 메커니즘이다. 클라인은 이 과정을 통해 인간 정신이 고통과 갈등, 사랑과 공격성, 자기와 타자 사이를 연결하며 정체성을 형성한다고 보았다. 이러한 관점은 자아를 폐쇄적 실체가 아닌, 관계적이고 투사적이며 재구성 가능한 심리적 장으로 이해하게 함으로써, 현대 대상관계이론과 정신분석 심리치료에 결정적인 이론적 토대를 제공한다.

가. 투사적 동일시의 개념

멜라니 클라인이 정립한 투사적 동일시 개념은 정신분석 이론에서 자아의 방어 기제와 무의식적 대상관계의 구조를 이해하는 데 핵심적인 이론적 도약으로 평가된다. 이는 단순한 투사의 개념을 확장한 것으로, 자아의 일부를 외부 대상으로 분리하고 투사한 뒤, 그것을 심리적으로 통제하고 조작하려는 무의식적 동일화의 과정을 포함한다. 다시 말해, 투사적 동일시는 자아가 자신의 감정, 충동, 또는 심리적 상태의 일부를 외부 대상에게 투사함으로써 그 대상을 변화시키고, 투사된 내용을 다시 자아가 동일시하거나 경험하려는 상호적이고 역동적인 정신작용이다.

이 기제는 특히 유아기 초기의 분열-편집 위치에서 두드러지게 나타난다. 이 시기의 자아는 내면에 존재하는 파괴 충동이나 불안을 감당하기 어려운 상태이며, 이를 외부로 분산시켜 자아의 해체를 막기 위한 생존적 방어 전략으로 투사적 동일시가 작동한다. 예컨대, 유아는 자신의 공격성과 증오심을 어머니의 젖가슴이라는 대상에 투사하여 그것이 자신을 위협하는 존재라고 인식하며, 동시에 그 젖가슴이 자신의 투사된 감정을 실제로 갖고 있다고 믿는 환상 속에서 대상과의 관계를 형성한다. 이러한 관계는 일방향적 투사가 아니라, 투사된 자아 부분이 외부 대상 안에 존재한다는 무의식적 전제하에 그 대상을 조작하려는 심리적 경향성을 포함한다.

투사적 동일시는 이처럼 자아가 자신의 내적 상태를 외부에 배치하고, 그것을 외부로부터 경험하거나 되돌려 받는 순환적인 구조를 지닌다. 이로 인해 자아는 외부 세계를 단순한 현실로서가 아니라, 자신의 내면 상태가 외현화된 장(場)으로 인식하게 되며, 이는 곧 내면세계의 확장과 구성으로 이어진다. 따라서 투사적 동일시는 자아와 대상, 자아와 세계 사이의 경계를 허물고, 정서적 소통과 관계 형성의 기초가 되는 동시에, 병리적 왜곡과 현실 왜곡의 기반이 되기도 한다.

멜라니 클라인은 이 개념을 통해 자아와 타자 간의 심리적 관계가 단지 외적 행동의 상호작용만이 아닌, 무의식적 감정 구조의 전이와 반응, 그리고 자기 파편의 재투사와 재내사를 포함하는 깊은 내면의 역동임을 드러냈다. 투사적 동일시는 단순한 방어기제나 지각 오류가 아니라, 자아가 내면적 고통을 타자와의 심리적 상호작용 속에서 감내하고 재구성하려는 시도이며, 이는 곧 인간 존재의 정체성과 관계성의 본질을 드러내는 심층적 기제라 할 수 있다.

이 개념은 후속 정신분석가들, 특히 비온과 세갈에 의해 더욱 정교하게 발전되었으며, 성인기의 심리역동, 특히 대인관계, 전이-역전이 관계, 그리고 치료적 상호작용 분석에도 결정적인 개념적 틀로 작용하고 있다. 비온은 이를 정신적 소화의 문제로 접근하며, 분석가가 내담자로부터 투사된 감정을 받아들인 뒤 그것을 변형하고 돌려주는 기능을 강조하였다. 이는 투사적 동일시가 단순히 병리적 기제가 아니라, 심리적 성숙과 회복의 매개 기제로 기능할 수 있음을 시사한다.

투사적 동일시는 자아가 자신의 내면을 외부 대상에게 전이시키고, 그 과정을 통해 자신과 세계를 구성해 가는 무의식적 심리작용의 복합적 구조이다. 이는 초기 자아의 생존 전략일 뿐 아니라, 인간이 타인과 정서적으로 관계를 맺고, 자기를 형성하며, 때로는 병리를 경험하고 치유하는 과정 전반에 걸쳐 작동하는 보편적 정신 구조로 이해될 수 있다.

나. 자아와 대상 간 내면적 세계의 구조화

멜라니 클라인은 인간의 성격구조와 정서 발달을 설명함에 있어, 자아를 독립적이고 고정된 실체로 보지 않고, 무의식적 본능 충동과 환상, 그리고 외부 대상과의 관계 속에서 끊임없이 형성되고 재구성되는 관계적 실체로 이해하였다. 그녀의 이론에서 핵심은 자아가 외부 세계와의 상호작용을 통해 내면세계를 구축해 간다는 데 있으며, 특히 투사적 동일시는 자아와 대상 간의 무의식적 관계 속에서 내면세계가 어떻게 형성되고 구조화되는지를 설명하는 핵심 개념이다.

초기 자아는 생애 첫 몇 개월 동안 분열-편집 위치에 위치하며, 아직 통합된 대상 인식이나 감정의 복합성을 감내할 수 없는 상태이다. 이 시기 자아는 사랑과 미움, 생명 본능과 죽음 본능의 갈등 속에서 자신의 파괴적 충동이나 불안을 외부 대상에게 투사하고, 동시에 그 대상이 자신이 투사한 내용을 실제로 갖고 있다는 무의식적 확신을 통해 대상을 재구성하려는 심리작용을 경험한다. 이 과정이 바로 투사적 동일시이며, 이는 단순한 투사 이상의 복합적이고 반복적인 상호작용 과정을 수반한다.

이러한 자아와 대상 간의 심층적 교류는 자아의 내부에서 내면 대상의 형성을 유도한다. 외부 대상을 통해 반복적으로 투사하고 내사하는 가운데, 자아는 자신이 만든 대상의 이미지를 자기 안에 자리 잡게 하며, 이것은 곧 내면세계의 구성요소로 기능하기 시작한다. 이때 내면 대상은 현실의 대상과는 구분되는 주관적·환상적 대상으로, 자아의 감정, 욕망, 공포, 이상화, 공격성과 같은 정서적 요소가 응축된 복합적 구조물이다.

내면세계의 구조화는 이와 같이 자아와 외부 대상 간의 심리적 상호작용, 즉 정서적 투사와 내사의 반복적 순환과정을 통해 진행된다. 자아는 외부 대상과의 관계에서 느낀 만족감은 '좋은 대상'으로 내사하고, 불안과 고통, 좌절은 '나쁜 대상'으로 투사하며, 이들을 내면화하여 심리적 세계를 이분법적으로 구축한다. 이후 발달이 진행되면, 자아는 이러한 내면 대상들 간의 갈등과 양가감정을 점차 통합하려는 방향으로 나아가며, 이는 곧 우울 위치로의 이행과 연결된다. 이때 내면세계는 더 이상 단순히 좋은 대상과 나쁜 대상의 분리된 총합이 아니라, 서로 충돌하고 조화하며 통합되는 복합적 감정구조의 장으로 발전한다.

클라인은 이러한 내면세계의 구조화를 통해 형성된 내면 대상들이, 이후 개인의 현실 지각, 자아상, 타자에 대한 기대, 초자아의 특성, 그리고 전이-역전이 관계에 이르기까지 전반적인 성격과 관계 양식을 결정짓는 핵심 요소가 된다고 보았다. 즉, 자아는 현실의 외부 대상과 관계를 맺는 것이 아니라, 그들과의 상호작용 속에서 형성된 내면 대상들과의 관계를 투사하고 반복하는 경향을 보인다. 이는 곧 현실 관계가 과거의 내면세계 구조에 의해 무의식적으로 중재되며 재해석된다는 대상관계이론의 핵심 전제이기도 하다.

이러한 이해는 임상적 장면에서도 중요한 시사점을 갖는다. 내담자는 자신의 내면 대상 구조를 분석가에게 투사함으로써 치료적 관계 속에 '좋은 대상' 혹은 '나쁜 대상'을 반복적으로 재현하고, 분석가는 이 투사된 정서를 담아내고 해석함으로써, 내담자의 내면세계가 보다 통합된 구조로 재조직될 수 있도록 돕는다. 이는 투사적 동일시가 단순한 방어기제가 아닌, 감정의 소통, 정체성의 재구성, 자아의 성숙을 위한 심리적 통로임을 시사한다.

멜라니 클라인의 이론에서 자아와 대상 간의 무의식적 상호작용은 내면세계를 수동적으로 반영하는 것이 아니라, 내면 대상을 창조하고 구조화하는 능동적 심리작용으로 기능한다. 투사적 동일시는 이러한 상호작용의 핵심 기제로서, 자아의 내적 갈등을 외부로 전이하고 다시 통합해 가는 반복적 순환 속에서, 인간 정신의 복잡하고 다층적인 내면세계를 형성하는 정신역동의 중심에 자리한다. 이로써 내면세계는 고정된 실체가 아니라, 대상과의 상호작용 속에서 끊임없이 형성되고 재구성되는 의미와 감정의 심리적 공간으로 이해될 수 있다.

다. 대상관계 이론의 핵심 메커니즘

멜라니 클라인은 프로이트의 본능 이론을 바탕으로 하되, 정신 내적 갈등과 방어기제, 자아의 발달을 보다 정교하게 설명하기 위해 정신분석학의 지형을 전환시킨 인물로 평가된다. 그녀가 창시한 대상관계 이론은 자아가 독립적으로 존재하는 것이 아니라, 외부 대상과의 무의식적인 심리적 관계 속에서 형성되고 유지된다는 전제를 바탕으로 한다. 이 이론의 중심에는 자아가 외부 현실과 맺는 '대상'과의 관계가 있으며, 이 관계는 실제 대상이 아닌, 자아가 경험하고 상상하고 환상하는 주관적 대상, 즉 '내면 대상'과의 상호작용으로 매개된다는 점에서 독특한 이론적 위상을 갖는다.

대상관계 이론의 핵심 메커니즘은 다음의 네 가지 상호 연결된 심리 작용으로 구성된다: 내사, 투사, 투사적 동일시, 그리고 내면 대상구조의 구성이다. 이들 각각은 유아기의 초기 자아가 내적 불안을 다루고 현실과의 관계를 조직화하며, 자아정체성을 구성해 나가는 필수적 심리적 수단으로 작동한다.

첫째, 내사(introjection)는 자아가 외부 대상을 자신 안에 받아들이는 무의식적 과정으로, 특히 최초의 양육자인 어머니의 젖가슴이 '좋은 대상' 또는 '나쁜 대상'으로 내면화된다. 이때 자아는 현실의 어머니를 있는 그대로 받아들이는 것이 아니라, 자신의 본능적 욕구 충족 여부에 따라 이상화하거나 악마화된 형태로 내사한다. 이러한 내사 대상은 자아의 일부로 작용하며, 후속 정서와 사고의 기반이 된다.

둘째, 투사(projection)는 자아가 감당하기 힘든 내적 충동이나 감정을 외부 대상으로 전가하는 방어기제로 작동한다. 유아는 자신의 공격성이나 불안, 증오를 외부 대상에게 투사함으로써, 그것을 외부의 위협으로 인식하게 된다. 이러한 투사는 대상과의 심리적 거리 조절과 감정 분산의 기능을 가지며, 초기 자아의 불안을 완화하는 데 기여한다.

셋째이자 가장 핵심적인 메커니즘인 투사적 동일시(projective identification)는 단순한 투사의 차원을 넘어서, 자아의 일부를 외부 대상에게 투사한 후, 그 대상이 자아의 투사된 감정을 실제로 갖고 있다고 믿고, 그 대상을 통제하거나 조작하려는 무의식적 경향을 포함한다. 이 과정은 자아와 대상 사이에 심리적 경계가 희미해지며, 대상은 자아의 정서 상태를 담지하고 반응하게 되는 '감정의 용기'로서 기능하게 된다. 이 기제는 유아기뿐 아니라 성인기의 대인관계 및 정신분석적 전이와 역전이의 복잡한 감정 역동을 설명하는 핵심 틀로 작동한다.

넷째, 이러한 내사, 투사, 투사적 동일시의 반복적 상호작용은 곧 자아 내부에 다양한 내면 대상들의 세계를 구성하게 된다. 이때 내면 대상은 현실의 대상과는 다른, 자아의 환상과 감정, 기억이 혼합된 주관적 구조물이다. 이 내면 대상들 간의 관계, 그리고 이들과 자아 사이의 상호작용이 자아의 성격구조, 초자아의 성격, 자기상, 정체성, 현실 인식, 그리고 대인관계 양상에 지대한 영향을 미치게 된다.

대상관계 이론의 핵심 메커니즘은 단순히 외부 세계에 반응하는 자아가 아니라, 대상과의 내면적 심리작용을 통해 자신의 정체성과 정서적 지형을 능동적으로 구성하는 자아의 창조적 기능을 설명하는 데 있다. 이러한 내면 대상관계는 안정적일 수도 있고, 극단적으로 분열되고 병리적으로 구성될 수도 있으며, 이는 정신병리의 본질을 이해하고 해석하는 데 결정적인 이론적 틀을 제공한다.

멜라니 클라인은 이와 같은 복합적인 메커니즘을 통해 자아가 분열-편집 위치에서 출발하여, 점차적으로 양가감정을 수용하고 통합하는 우울 위치로 이행하며, 대상과의 관계에서 파괴 충동을 통제하고 수리하려는 능력을 발전시켜 간다고 설명한다. 이 과정은 정서적 성숙, 윤리감의 형성, 초자아의 구성, 현실검증 능력의 강화로 이어지며, 결국 성숙한 성격의 기초를 형성하게 된다.

대상관계 이론에서 클라인이 정립한 핵심 메커니즘은 자아가 외부 대상과의 심리적 상호작용 속에서 감정과 의미를 투사하고 내사하며, 그것을 통합하는 과정을 통해 내면세계를 구축해 나간다는 심리 역동의 본질을 드러낸다. 이 내면세계는 고정불변의 구조가 아닌, 투사와 동일시, 수리 충동, 그리고 무의식적 환상이 지속적으로 재구성하는 살아있는 심리적 장이며, 인간 존재의 불안과 희망, 사랑과 파괴 충동이 교차하는 공간이다. 클라인은 이를 통해 성격의 형성과 병리의 발생, 나아가 정신치료의 가능성을 심층적으로 조망할 수 있는 이론적 틀을 제시하였다.

04 초자아의 기원과 죄책감

멜라니 클라인의 성격이론은 프로이트의 고전 정신분석학을 계승하면서도, 그 발달 시기를 대폭 앞당기고 내면세계의 구조적 형성과 그 기제를 보다 정교하게 해석했다는 점에서 독자적인 발전을 이룬다. 그중에서도 초자아의 기원과 그에 수반되는 죄책감의 형성은, 클라인 이론의 핵심 중 하나로 간주되며, 그녀의 전체 대상관계 이론을 이해하는 데 있어 필수적 개념이다.

프로이트는 초자아를 오이디푸스 콤플렉스 해결 이후, 즉 성기기 후기에 형성되는 구조로 보았으나, 클라인은 이를 대폭 수정하였다. 그녀는 초자아가 훨씬 이른 시기, 즉 생후 첫 해 내에 이미 초기 원시적 형태의 초자아로 존재하며, 이는 유아기의 내면 환상, 본능 충동, 그리고 외부 대상과의 무의식적 상호작용 속에서 구축된다고 보았다. 이러한 이론적 전환은 자아 발달의 핵심을 내면 대상의 환상적 내사와 투사, 그리고 공격성과 불안의 조절이라는 심리적 역동 속에서 파악하게 만든다.

클라인에 따르면, 유아는 생의 초기부터 강렬한 본능 충동—특히 구강적 단계에서의 탐식적 욕망과 공격적 파괴 충동을 경험하며, 이 충동들이 외부 대상, 특히 어머니의 젖가슴에 대해 파괴적 형태로 표출될 수 있다는 무의식적 인식을 갖는다. 이때 유아는 자신이 사랑하는 대상을 파괴하고 있다는 환상에 사로잡히며, 그 결과로 심한 불안과 더불어 죄책감을 경험하게 된다. 이러한 정서는 단지 외부의 금지에 대한 반응이 아니라, 자아 내면에 형성된 공격적인 초자아 이미지—즉, 자기가 투사한 파괴성이 되돌아와 자기를 위협하는 구조 속에서 비롯된다.

이처럼 클라인은 초자아의 기원을 내면 대상의 공격성과 이상화, 그리고 투사적 동일시의 반복적 작용으로 설명한다. 유아는 자신의 공격성을 외부 대상에게 투사한 뒤, 그것이 다시 내면화되어 자기를 심판하는 감시자 혹은 응징자 역할을 하게 되는 일련의 심리 과정을 통해 초자아를 내면화한다. 이러한 초자아는 초기에는 극도로 잔인하고 가혹한 형태를 띠며, 유아가 경험하는 죄책감 역시 강렬하고 통합되지 않은 원시적 형태로 나타난다. 이는 초기 자아가 감당하기 어려운 수준의 정서적 압박으로 작용하며, 자아는 이를 방어하기 위해 분열, 부인, 투사 등의 원시적 방어기제를 동원하게 된다.

그러나 자아가 점차적으로 발달하고, 우울 위치로 이행하게 되면서 유아는 사랑하는 대상에 대한 자신의 공격성에 대해 보다 명확하게 인식하고, 그 대상을 상실하지 않기 위한 복구적 욕구—즉, 수리 충동을 경험하게 된다. 이 시점에서 초자아는 점차 공격성과 파괴성이 약화되고, 현실에 기반한 도덕성과 양심의 기능을 수행하는 보다 성숙한 형태로 이행한다. 이로써 죄책감 역시 단순한 공포나 자기비난의 형태에서 벗어나, 관계의 회복과 책임감의 정서로 전환되며, 이는 이후 인간의 도덕성, 공감능력, 자기반성과 타자에 대한 윤리적 태도 형성의 근간이 된다.

이러한 관점에서 클라인은 초자아를 단순한 사회 규범의 내면화가 아닌, 사랑과 파괴라는 양가감정의 통합적 산물로 파악하였다. 초자아는 자아 내부의 자기감독 장치로서 작용하는 동시에, 내면 대상과의 감정적 관계가 그대로 반영된 구조이며, 이에 따라 초자아의 성격은 개인의 초기 대상관계의 질에 따라 매우 다양하게 나타날 수 있다. 예컨대, 무조건적 이상화와 극단적 분열이 유지되는 경우 초자아는 냉혹하고 비현실적인 기준을 강요하며, 이는 강박적 죄책감, 자기 처벌적 충동, 나아가 우울증이나 자기 파괴적 성향으로 연결되기도 한다.

초자아는 유아기의 환상, 공격성, 대상관계, 무의식적 방어기제의 상호작용 속에서 구성되는 심리적 구조물이며, 죄책감은 이 구조 내에서 나타나는 정서적 산물로 이해된다. 클라인의 이론은 초자아와 죄책감을 단순히 윤리적 내면화의 결과로 보지 않고, 파괴 충동과 수리 충동, 사랑과 미움의 통합 과정에서 비롯되는 정서적·관계적 역동으로 조망함으로써, 인간 정신의 도덕성과 정체성, 그리고 심리 병리의 기원을 보다 깊이 있는 관점으로 설명하는 토대를 제공하였다.

가. 초기 초자아의 가혹성과 공포

멜라니 클라인은 전통 정신분석학의 구조 이론을 계승하면서도, 특히 초자아의 형성과 관련된 시기와 기능에 있어 획기적인 전환을 시도하였다. 프로이트가 초자아의 기원을 오이디푸스 콤플렉스의 해결 이후, 즉 성기기 후반에 위치시킨 것과 달리, 클라인은 초자아의 기원이 생후 첫 해 안에 형성되는 원시적 정신 구조라고 주장하였다. 그녀는 유아의 초기 정서 경험 속에서 강력한 공격 충동과 투사적 환상이 작동하며, 이로 인해 극도로 가혹하고 공포 유발적인 초기 초자아가 구성된다고 보았다. 이러한 관점은 초자아를 단순한 도덕적 구조 이상으로, 인간의 공포, 불안, 죄책감, 자기처벌 충동의 원천으로 파악하게 만든다.

초기 초자아는 현실의 부모나 사회 규범을 내면화한 결과물이 아니다. 오히려 그것은 유아의 공격적 본능, 특히 죽음 본능이 외부 대상으로 투사되고, 그 대상이 다시 내면화되어 자아를 위협하는 구조로 작동하는 투사-내사 반복의 심리 역동에 의해 구성된다. 이 과정에서 유아는 자신의 파괴적 충동을 어머니의 젖가슴과 같은 주요 대상에게 투사하고, 그 대상을 위협적이고 보복적인 내면 존재로 환상 속에 구성한다. 이렇게 형성된 초기 초자아는 현실 초월적인 감시자나 벌주는 존재로서 자아의 내부에 자리 잡으며, 유아에게 강렬한 공포와 잔혹한 죄책감을 유발한다.

이러한 초기 초자아의 가혹성은 그 출발부터 자기 파괴적 상상과 불안의 정서적 무게를 기반으로 하기 때문에, 자아는 그것을 단순히 통제하거나 무마할 수 있는 성숙한 방어 체계를 갖추지 못한 상태에서 심리적으로 압도당하게 된다. 이로 인해 유아는 극도의 내적 위협을 경험하며, 자기 자신이 벌을 받아야 할 만큼 나쁘고, 악하며, 사랑할 수 없는 존재라는 인식을 갖게 된다. 이러한 자기 표상은 이후의 성격구조에 깊은 영향을 미치며, 강박적 죄책감, 비현실적인 자기 비난, 과도한 자기 억제로 이어질 수 있다.

초기 초자아의 가혹성은 또한 분열-편집 위치에서의 정동적 상태와 밀접하게 연결된다. 이 위치에서 자아는 좋은 대상과 나쁜 대상을 명확히 구분하고, 나쁜 대상을 외부로 투사함으로써 자신을 보호하려 한다. 하지만 동시에 그 나쁜 대상이 외부에서 자기 자신에게 공격해 올 것이라는 피해적 환상을 수반한다. 이때 형성되는 초자아는 외부의 나쁜 대상이 내면화된 것으로, 사랑하는 대상에게조차 미움과 파괴를 투사한 결과 생긴 보복의 공포가 그대로 내재화된 구조이다. 클라인은 이 초기 초자아가 유아의 심리 발달에 결정적인 영향을 끼치며, 이후 자아가 성숙함에 따라 점차 현실 기반의 도덕성과 수용 가능한 초자아로 통합되어야 한다고 보았다.

그럼에도 불구하고 초기 초자아가 가혹하고 보복적인 형태로 고착될 경우, 성인기에도 지속적인 자기처벌 충동, 만성적 불안, 우울감, 나아가 자기 파괴적 행동으로 이어질 가능성이 높아진다. 이는 특히 현실의 실패나 대인관계 갈등, 혹은 수치심의 자극을 통해 초기의 가혹한 초자아가 다시 활성화될 경우에 발생한다. 이러한 정동은 분석 상황에서도 전이-역전이 관계 안에서 재현될 수 있으며, 분석가는 내담자의 내면화된 가혹한 초자아의 상징적 형상에 주목해야 한다.

초기 초자아의 가혹성과 공포를 해소하기 위해 자아는 다양한 원시적 방어기제에 의존하게 된다. 분열, 부인, 투사 등은 그 대표적 예로, 자아는 초자아의 가혹함을 회피하거나 무력화하려 하면서도 동시에 그 통제를 벗어나지 못하는 이중구조에 놓인다. 이러한 방어의 반복은 자아의 통합을 방해하고, 정체성의 불안정성과 정서적 불균형을 심화시킨다. 따라서 정신분석적 개입은 이러한 초자아의 기원과 정서적 의미, 그리고 무의식적 작용을 해석함으로써, 자아가 현실적인 초자아로의 재구성을 시도할 수 있도록 돕는 데 중점을 두어야 한다.

멜라니 클라인이 제시한 초기 초자아 개념은 단지 윤리적 감시자나 이상적 자아로서의 초자아가 아니라, 유아기의 무의식적 파괴 충동, 환상적 투사와 내사, 감정적 고통이 혼합된 심리 구조물로 이해된다. 그것은 극단적으로 가혹하며, 자아를 심리적 공포와 죄책감으로 압도할 수 있는 위협적 실체로 작용한다. 클라인의 이론은 이 초기 초자아를 이해함으로써, 인간의 깊은 내면에 자리한 불안과 자기비난의 기원을 해석하고, 성숙한 자아 발달과 정서 통합의 가능성을 열어주는 이론적 토대를 마련해 주었다.

나. 공격성과 죄책감의 형성

멜라니 클라인은 성격의 발달과 정신병리의 기원을 설명하는 데 있어, 공격성과 죄책감을 핵심 역동으로 규정하였다. 그녀의 이론은 프로이트의 본능 이론을 계승하면서도, 보다 초기 발달 시기에 초점을 맞추며, 공격성과 죄책감의 상호작용이 초자아 형성과 자아 구조의 조직화에 결정적인 영향을 미친다고 보았다. 클라인에 따르면, 이러한 정서적 구조는 생후 수개월 이내에 이미 형성되며, 이는 유아가 경험하는 원초적 환상과 본능적 충동, 특히 생명 본능과 죽음 본능의 긴장 속에서 비롯된다.

클라인 이론에서 공격성은 단순한 행동적 반응이 아니라, 인간 정신의 가장 깊은 층위에서 작용하는 본능적 파괴 충동의 표현이다. 이 파괴 충동은 유아가 외부 대상—특히 어머니의 유방이라는 최초의 '부분 대상'—과 관계를 맺는 과정에서 무의식적으로 발현된다. 유아는 생물학적 욕구뿐 아니라 심리적 불안의 해소를 위해 대상을 향한 탐식, 찢기, 삼키기, 파괴하기 등의 환상적 행동을 투사하며, 이 공격성은 때로는 실제 양육자의 반응이나 정서적 기복에 의해 증폭되기도 한다.

이러한 초기 공격성은 유아로 하여금 자기 내부에 심각한 불안을 생성하게 만들며, 이는 곧 투사를 통한 방어 반응을 유도한다. 유아는 자신의 파괴적 충동이 외부 대상을 위협하고 해쳤을 것이라는 무의식적 환상을 갖게 되며, 이러한 환상은 단순한 불안감을 넘어서, 대상에 대한 죄책감의 정동으로 전환되기 시작한다. 클라인은 이 죄책감을 단지 초자아의 도덕적 판단 결과가 아니라, 사랑하는 대상을 향한 무의식적 공격의 인식과 그에 따른 정서적 반응으로 이해하였다. 즉, 유아는 자신이 의존하고 애착하는 대상을 해칠 수도 있다는 사실에 대해 깊은 양가감정(ambivalence)을 느끼며, 이로 인해 자아 내부에서 강렬한 내적 갈등을 경험하게 된다.

이때 형성되는 죄책감은 초기에는 공포와 자기 보존적 불안이 결합된 원시적 죄책감의 형태를 띤다. 유아는 사랑하는 대상에 대한 공격이 그 대상을 실제로 상실시킬 것이라는 두려움을 갖고, 이는 대상 상실에 대한 공포로 이어지며, 자아는 이에 대한 보상과 회복의 시도로서 수리 충동(reparative drive)을 발전시키게 된다. 이 수리 충동은 파괴적 충동에 대한 정서적 반작용으로 작용하며, 자아가 대상의 상실을 막고 관계를 유지하기 위한 노력을 통해 점차 도덕적 양심으로 성숙하게 된다.

이와 같은 과정은 분열-편집 위치(paranoid-schizoid position)에서 시작되어, 자아가 보다 통합된 정서를 감당하고 대상에 대한 양가적 감정을 수용하는 우울 위치로의 발달을 의미한다. 이 위치에서 유아는 자신이 사랑과 미움이라는 상반된 감정을 동시에 느낀다는 사실을 받아들이게 되며, 공격성과 죄책감의 갈등이 보다 현실 기반의 자기반성과 도덕성으로 전환된다. 클라인은 이러한 죄책감의 통합 과정을 성격의 건강성과 정신적 성숙을 평가하는 중요한 지표로 보았으며, 이 과정이 실패할 경우, 과도한 자기비난, 만성적 우울, 강박적 죄책감, 초자아의 병리적 고착 등 다양한 정신병리의 근원이 된다고 강조하였다.

클라인의 이론에서 공격성은 초자아 형성의 근간이 되며, 이 공격성이 대상에 대한 정서적 애착과 결합될 때 비로소 죄책감이라는 복합적 정서가 발현된다. 이는 도덕적 양심의 시작이자, 관계를 유지하고 회복하려는 인간적 동기의 원천이 된다. 클라인은 이처럼 죄책감을 인간 병리의 근원이자 회복의 가능성으로 동시에 이해했으며, 정신분석 치료 역시 이러한 죄책감의 기원을 이해하고 재구성하는 과정으로 간주하였다.

다. 보상적 환상과 수리적 행동

멜라니 클라인의 성격이론은 인간 정신의 초기 구조 형성 과정과 무의식적 정서 역동을 설명함에 있어, 본능적 충동과 대상관계의 상호작용을 중심에 둔다. 그중에서도 초기 공격성의 표현과 그것이 유발하는 죄책감, 그리고 그에 대한 심리적 반응으로 등장하는 보상적 환상과 수리적 행동(reparative behavior)은 자아 발달과 도덕 정서의 형성에 있어 결정적인 기제로 작동한다. 이러한 개념은 인간이 내면에서 경험하는 파괴성과 회복 욕구의 긴장을 구조화하며, 성격 형성과 병리의 양면을 이해하는 데 핵심적인 이론적 틀을 제공한다.

클라인 이론에서 유아는 생애 초기에 강렬한 공격 충동을 경험하며, 이는 주로 부분 대상, 특히 어머니의 젖가슴에 대한 탐식적, 파괴적 환상으로 나타난다. 유아는 이 대상을 물어뜯고, 찢고, 삼키며 파괴하려는 본능적 충동을 환상 속에서 반복하며, 이러한 파괴 충동은 무의식적으로 외부 대상에게 투사되어, 이후 내면화된 초기 초자아의 가혹성과 불안의 원천이 된다. 이로 인해 자아는 자신이 사랑하는 대상을 공격하고 파괴했다는 환상 속 죄책감을 느끼며, 이는 단순한 두려움의 정서를 넘어서, 자아의 정체성과 대상과의 애착에 실질적인 심리적 위협으로 작용한다.

이러한 상황에서 자아는 파괴된 대상에 대한 상실을 견디기 어렵고, 그 대상과의 관계를 회복하고자 하는 무의식적 동기를 형성하게 되는데, 이것이 바로 수리 충동이다. 수리 충동은 자아가 대상에 대한 파괴의 결과를 인식하고, 그것을 다시 회복하거나 복원하려는 정서적 에너지로 작용하며, 이는 곧 보상적 환상과 수리적 행동으로 구체화된다.

보상적 환상은 자아가 무의식적으로 구성하는 상상적 장면 속에서, 자신이 파괴한 대상을 다시 고치거나 치유하거나, 혹은 마법적으로 회복시키는 심리적 장치이다. 이러한 환상은 현실의 구체적 행동이 아닌, 내면에서 구성된 상징적 장면으로서 자아에게 정서적 위안을 제공하며, 죄책감의 무게를 일정 부분 경감시키는 역할을 한다. 예컨대, 유아는 마음속에서 상처 입은 어머니의 유방을 다시 예쁘게 만드는 장면을 환상하거나, 자신이 준 고통을 보상하는 사랑의 행위를 상상함으로써, 자기 안에 있는 파괴성과 사랑의 양가감정을 심리적으로 조율하려 시도한다.

한편, 이러한 환상은 점차 현실의 수리적 행동으로 전환되기도 한다. 수리 행동은 자아가 실제 대상과의 관계 속에서 나타내는 애정 표현, 보살핌, 돌봄, 사과, 속죄의 태도 등으로 구체화되며, 이는 도덕성의 실천적 기반이 된다. 이 행동은 단순한 사회적 규범의 내면화가 아닌, 내면 대상과의 정서적 연결을 회복하고자 하는 깊은 무의식적 동기에서 비롯된 것으로, 자아의 통합과 대상관계의 성숙에 결정적인 기여를 한다. 클라인은 이러한 수리적 행동이 자아의 방어 기능을 넘어서, 창조성과 애착 안정, 그리고 윤리의식의 발달로 이어질 수 있다고 보았다.

하지만 수리 충동이 충분히 기능하지 못하거나, 보상적 환상이 왜곡되거나 고착될 경우, 자아는 오히려 과도한 자기 처벌적 죄책감에 빠질 위험이 있으며, 이는 우울 위치에서의 병리적 고착으로 이어질 수 있다. 이때 자아는 계속해서 자신이 파괴한 대상을 회복하려는 과도한 의무감에 사로잡히며, 이는 강박적 수리 행동, 자기희생, 혹은 억제된 감정 표현으로 나타나기도 한다. 따라서 수리 충동의 건강한 기능은 정서 통합, 대상의 안정적 내면화, 초자아의 현실적 조정과 깊은 관련이 있으며, 이는 치료적 개입의 주요 지점으로 간주된다.

멜라니 클라인의 성격이론에서 보상적 환상과 수리적 행동은 죄책감이라는 정서에 대한 자아의 창조적 응답이자 대상관계의 회복을 위한 심리적 노력으로 이해된다. 이들은 단순한 방어기제를 넘어, 자아의 성숙과 윤리적 감수성, 그리고 인간 내면의 상실에 대한 치유 가능성을 상징하는 핵심 역동이며, 정신분석적 치료에서는 이러한 무의식적 구조를 인식하고 해석함으로써, 내담자가 자신의 내면 대상과 보다 통합적이고 현실적인 관계를 형성할 수 있도록 돕는 것이 중심 과제가 된다. 클라인은 이를 통해 인간이 가진 파괴성과 사랑, 죄책감과 회복 충동의 긴장 구조가 궁극적으로는 창조적 성숙의 가능성으로 나아갈 수 있다고 보았다.

Chapter

6

로널드 페어베언의 성격이론

01 정신적 에너지 전환

로널드 페어베언은 고전적 정신분석학의 중심 개념 중 하나인 리비도(libido)에 대한 급진적인 재해석을 통해 성격이론의 새로운 지평을 열었다. 전통적인 프로이트 이론에서 리비도는 쾌락 원칙에 기반한 성적 에너지로 간주되며, 주로 신체적 충동의 긴장 해소를 목표로 하는 본능의 표현으로 설명되었다. 그러나 페어베언은 이러한 리비도의 본능주의적 해석이 인간 발달과 성격 형성의 본질을 왜곡한다고 보았다. 그에 따르면, 인간은 쾌락 자체를 추구하는 존재가 아니라 의미 있는 관계의 맥락에서 대상을 본능적으로 추구하는 존재이다.

페어베언은 특히 유아기의 발달과정에서 아동이 경험하는 가장 근원적인 욕구는 성적 해소가 아니라, 주 양육자와의 안정된 정서적 관계를 형성하고자 하는 심리적 욕망이라고 강조하였다. 그는 리비도를 단순한 생리적 흥분의 해소가 아닌, 심리적 대상을 향한 지향적 에너지로 보았다. 이는 정신적 에너지의 전환이라는 개념을 통해 설명되며, 인간의 내적 역동이 외부 대상을 향해 본질적으로 관계 지향성을 띤다는 점에서 정신분석학의 기존 패러다임을 전복하는 전환점이라 할 수 있다.

이러한 관점에서 리비도는 단지 신체적 충동의 표현이 아니라, '좋은 대상'과의 관계를 향해 나아가는 자아의 본원적 동기이며, 이는 곧 자아가 본능에 종속된 수동적 존재가 아니라 능동적이고 대상 지향적인 구조임을 전제한다. 페어베언은 이러한 이론적 입장을 통해 고전적 구조이론에서의 이드-자아-초자아 모델보다, 인간의 성격은 내면화된 대상과의 상호작용을 통해 형성된다고 주장하였다. 이 과정에서 리비도의 방향은 외부 세계로부터 내적 세계로 전환되고, 초기 관계 경험은 자아 내에 내면화되어 자아 구조의 기초가 된다.

정신적 에너지의 전환은 특히 병리적 성격 형성의 기제를 설명하는 데 중요한 틀을 제공한다. 아동이 긍정적이고 수용적인 대상을 경험하지 못할 경우, 그 관계 욕구는 좌절되며, 리비도는 현실 대상을 향하는 대신 내면화된 부정적 대상과 병리적인 동일시를 통해 왜곡된 형태로 표현된다. 이러한 왜곡은 성격병리로 이어지며, 성인은 현실 대인관계에서 동일한 부정적 관계 패턴을 반복하게 된다.

결국, 페어베언의 정신적 에너지 전환 이론은 인간 정신의 본질이 쾌락 추구가 아닌 대상과의 정서적 결속에 있음을 강조하며, 성격구조의 형성과 병리를 이해하는 데 있어 새로운 이론적 토대를 마련하였다. 이 관점은 이후 클라인, 위니컷, 발린트 등의 대상관계 이론가들에게도 깊은 영향을 주었으며, 심리치료의 실천적 영역에서도 치유적 대상관계의 회복이라는 핵심적 임상 목표로 발전하였다.

02 자아분열과 내적 대상 형성

로널드 페어베언의 성격이론에서 핵심적 전환점 중 하나는 자아를 단순한 방어기제의 중재자나 본능의 수동적 산물이 아니라, 능동적으로 대상과 관계를 맺고 내면화하는 구조적 주체로 재정의 한 데 있다. 그는 인간의 심리 내에서 대상의 위치를 중심축으로 삼았으며, 자아의 분열과 내적 대상의 형성 과정을 통해 성격의 구조적 기원을 설명하고자 하였다.

페어베언에 따르면, 아동은 초기 생애에서의 중요한 대인경험을 단지 외현적 반응으로 처리하는 것이 아니라, 그것을 내면화하여 자아 내부에 내적 대상으로 저장한다. 이는 단순한 기억이나 이미지 수준이 아니라, 감정적으로 충전된 대상관계 패턴으로 존재하며, 이후 자아와의 역동적인 상호작용을 통해 성격의 핵심 틀을 구성한다.

특히 주목할 점은, 아동이 경험하는 대상이 수용적이고 양육적일 경우, 자아는 안정된 방식으로 통합될 수 있으나, 거절되거나 공감받지 못한 대상경험은 자아를 방어적으로 분열시킨다는 점이다. 이때 자아는 고통스러운 감정을 수용하거나 전체 자기를 위협하는 정서를 회피하기 위해, 경험을 이분화하여 '좋은 자아-대상'과 '나쁜 자아-대상으로 분할한다. 즉, 현실에서 경험한 대상이 양가적이거나 고통스러운 경우, 자아는 그 대상을 선악의 극단으로 분리하여 각각의 내적 대상과 관련된 자아의 일부분으로 분화하게 되는 것이다.

이러한 자아의 구조적 분열은 일시적이고 방어적인 기능에 그치는 것이 아니라, 심리적 발달 과정 전반에 걸쳐 고정화되거나 강화될 수 있다. 특히 부정적 대상경험이 반복되거나 해결되지 않을 경우, 아동은 자신의 전체 자아가 아닌, 분리된 부분 자아를 중심으로 세계를 해석하고 반응하게 되며, 이는 성격장애의 기초가 된다. 이와 같은 내적 대상 및 자아의 분열은 종종 무의식적 동일시, 내사, 투사 등의 심리기제를 통해 유지되며, 성인이 되어도 현실의 인간관계에 왜곡된 형태로 재현된다.

페어베언은 자아의 분열을 단순히 병리적 결과로 간주하지 않고, 자기 보존을 위한 적응적 반응으로 이해하였다. 아동이 사랑하고 의존해야 할 대상을 상실하거나 두려워할 때, 자아는 그 대상을 이상화하거나 사악한 존재로 나누어 내면화함으로써 자기의 생존을 보장하려 한다. 이러한 구조는 일종의 내적 세계를 형성하며, 이 내면화된 대상들과의 지속적인 관계는 개인의 감정, 사고, 행동 패턴에 깊이 작용한다.

결국 페어베언에게 있어 성격의 핵심은 이드, 자아, 초자아와 같은 본능 중심의 구조가 아니라, 내면화된 대상들과 자아의 분열된 부분들 간의 관계적 역동이다. 이는 성격병리를 이해함에 있어 환경과 관계의 질이 얼마나 결정적인지를 강조하는 동시에, 심리치료의 목표가 단순한 자아 강화가 아니라 분열된 자아의 통합과 내적 대상관계의 재구성에 있음을 시사한다.

이러한 이론은 후속 대상관계이론가들에게 심대한 영향을 미쳤으며, 발달적 트라우마, 애착이론, 분열적 성격장애에 대한 이해와 치료 개념에 중요한 기여를 하였다. 페어베언은 인간의 자아가 끊임없이 대상과의 관계 속에서 형성되고 변화한다는 점을 강조함으로써, 성격을 정태적 구조가 아닌 관계적이고 유동적인 존재로 이해하는 심리학적 패러다임을 제시한 것이다.

가. 좋은 자아 대상

로널드 페어베언의 대상관계 이론에서 중심적인 구조 개념 중 하나는 바로 '좋은 자아-대상'이다. 이는 초기 유아기의 긍정적인 대인경험이 내면화되어 자아 내에 형성된 부분 자아와 그에 상응하는 이상화된 내적 대상으로 구성된다. 이 구조는 아동이 경험한 사랑, 수용, 안정, 일관성과 같은 정서적 반응들이 내면화되어 형성되며, 자아 전체의 통합과 성숙한 대인관계 형성을 가능케 하는 핵심 요소로 작용한다.

페어베언은 인간의 심리적 동기를 근본적으로 관계 지향적 관계 욕구로 보았으며, 아동은 생득적으로 양육자와의 애착을 통해 자기 존재를 확인하고, 대상과의 안정된 정서적 연결을 통해 자아 정체감을 발달시킨다고 보았다. 이 과정에서 아동이 경험한 수용적이고 일관된 반응은 단순히 외부 행동으로만 저장되지 않고, 감정적으로 충전된 이상적 대상으로 내면화되며, 이를 통해 아동은 자기애적 안정감, 자기 가치감, 신뢰감을 획득하게 된다.

이상적 내적 대상과 결합된 좋은 자아는 자아 내에서 긍정적인 감정, 희망, 소속감, 유대감을 가능하게 하는 심리적 자원으로 기능한다. 이는 삶의 위기 상황이나 외적 대상의 결여가 발생했을 때에도 자아가 심리적으로 균형을 유지할 수 있도록 하는 내적 지지체계를 제공한다. 또한 좋은 자아-대상은 현실의 긍정적 대상과의 관계 형성을 촉진하며, 타인을 신뢰하고 애착을 지속하는 능력의 토대가 된다.

그러나 이 구조는 단순히 긍정적 감정을 저장하는 수동적 저장소가 아니다. 좋은 자아-대상은 심리 내에서 내면적 동일시를 가능하게 하며, 성인의 삶에서 반복되는 인간관계 속에서도 중요한 심리적 준거점으로 작용한다. 다시 말해, 인간은 자신의 좋은 자아-대상을 바탕으로 타인을 해석하고, 새로운 대상과의 관계를 맺는 데 있어 유연성과 신뢰를 유지할 수 있다. 또한 이 구조는 심리치료 과정에서 치료자와의 긍정적 전이의 기반이 되며, 치료적 개입의 효과를 안정적으로 지속시키는 데 기여한다.

페어베언은 이러한 좋은 자아-대상이 성격구조 내에서 갖는 중요성을 강조하면서도, 그 형성과 유지가 전적으로 환경에 의존하지는 않는다고 보았다. 그는 아동이 극심한 결핍이나 거절을 경험하더라도, 미약하나마 이상화된 대상을 만들어내는 심리적 창조성을 발휘할 수 있다고 보았으며, 이는 자기 보호와 통합의 욕구가 자아의 기본 성향임을 시사한다. 따라서 좋은 자아-대상은 단순히 주어진 대상의 모사물이 아니라, 자아가 자신을 방어하고 회복시키기 위한 심리적 상상과 재구성의 산물이기도 하다.

좋은 자아-대상은 자아 구조 내에서 정서적 안정, 자기 통합, 긍정적 자기상(self-image)을 유지하는 데 핵심적 역할을 하며, 건강한 성격의 기초를 이룬다. 또한 이는 심리치료의 장에서 재활성화되어 환자의 부정적 내적 대상과의 동일시를 해체하고, 새로운 대상관계의 서사를 구축하는 데 결정적인 치유적 기제로 작용한다. 따라서 좋은 자아-대상의 이해는 성격이론뿐만 아니라, 치료적 개입의 실천적 장면에서도 깊이 있는 통찰을 제공하는 핵심 개념이라 할 수 있다.

나. 나쁜 자아 대상

로널드 페어베언의 대상관계이론에서 성격구조의 병리적 기원을 설명하는 데 중심이 되는 요소 중 하나는 바로 '나쁜 자아-대상'의 형성이다. 이는 유아기 초기의 좌절된 관계경험이 자아 내부로 내면화됨으로써 형성되는 구조로, 아동이 정서적 욕구를 만족시키지 못한 대상을 단순히 외부 현실로 방기하는 것이 아니라, 그것을 자기 내부에 병리적으로 통합함으로써 자기대상 구조의 일부분으로 삼는 과정에서 출현한다.

페어베언은 인간의 정신 에너지가 본능적 쾌락이 아닌, 대상을 향한 관계 추구로 조직된다고 보았다. 이때 아동이 애착을 형성하려는 주요 대상이 지속적으로 거절적이거나 무관심하며, 심리적 학대를 유발하는 방식으로 반응할 경우, 그 부정적인 대인경험은 외부 현실에 남겨지지 않고 내면화된 거절하는 대상으로 전이된다. 그리고 자아의 일부분은 이러한 거절적 대상을 동일시하여, 이를 받아들이고 동조하는 방식으로 분열된다. 그 결과 자아는 '좋은 자아-대상'과 더불어, 공격적이고 혐오적인 태도를 가진 '나쁜 자아-대상'이라는 이중구조로 분열되는 것이다.

이때 형성되는 '반리비도 자아'는 본래 사랑을 추구했던 자아가 지속적인 거절과 정서적 학대에 노출되며, 그 고통을 차단하거나 회피하기 위한 방어기제로 전환된 자아의 일면이다. 반리비도 자아는 자신을 끊임없이 비난하고 억압하며, 자신이 원하는 대상을 동시에 증오하고 회피하는 이중적 정동을 내면에 품는다. 이것은 결국 자기 내부에 자기혐오, 자기파괴, 대인 불신과 같은 정서적 고리를 형성하게 된다.

페어베언은 이러한 '나쁜 자아-대상'의 구조가 단순히 일시적인 정서 반응의 잔재가 아니라, 지속적이고 고정된 내적 관계패턴으로 기능한다고 보았다. 즉, 이 구조는 개인이 이후 현실에서 경험하는 인간관계 속에서도 반복적으로 활성화되어, 대상이 자신을 거절할 것이라는 기대-기억을 강화시키고, 실제로 타인과의 친밀한 관계를 회피하거나 방해하는 결과를 낳는다. 이러한 반복은 곧 성격장애나 대인관계 장애로 이어지며, 개인은 관계 안에서 지속적인 좌절과 불안을 경험하게 된다.

더 나아가, 나쁜 자아-대상은 내면화된 대상일 뿐만 아니라, 자기 자신에게로 향하는 가학적 기제로 작용하기도 한다. 반리비도 자아는 종종 현실적 자아에 대해 가혹한 평가를 내리며, 내적 비평가로 기능한다. 이는 자존감을 파괴하고 자기 수용을 저해하며, 무가치감, 죄책감, 수치심과 같은 정동을 강화하는 방향으로 작용한다. 따라서, 나쁜 자아-대상은 심리 내에서 단순한 과거의 흔적이 아닌, 지속적인 자기 억압의 구조적 핵심으로 자리하게 된다.

치료적 맥락에서 이러한 구조를 다룬다는 것은 단지 과거의 부정적 경험을 해석하는 것을 넘어, 자아 내 분열된 부분들과 그들이 동일시한 내적 대상들 사이의 관계를 재구성하는 작업을 의미한다. 치료자는 환자와의 관계 속에서 새로운 대상이 되어, 반리비도 자아가 동일시한 거절적 대상과의 관계를 수정하고, 환자의 내면에 부정적 자기대상을 해체할 수 있는 대안적 정서 경험을 제공해야 한다. 이는 곧 자아통합의 회복과 건강한 자기 개념의 재구성을 가능하게 하는 핵심적 치료 과정으로 이어진다.

페어베언의 '나쁜 자아-대상' 개념은 단지 병리적 정서를 설명하는 도식적 범주가 아니라, 성격구조 내에서 지속적이고 반복적인 병리적 관계 양상을 이해하는 데 핵심적인 개념이다. 이는 대상관계이론 전반에 걸쳐 성격 병리와 정서적 내면화의 연관성을 해석하는 중요한 이론적 틀을 제공하며, 심리치료의 목표를 자아의 강화를 넘어서, 내면의 부정적 구조 해체와 새로운 관계 재건으로 확장시키는 데 결정적인 기여를 한다.

다. 성격구조 형성과 심리적 방어기제

페어베언은 고전적 정신분석이 성욕동과 쾌락 원리에 중심을 두었던 것과는 달리, 인간의 발달과 성격 형성의 근본 동인을 대상관계에서 찾는다. 즉, 인간은 본질적으로 관계 지향적인 존재이며, 성격은 자아가 외부 대상과 맺는 초기의 관계 경험 속에서 구조화된다고 본다.

페어베언의 이론에서 성격구조는 단일하고 통합된 자아로 출발하지 않는다. 유아기에서 외부 현실의 대상을 통해 욕구가 충족되지 않거나, 상처를 입는 부정적 경험이 반복될 경우, 자아는 이러한 고통을 처리하기 위해 방어적으로 분열을 통해 자기를 재구조화한다. 이때 형성되는 구조는 단순한 기능적 분화가 아니라, 자아와 대상의 상호작용에 기초하여 내적 대상 내면화를 포함하는 복잡한 심리적 구성물이다. 자아는 자신을 현실 대상과의 관계에 따라 분열시키며, 동시에 그 대상을 내면에 내사하여 자아 내부에 새로운 관계적 구조를 만든다. 이 과정에서 성격의 핵심이 되는 심리적 구조가 형성된다.

페어베언은 자아의 분열을 세 가지 주요 요소로 설명한다. 첫째는 중심자아로, 건강하고 통합된 자아의 일부이며 외부 현실과 적절한 관계를 유지하려는 경향을 가진다. 둘째는 억압된 나쁜 자아로, 좌절되고 거부된 경험을 통해 고통스러운 감정을 지닌 자아의 일부이다. 셋째는 억제된 좋은 자아로, 이상화된 대상을 향한 욕망과 동일시가 포함된 자아 측면이다. 각각의 자아 부분은 상응하는 내적 대상과의 관계를 맺으며 존재하는데, 이는 자아 내부의 자기-대상관계를 반영한다.

이러한 구조는 심리적 방어기제와 깊이 연결된다. 자아가 외부의 부정적인 경험, 특히 주요 애착대상으로부터 거부당하거나 학대받는 상황에 직면했을 때, 전체 자아로서는 그 고통을 감당할 수 없기 때문에 자아 일부를 분리시키고, 그 대상도 이상화되거나 분열된 형태로 내사한다. 예를 들어, 투사는 나쁜 대상과 나쁜 자아의 속성을 외부로 내던져 자신의 자아가 위협받지 않도록 하는 방어이다. 내사는 외부 대상을 내면화하여 내적 구조로 재구성하는 과정으로, 특히 이상화된 대상에 대한 욕망을 유지하고자 할 때 사용된다. 부인과 분열은 외부 현실과의 갈등이나 모순을 견디지 못하는 자아가 현실을 왜곡하여 받아들이거나, 모순된 감정이나 대상을 전혀 별개의 것으로 인식하는 데 작동한다.

결국 이러한 방어기제의 작동은 하나의 통합된 자아구조의 형성을 저해하며, 자아 내부에 다중의 관계 구조를 형성한다. 페어베언은 이 구조가 정신병리의 근원이 된다고 보았다. 특히 심한 외상적 경험이나 지속적인 애정 결핍은 자아가 더욱 파편화되고, 억압된 자아 부분과의 상호작용에서 고착된 내적 대상들과의 관계로 인해 대상관계 장애가 발생한다고 보았다. 이는 후에 성격장애의 심리적 기반으로 설명되기도 한다.

페어베언의 이론은 성격의 병리뿐 아니라, 건강한 성격 발달의 조건에 대한 통찰도 제공한다. 통합된 자아는 외부 현실과의 안정적인 관계를 통해 형성되며, 긍정적인 내적 대상의 내면화가 가능할 때 성숙한 자기 정체감과 관계 능력이 확립된다. 따라서 치료적 개입은 억압된 자아 부분의 인식을 회복하고, 왜곡된 내적 대상 구조를 수정하며, 중심 자아가 현실과 건강한 관계를 회복하도록 돕는 방향으로 이루어진다.

이처럼 페어베언의 성격이론은 자아의 분열과 내적 대상 형성을 통해 성격구조의 형성과 심리적 방어기제를 통합적으로 설명하며, 이는 현대 대상관계이론과 정신 역동적 치료이론의 중요한 기초가 되었다.

라. 내면화된 대상

페어베언의 내면화된 대상은 단순히 외부 대상의 표상이 아닌, 자아의 특정 부분이 정서적 갈망과 방어적 필요에 의해 분리되어 형성된, 심리 내적으로 살아있는 구조적 실체로 간주된다.

유아는 발달 초기, 외부 환경에서 충분한 애정과 안정감을 얻지 못할 경우, 외적 대상을 향한 욕구가 좌절되며 이로 인해 강한 욕동적 긴장과 불안을 경험한다. 이때 유아는 고통을 회피하고 심리적 생존을 도모하기 위해 외부의 대상을 내면화하고, 그와 동시에 자신의 자아를 특정 방식으로 분열시키는 방어기제를 작동시킨다. 이 과정에서 형성된 내면화된 대상은 단순한 기억이나 표상이 아니라, 정동적으로 강하게 충전된 실존적 존재로 자아 구조 내에 고정된다.

페어베언은 자아를 세 가지 주요 구성요소로 분화시켰다: 중심 자아, 수용적 자아, 그리고 거부적 자아. 각각의 자아는 내면화된 대상과의 독립적인 관계 속에 존재하며, 이 관계들이 성격구조의 핵심을 이룬다. 예컨대, 수용적 자아는 유아의 수용과 애착 욕구를 대변하며, 주로 이상화된 좋고 사랑받는 대상을 내면화한 구조와 연합된다. 반면, 거부적 자아는 거절되고 좌절된 공격적 충동을 품고 있으며, 가학적이고 거부적인 내면 대상과 연결된다. 이러한 대상은 종종 원초적 공격성, 무시, 학대 또는 냉담함을 상징하며, 성인의 병리적 대인관계와 자기표상에 강력한 영향을 미친다.

이처럼 페어베언은 내면화된 대상을 자아의 분열된 파편과 긴밀히 연결하여 이해하였다. 내면화는 외부 대상과의 관계에서 유래된 상처와 갈망을 자아 내부로 흡수한 것이며, 이는 단지 '외부 대상의 대체물'이 아니라 자아 내에서 고착되어 반복 강박적 행동, 자기 비난, 타자에 대한 투사적 동일시, 대상 중심적 인격 구조의 고착 등으로 이어질 수 있다. 내면 대상은 무의식 속에서 실질적인 존재처럼 기능하며, 외부 현실을 지각하고 해석하는 방식에도 왜곡을 유발한다.

따라서 내면화된 대상은 페어베언 이론에서 성격구조와 병리 형성의 핵심 요인이다. 특히 유년기의 주요 애착 대상이 충분히 수용적이지 못하고, 정서적 학대나 무시에 기반할 경우, 아동은 나쁜 대상이라 하더라도 그것을 버리는 대신 내면화하여 관계를 지속하려 한다. 이는 대상 상실의 공포로부터 자아를 보호하는 동시에, 고통스러운 현실을 심리적 구조로 전환시키는 방어기제로 작용한다. 이러한 내면 대상은 자아 내에 고착되어, 이후 성인의 삶에서 자기비난, 불안정한 애착, 반복되는 관계 패턴 등의 근원이 된다.

페어베언은 자아의 분열과 내면화된 대상의 형성을 통해 성격이론을 구조화함으로써, 인간 내면에서의 정동적 대상관계의 실재성과 그것이 정신병리와 성격 형성에 미치는 영향을 심도 있게 조명하였다. 내면화된 대상은 단지 과거 대상의 심상에 그치지 않으며, 자아의 기능적 부분과 결합하여 일종의 심리적 실존으로 지속되며, 이는 정신분석적 치료과정에서 '재현'되고 해석되어야 할 핵심 내용이 된다.

03 병리적 성격과 부정적 대상관계

로널드 페어베언의 성격이론은 고전적 정신분석의 쾌락원칙 중심의 충동이론을 비판하며, 인간의 근본적 동기를 '대상관계'의 욕구로 재정립한 점에서 대상관계이론의 선구적 전환점을 이룬다. 페어베언은 특히 병리적 성격구조의 형성과정에서 "자아의 분열"과 "부정적 대상관계"의 내면화가 핵심적인 역할을 한다고 보았으며, 이는 정신병리의 구조적 기제를 설명하는 중요한 개념적 기초로 작용한다.

페어베언에 따르면, 아동은 외부 현실에서 사랑과 안정, 돌봄이라는 긍정적 정서적 경험을 기대하지만, 반복적으로 실망하거나 부정적 정서와의 접촉을 경험할 경우, 이는 감내하기 어려운 심리적 갈등과 정서적 고통을 유발하게 된다. 이러한 갈등에 대처하기 위해 아동의 자아는 방어적 분열을 통해 자신을 여러 하위 자아로 분할하게 되며, 이는 그 자체로 병리적 성격구조의 형성으로 이어진다. 이때 분열된 자아는 각기 다른 내면화된 대상 내지 대상-자기 관계를 중심으로 구성되며, 이는 외현적으로는 모순된 행동패턴이나 정서적 혼란으로 나타난다.

페어베언은 자아의 구조를 단일하고 통합된 실체로 보지 않고, 현실자아, 거부된 자아, 그리고 수용된 자아로 분화된 역동적 체계로 이해하였다. 현실자아는 현실에 적응하고자 하는 기능적 자아이며, 거부된 자아는 거부적 대상과의 내면화된 관계를 담당하며 자기혐오와 자기 도착적 방어를 생산한다. 반면 수용된 자아는 매혹적이거나 자극적인 부정적 대상을 내면화하며, 현실과의 분리를 통해 불안정한 만족을 추구한다. 이러한 자아의 분열은 방어기제로 기능하지만, 장기적으로는 통합된 자기감(self-cohesion)의 손실을 초래하여 인격의 경계가 불분명해지고, 결국 병리적 성격장애로 발전할 수 있다.

부정적 대상관계는 이러한 자아분열 과정에서 중심적으로 작용하는 심리적 구조이다. 아동은 외부 대상의 거부, 무시, 착취 또는 학대와 같은 부정적 정서 경험을 그대로 내면화함으로써, 그 부정적 대상이 자아 내에 고정된 내적 대상으로 자리잡게 된다. 이는 이후의 모든 대인관계 속에서 부정적 대상과 동일시하거나 반복적으로 그러한 관계를 재현하려는 경향을 강화하게 된다. 이러한 내적 대상과의 관계는 현실 대상과의 적절한 상호작용을 방해하며, 자기 파괴적 행동이나 관계회피, 감정의 탈 인격화, 또는 양가감정의 고착 등의 증상을 유발할 수 있다.

이와 같은 페어베언의 병리적 성격구조 이론은 특히 경계선 성격장애, 자기애성 성격장애, 분열형 성격구조 등에서 관찰되는 내적 혼란과 관계적 왜곡을 설명하는 데 있어 유용한 개념 틀을 제공한다. 그는 전통적 정신분석이 주장했던 충동의 방출과 억압의 기제를 넘어서, 인간이 본질적으로 '관계를 갈망하는 존재'라는 점에 주목하였고, 이 관계의 실패가 자아의 분열과 병리적 인격의 기반이 됨을 강조하였다.

요컨대, 페어베언의 이론에서 자아의 분열은 단지 방어기제 차원의 문제가 아니라, 자아 구조 자체의 병리적 재구성이라는 점에서 성격장애의 형성 원리를 근본적으로 재정의 한 시도라 할 수 있다. 그의 이론은 정신병리를 관계의 관점에서 분석하고, 심리치료의 목적 역시 내면화된 부정적 대상을 해체하고 통합된 자아 구조를 회복하는 데 있음을 시사한다. 이는 대상관계이론과 현대 정신 치료적 접근의 기초를 형성하는 중요한 사상적 유산으로 평가된다.

가. 우울성 성격

로널드 페어베언의 성격이론에서 우울적 성격은 자아의 분열과 병리적 대상관계에 기인한 병리적 성격구조의 일환으로 이해된다. 페어베언은 고전적 정신분석에서의 쾌락 원칙에 기반 한 충동 이론을 비판하고, 인간의 본질을 대상 추구의 존재로 보았다. 이에 따라 병리의 핵심은 충동의 좌절이 아니라, 외부 대상을 통한 관계의 단절 또는 왜곡된 내면화에서 비롯된다고 보았다. 우울적 성격은 이러한 왜곡된 내적 대상관계의 결과로 형성되며, 이는 특히 거절적이거나 박탈적인 초기 대상과의 상호작용 속에서 발전한다.

우울적 성격은 사랑의 대상으로서의 주요 양육자의 부재, 거부, 또는 감정적 박탈에 대한 아동기 초기 경험에 뿌리를 두고 있다. 이러한 경험은 아동의 자아가 사랑받지 못하고 무가치하다는 인식을 내면화하게 만들며, 자아는 거절된 외부 대상을 내부로 끌어들여 내적 대상으로 삼게 된다. 그러나 이 내적 대상은 이상화되거나 왜곡된 형태로 존재하며, 자아는 이 부정적 내적 대상과 동일시하면서 자기 비난, 죄책감, 수치심 등의 감정에 사로잡히게 된다.

페어베언은 자아가 방어기제로서 자기 구조를 분열시켜 '중심 자아', '억압된 자아', '거절한 자아'와 같은 복수의 자아 요소들을 형성한다고 보았다. 우울적 성격에서 중심 자아는 외부 현실과의 적절한 관계를 맺기 어렵고, 억압된 자아는 끊임없이 사랑을 갈망하며, 거절한 자아는 자기 자신을 내적으로 공격하는 역할을 한다. 이는 외부의 비난이나 처벌보다 더 강력한 내부의 공격적 대상에 의해 지속적인 자기비판과 자존감 손상을 야기한다.

우울적 성격의 개인은 내면적으로는 타인과의 진정한 관계를 맺고자 하나, 부정적 대상관계가 반복적으로 재현되기 때문에 사랑과 애착의 가능성에 대해 깊은 불신을 지닌다. 이들은 외부의 수용적 대상에 대해서조차 자신이 결국 거절당할 것이라는 확신을 가지고 있으며, 이는 자발성과 자기표현을 제한하고 대인관계에서 지나치게 수동적이거나 자기를 희생하는 양상으로 드러나기도 한다. 이러한 양상은 자아의 분열적 구조 속에서 자기애적 결핍과 도덕적 자아의 과잉 발달로 인해 더욱 강화된다.

페어베언의 이론에서 우울적 성격은 자아의 병리적 분열과 부정적 내적 대상의 내면화에 기반한 자기 파괴적 성향으로 정의되며, 이는 외부 현실과의 진정한 대상관계를 회복하는 과정을 통해서만 치유될 수 있다. 치료적 접근은 이러한 왜곡된 내적 대상과 자아의 상호작용을 재통합하고, 방어적 분열을 완화하며, 긍정적이고 현실적인 대상관계를 새롭게 형성하도록 돕는 것을 핵심으로 한다. 이는 전이 분석과 역전이의 작업을 통해 환자의 내면에 자리 잡은 부정적 대상관계를 이해하고 수정함으로써 가능하다.

나. 강박적 성향

로널드 페어베언의 성격이론에서 강박적 성향은 자아의 분열 및 병리적 성격구조와 밀접하게 연관되어 있으며, 이는 특히 부정적인 내적 대상관계의 맥락 속에서 더욱 심화된다. 페어베언은 인간의 정신 내적 역동을 단순한 본능 충족의 문제로 보지 않고, 대상관계에 대한 욕구, 즉 타자와의 정서적 유대 형성을 중심 개념으로 삼았다. 이 이론적 틀에서 강박적 성향은 초기의 외상적 또는 좌절된 대상관계로부터 기인한 심리적 고착이며, 그 핵심에는 '거절되었으나 이상화된 대상'에 대한 내면화가 존재한다.

자아의 분열은 페어베언 이론의 중심적 구조이며, 이는 '중심 자아', '억압된 자아' 및 '거절된 자아'와 같은 내적 자아의 부분들로 나뉘며, 각각은 특정한 내적 대상과의 관계 속에서 기능한다. 강박적 성향을 가진 개인의 경우, 거절된 자아는 종종 벌하고 통제하는 내적 대상을 동일시하며, 이 내적 대상은 비판적이며 처벌적인 부모상을 투사적으로 내면화한 것이다. 그 결과, 자아의 일부는 이러한 가혹한 내적 대상과 동일시되어 스스로를 비난하거나 강박적 사고, 의심, 반복행동 등의 방식으로 자기를 감시하고 통제한다.

이와 같은 병리적 대상관계는 감정의 억압과 통제를 통해 무의식적 불안을 회피하려는 방어기제로 작용한다. 특히 강박적 성향은 타자에 대한 애착 욕구와 관계의 불안정성 사이의 긴장을 해결하기 위한 구조화된 반응이며, 이는 주체가 안정적 대상관계를 구성하지 못한 상태에서 고안한 일종의 심리적 고립 전략이다. 페어베언의 이론에 따르면, 강박적 성향은 애초에 '좋은 대상'에 대한 접근이 차단되거나 좌절된 경험으로 인해 발생하며, 그 결과 자아는 이를 대체할 부정적 내적 대상과 병리적 관계를 맺게 된다.

강박적 성향의 또 다른 중요한 측면은 내면화된 부정적 대상이 때로는 이상화되기도 한다는 점이다. 이는 대상의 실제 특성과 무관하게, 유아기 아동이 생존을 위해 의존했던 외적 인물에게 환상을 부여하고, 그 관계를 유지하려는 자아의 방어적 기제가 작동한 결과이다. 이때 자아는 부정적 대상을 이상화하고 동일시하며, 이와 같은 내면화된 상을 기준으로 자신과 타인을 평가하는 강박적 판단기준을 형성한다. 결국, 강박적 성향은 내적 자아구조가 단일하고 통합되지 못한 상태에서, 내적 대상의 억압, 분열, 이상화, 동일시를 통해 구축된 병리적 대상관계의 결과로 이해될 수 있다.

이와 같이 페어베언의 이론은 강박적 성향을 단순한 증상이나 행동의 문제가 아닌, 심층적이고 구조화된 내면세계의 역동으로 파악하며, 그 핵심에는 부정적 대상관계와 자아의 분열이 상호작용하는 병리적 성격구조가 자리하고 있다. 치료적 개입은 이 병리적 구조 속에서 반복되는 내면화된 대상과의 동일시를 해석하고, 억압된 자아의 회복과 보다 성숙한 대상관계의 형성을 가능하게 하는 데 초점을 맞추게 된다.

다. 분열적 성향

로널드 페어베언의 성격이론에서 자아의 분열과 병리적 성격구조는 주로 초기 관계경험에서의 결핍과 대상관계의 왜곡된 내면화에 의해 형성되며, 이러한 구조 내에서 분열적 성향은 핵심적인 병리적 역동으로 간주된다. 페어베언은 전통적 정신분석의 쾌락추구 모델을 비판하고, 인간은 본질적으로 만족의 대상이 아닌 "관계적 대상"을 추구하는 존재라고 보았다. 이에 따라 자아는 리비도적 충동을 표현하는 기관이 아니라, 외부 대상을 향해 나아가고자 하는 본질적 구조로 이해된다. 그러나 현실에서의 부모나 주양육자 와의 초기 관계에서 아동이 지속적으로 거부되거나 정서적 수용이 결여될 경우, 아동은 자신의 욕구와 감정을 대상과의 관계 속에서 안전하게 표현할 수 없게 되며, 이는 자아의 방어적 구조화와 분열로 이어진다.

페어베언의 이론에서 자아는 방어기제로서의 분열을 통해 자기 내부에 '좋은 내적 대상'과 '나쁜 내적 대상'을 형성하며, 동시에 그에 상응하는 '좋은 자아'와 '나쁜 자아'로 이중화된다. 이러한 분열은 전체적 자아 기능의 통합을 방해하며, 특히 분열적 성향이 강한 인격 구조에서는 외부 세계와의 현실적 상호작용보다는 내적 세계 내에서의 투사된 대상과의 관계가 심리적 우위를 점하게 된다. 이때의 분열적 성향은 자기 내면에서 외부 대상을 이상화하거나 박해적으로 인식하게 만들며, 현실적인 관계 속의 모순이나 애착의 감정의 교차를 처리하지 못하게 된다. 예컨대, 외부 대상이 실망을 주거나 애착적 불안을 유발하면, 이는 자아 내부에서 '나쁜 대상'으로 분열되어 격리되며, 나머지 자아는 '좋은 대상'에만 매달리거나 회피적인 방어태도를 취하게 된다. 이러한 내적 분열은 인격 전반에 걸친 일관성과 정서적 응집성을 저해하며, 자기 경험의 단절, 관계에서의 회피, 감정의 둔감화 또는 이상화-비난의 반복적 패턴으로 나타나게 된다.

특히 페어베언이 주목한 병리적 성격구조에서의 분열적 성향은 단지 일시적 방어기제가 아닌, 성격의 조직 원리로서 작동한다는 점에서 심오한 함의를 가진다.

즉, 자아는 외적 대상과의 충돌을 통합적으로 처리하지 못하고, 부정적 감정과 경험을 내면의 고립된 영역에 투사함으로써 전체 자아의 분열을 심화시키며, 이는 종종 조현형 성향이나 경계선 성격구조로 진전될 수 있다. 이러한 분열의 심화는 대상관계의 고립, 내적 세계에 대한 과잉 동일시, 그리고 현실검증 기능의 약화로 이어지며, 전반적인 정서조절 능력과 자기감에 대한 통합적 인식이 손상된다.

페어베언의 성격이론에서 분열적 성향은 초기 외상적 대상경험에 대한 심리적 적응의 결과로 형성된 방어적 자아구조의 핵심 요소로 이해된다. 자아는 외부의 위협적 또는 거부적인 대상을 내면화하면서 그에 따른 감정과 태도를 분열시켜 병리적 성격구조를 구성하게 되며, 이는 이후의 대인관계에서 반복적인 정서적 고립과 왜곡된 대상관계를 초래하는 심층적 병리로 기능한다. 이러한 통찰은 현대 대상관계이론과 정신 역동적 심리치료의 병리적 성격 이해 및 치료 접근에 중요한 이론적 기초를 제공하고 있다.

04 내적 대상 통합과 재구성

로널드 페어베언의 성격이론에서 중심 개념 중 하나는 내적 대상의 통합과 재구성이다. 그는 전통적인 정신분석 이론과는 달리, 인간의 성격 형성과 병리적 구조를 이해하는 데 있어서 충동 중심 모델에서 관계 중심 모델로 전환하였다. 즉, 욕동 이론이 아니라 대상관계 이론을 통해 성격 발달을 설명하였으며, 특히 자아가 경험하는 내적 세계의 구조와 그 재구성 과정에 초점을 두었다.

페어베언에 따르면, 초기 애착 대상을 향한 아동의 정서적 욕구가 충족되지 않으면, 아동은 실망과 상처를 반복적으로 경험하게 되고, 이에 대응하여 자아는 방어적인 분열을 통해 상처 주는 외부 대상을 내면화하게 된다. 이 내면화된 대상은 단순한 기억이나 표상이 아니라, 감정이 부착된 내적 대상으로 자아 안에 자리 잡게 되며, 이는 곧 자아구조의 핵심적인 부분을 형성한다. 페어베언은 이와 같은 내적 대상이 단지 수동적으로 존재하는 것이 아니라, 자아와 지속적인 상호작용을 하며 성격구조를 구성하고 유지한다고 보았다.

병리적인 내적 대상은 대개 거부적 또는 착취적 속성을 지니며, 이는 아동기 부모나 주요 타자와의 불건강한 관계에서 비롯된다. 이러한 대상은 자아의 일부를 억압된 자아 혹은 거부된 자아와 같은 하위구조로 분리시키고, 자아는 이들 병리적 내적 대상과 병리적 관계를 유지하면서 자기 정체성을 구성하게 된다. 이때 자아는 고통을 주는 대상을 떠나지 못하고, 오히려 그것에 집착하게 되는 역설적인 구조를 가지며, 이는 곧 강박적 성향이나 자기 파괴적 행동의 근거가 된다.

이러한 내적 대상은 통합되지 못한 채 분열된 구조로 자아 내부에 존재하며, 반복적인 관계 패턴 속에서 재현된다. 그러나 치료적 개입을 통해 자아는 점차 이 내적 대상을 재인식하고, 재해석하며, 감정적으로 재 경험하는 과정을 거치게 된다. 이때 가장 핵심적인 변화는, 내적 대상이 절대적이고 전능한 존재가 아니라, 과거의 경험에 의해 왜곡된 대상이라는 사실을 인식하게 되는 것이다. 이로써 자아는 내적 대상을 전면적으로 거부하거나 이상화하는 양극단을 넘어서, 보다 현실적이고 통합적인 방식으로 재구성할 수 있게 된다.

페어베언은 이러한 과정을 내적 대상의 통합이라 명명하며, 이는 곧 자아의 통합적 기능이 회복되는 과정을 의미한다고 보았다. 이 통합은 단순한 병리의 제거가 아니라, 감정적 진실성과 자아정체성의 복원을 동반하는 깊이 있는 심리적 변화를 수반한다. 이러한 통합 과정을 통해 자아는 과거의 상처를 가진 채로도 기능적으로 작동할 수 있는 유연성과 회복력을 얻게 되며, 대인관계와 자기이해에 있어서 보다 성숙한 양상을 보이게 된다.

결국, 페어베언의 성격이론에서 내적 대상의 통합과 재구성은 병리적 성격구조의 해체와 건강한 성격구조의 회복을 위한 핵심 과정이며, 이는 치료적 변화의 궁극적 목표로 설정된다. 이 과정은 개인이 외부 현실뿐 아니라 내면세계와의 관계를 재구성하며, 새로운 자아상을 구축해 나가는 심리적 여정을 포함한다. 이와 같은 이론은 특히 반복적이고 고착된 병리적 관계 패턴을 가진 내담자에게 깊이 있는 통찰과 회복의 가능성을 제공하는 데 유용하다.

가. 자아의 재통합

로널드 페어베언의 성격이론에서 내적 대상의 통합과 재구성은 자아의 병리적 분열을 극복하고 보다 건강한 심리적 기능을 회복하는 핵심 과정이며, 그 중심에는 자아의 재통합이 위치한다. 페어베언은 고전적 정신분석의 충동 이론을 거부하고, 인간의 본질적 동기를 대상관계에 대한 욕구로 보았으며, 자아가 단지 본능의 봉사자가 아니라 독립적이고 능동적인 실체로 기능한다고 주장하였다. 이러한 이론적 전환 속에서 그는 병리적 성격구조의 기저에 있는 자아의 분열을 주요한 심리적 메커니즘으로 제시하였다.

자아의 분열은 아동기 초기의 관계에서 경험된 실망, 좌절, 혹은 정서적 박탈에 대한 방어적 적응 양상으로 나타난다. 아동은 외부 대상을 선한 대상과 나쁜 대상으로 분열시키는 동시에, 자신의 자아 역시 이들 대상과의 상호작용에 따라 중심자아, 수용자아, 억압자아로 분할한다. 이러한 자아의 분열은 일시적으로 심리적 고통을 회피하게 하지만, 지속될 경우 통합된 자아 발달을 방해하고, 고착된 내적 대상관계를 형성하여 성격 병리를 초래한다.

따라서 성숙한 성격 발달과 치료적 회복을 위해 필수적인 과정은 분열된 자아의 통합, 즉 자아의 재통합이다. 이 통합 과정은 기존에 고착되었던 병리적 내적 대상과의 동일시를 재평가하고, 왜곡된 대상을 보다 현실적이고 통합된 형태로 재구성함으로써 가능하다. 특히 수용자아와 억압자아의 이원적 대립이 해소되고, 중심자아가 강화됨으로써 보다 현실 지향적인 자아정체성이 형성된다. 이 과정에서 과거의 나쁜 내적 대상은 전능하거나 절대 악적인 이미지로부터 탈신화화되어, 양가감정을 수용하는 통합된 내적 대상으로 변형된다.

페어베언에 따르면, 이러한 자아의 재통합은 단순한 방어 해제나 충동 해방이 아닌, 관계적 의미 재구성의 산물이다. 다시 말해, 환자는 과거 내면화된 대인관계를 재해석하고, 분열된 감정과 기억을 자아 전체에 통합시킴으로써 대상관계의 왜곡을 수정한다. 이는 치료자와의 현실적이고 신뢰할 수 있는 대상관계를 통해 촉진되며, 치료적 전이 안에서 기존의 병리적 대상을 반복하는 대신 새로운 대인경험을 구축함으로써 가능하다. 결과적으로 자아는 더 이상 고립되고 단편화된 상태가 아닌, 타자와의 상호성 속에서 자율성과 관계성을 동시에 지닌 통합된 주체로 성장할 수 있게 된다.

페어베언의 이론에서 자아의 재통합은 단지 병리의 치유를 의미하는 것이 아니라, 인간이 관계적 존재로서 살아가기 위한 핵심적인 심리적 구조의 재형성을 뜻한다. 이는 실존적 의미에서 인간이 자신의 상처와 결핍을 직면하고, 그것을 포괄하는 새로운 정체성을 구성하는 심리적 창조행위이기도 하다. 요컨대, 자아의 재통합은 대상관계 이론의 핵심 개념 중 하나로서, 페어베언이 제시한 관계적 주체로서의 자아라는 성격이론의 중심축을 형성한다.

나. 성숙한 대상관계

로널드 페어베언의 성격이론에서 내적 대상의 통합과 재구성 과정은 성숙한 대상관계의 형성과 밀접하게 연관되어 있으며, 이는 자아 발달의 궁극적인 목표이자 심리적 건강의 핵심 지표로 간주된다. 페어베언은 전통적인 정신분석이론과 달리 성적 충동이나 본능적 만족보다 대상관계 자체, 즉 타자와의 정서적 유대와 소통을 인간 심리의 중심축으로 보았다. 그의 이론에서 성숙한 대상관계란, 초기의 분열된 내적 대상 구조가 통합되고, 자기와 타인을 현실적인 존재로 인식하며 상호주관적 관계를 형성할 수 있는 심리적 상태를 의미한다.

초기 아동기의 트라우마나 정서적 결핍은 자아가 '좋은 대상'과 '나쁜 대상'을 분열시켜 내면화하는 방식을 낳으며, 이 과정은 자기(self)의 부분적 분열과 병리적 내적 대상 구조의 형성으로 이어진다. 이때 유아는 수용적 자아, 거절된 자아, 그리고 고립된 자아와 같은 부분자아를 형성하며, 각각은 특정 내적 대상과 결합되어 고착된다. 이러한 분열된 구조는 자아의 통합성을 저해하고, 현실 대상과의 관계에서도 왜곡된 반응을 초래한다.

성숙한 대상관계는 이러한 병리적 내적 구조를 재구성하고 통합함으로써 가능해진다. 이 과정은 정신 내적 방어기제, 특히 분열과 투사적 동일시의 감소와 관련되며, 자아는 점차 고립된 파편들을 통합하여 하나의 전체적인 주체로 형성된다. 내적 대상의 통합은 더 이상 이상화되거나 악마화되지 않고, 긍정적 속성과 부정적 속성을 모두 포함한 현실적 존재로서의 타인을 수용하는 것을 가능하게 한다. 이때 자아는 자기의 공격성과 애정, 의존성과 독립 욕구를 보다 조화롭게 수용할 수 있으며, 이러한 통합적 자아는 외부 대상과의 성숙한 상호작용을 가능하게 한다.

성숙한 대상관계의 특징은 첫째, 타인에 대한 양가감정의 수용, 둘째, 정서적 거리 조절의 능력, 셋째, 타인의 주관성을 인정하는 태도, 넷째, 관계에서의 상호 책임성의 수용 등으로 설명될 수 있다. 이는 자아가 자기중심적 투사를 줄이고 타자의 독립성과 복합성을 이해할 수 있는 수준에 도달했음을 의미한다. 따라서 성숙한 대상관계는 자아의 재통합과 내적 대상의 재구성을 통해 이루어지는 관계적 역량의 성숙화로서, 정신치료의 핵심 목표이자 건강한 성격구조의 기준이 된다.

로널드 페어베언의 성격이론에서 성숙한 대상관계란, 자아의 분열을 극복하고 내적 대상과의 병리적 동일시에서 벗어나 통합된 자아로서 현실의 타인과 안정적이고 지속적인 정서적 관계를 맺을 수 있는 상태를 지칭한다. 이는 단순히 외부 현실에 적응하는 것이 아니라, 내면세계에서의 대상 재구성과 정서적 통합이라는 심층적 변화를 통해 이루어지며, 진정한 의미에서의 인간관계의 가능성을 열어주는 핵심적 심리구조로 평가된다.

Chapter 7

하인즈 하트만의 성격이론

01 자아의 자율성과 1차·2차 자율기능

하인즈 하트만은 자아심리학의 창시자로서, 전통적 정신분석학이 본능(Id) 중심으로 인간 심리를 이해하던 경향을 넘어, 자아의 독립적 발달 가능성과 환경 적응 능력을 강조하였다. 그는 자아를 단순히 본능 충동을 조절하거나 억제하는 소극적 기제로 보지 않고, 환경과의 상호작용 속에서 자율적으로 기능하며 개인의 적응과 성장에 핵심적인 역할을 수행하는 능동적 구조로 개념화하였다. 이러한 관점에서 하트만은 자아의 자율성을 1차 자율기능과 2차 자율기능으로 구분하여 설명하였다.

1차 자율기능은 출생 시점부터 비교적 독립적으로 주어진 자아의 선천적 기능을 의미한다. 이들 기능은 본능적 충동의 만족 여부와 무관하게 발달할 수 있으며, 외부 환경과의 상호작용 속에서 안정적으로 작동한다. 예를 들어, 지각, 기억, 운동조정, 언어습득 등은 본능적 긴장과 직접적인 갈등 없이 발달 가능한 자아의 능력이다. 이러한 기능들은 초기 발달 과정에서 아동이 현실 세계를 인식하고, 환경에 적응하며, 기본적인 학습과 사회화를 수행할 수 있는 토대를 제공한다. 하트만은 이러한 1차 자율기능이 개인의 생존과 발달에 필수적인 기반이며, 심리적 건강의 핵심 요소라고 보았다.

1차 자율기능 사례로, 한 영아가 생후 몇 주 만에 어머니의 얼굴을 시각적으로 인식하고, 미소를 짓는 행동을 보이는 경우를 생각해 보자. 이는 특정한 사회적 훈련이나 경험이 없어도 발휘되는 지각과 표정 반응이라는 1차 자율기능의 발현이다. 이러한 기능은 환경과의 초기 관계 형성을 촉진하며, 이후 정서적 유대와 애착 발달의 기반이 된다.

2차 자율기능은 원래 본능 충동이나 심리적 갈등의 해결 과정에서 형성되었으나, 시간이 흐르면서 해당 갈등과 무관하게 독립적으로 작동하게 된 자아의 후천적 기능을 말한다. 초기에는 방어기제나 불안 감소 전략으로 나타났던 특정 행동 양식이나 기술이, 이후 학습과 경험을 통해 독립적인 능력으로 전환되는 것이다.

예를 들어, 특정한 불안을 회피하기 위해 습득한 문제 해결 전략이 시간이 지나면서 일상적 과제 해결 능력으로 발전하거나, 본래 갈등 상황에서 형성된 자기통제 기술이 일반적인 인내심과 목표 지향성으로 발달하는 경우가 이에 해당한다. 이러한 2차 자율기능은 개인이 복잡한 사회적 요구와 도전에 대응하고, 자아의 유연성을 확보하며, 장기적인 자기성장을 가능하게 한다.

2차 자율기능 사례로, 아동이 레고 블록을 이용해 구조물을 만드는 활동을 반복하며, 점차 복잡한 설계와 공간적 사고 능력을 발달시키는 경우를 들 수 있다. 초기에는 단순한 놀이 충동에서 출발하지만, 시간이 지나면서 계획 수립, 문제 해결, 인내심 등 현실 적응에 필요한 고차원적 인지 능력으로 발전한다. 이러한 과정은 본능과 무관한 새로운 기능 영역에서 발휘되므로, 전형적인 2차 자율기능의 예라 할 수 있다.

하트만의 자아 자율성 개념은 자아를 단순한 본능 조절 기제로 축소하지 않고, 독립적 발달과 환경 적응의 주체로 인정한다는 점에서 정신분석학의 중요한 확장으로 평가된다. 특히 1차 자율기능은 인간 발달의 선천적 기반을, 2차 자율기능은 학습과 경험을 통한 후천적 성취를 대표함으로써, 자아 발달의 연속성과 변형 가능성을 설명하는 핵심 틀을 제공한다. 이러한 이해는 심리치료에서 내담자의 적응 자원을 평가하고 강화하는 데 실질적인 이론적 토대를 마련하며, 정신병리의 분석에서도 자아 기능의 결함이나 왜곡을 체계적으로 파악하는 기준을 제공한다.

02 환경에 대한 적응과 자아의 역할

하인즈 하트만은 인간의 심리적 구조와 발달을 이해하는 데 있어 자아의 기능적·적응적 측면을 강조하였다. 전통적 정신분석학에서 자아는 본능과 초자아 사이의 갈등을 조정하는 중재자 역할에 주로 한정되었으나, 하트만은 자아가 환경에 능동적으로 적응하며 현실과의 상호작용 속에서 창조적 기능을 수행하는 독립적 심리구조로 재정립하였다. 그는 특히, 자아가 갈등-자유 영역에서 작동하는 능력을 통해 환경 변화에 효과적으로 대응한다고 보았다. 이러한 관점은 자아를 단순한 방어기제 관리자에서, 발달과 성장의 주체로 확장시킨 것이다.

03 성격 발달에서의 자아와 본능의 관계

하인즈 하트만은 프로이트의 정신분석학적 구조 모형을 계승하면서도, 자아의 기능을 단순히 본능의 충동을 억제하거나 중재하는 소극적 장치로 보지 않았다. 그는 자아를 환경과의 상호작용 속에서 능동적으로 발달하는 심리적 구조로 재정립하였으며, 특히 본능과의 관계를 고정된 대립 구도로 한정하지 않고, 발달 과정 속에서 변증법적으로 변화하는 역동적 관계로 이해하였다.

성격 발달 초기 단계에서 자아는 본능적 충동과 긴밀하게 결합되어 있으며, 주로 1차 과정 사고를 통해 즉각적인 욕구 충족을 지향한다. 이 시기 자아는 본능의 에너지를 직접적으로 수용하며, 충족 지연이나 현실 검증 능력이 미숙한 상태에 머문다. 그러나 성장과 더불어 자아는 환경 경험과 학습을 통해 점차 현실원칙에 따라 작동하는 2차 과정 사고를 발달시키며, 본능적 충동을 현실과 사회 규범에 부합하도록 조정·변형하는 기능을 강화한다.

하트만은 이러한 발달 과정에서 자아가 본능의 에너지를 단순히 억압하는 것이 아니라, 승화와 같은 적응적 경로를 통해 사회적으로 유용한 활동으로 전환시킬 수 있다고 보았다. 예를 들어, 공격적 충동은 스포츠나 창작 활동으로, 성적 에너지는 예술·학문적 성취로 전환될 수 있다. 이러한 전환 과정은 자아가 본능 에너지를 재구성하는 창조적 능력을 지녔음을 보여준다.

또한 그는 본능과 자아가 항상 갈등 관계에 있는 것은 아니라고 주장하였다. 자아의 일부 기능은 갈등-자유 영역에서 발달하며, 이 영역에서 자아와 본능은 상호 보완적 관계를 형성할 수 있다. 예컨대 탐색과 호기심이라는 본능적 경향은 자아의 인지·문제해결 능력과 결합하여 학습과 창조성을 촉진한다.

성격 발달의 성숙 단계에서 자아는 본능적 에너지를 현실적·사회적 요구에 맞추어 조정하는 동시에, 본능의 원초적 활력을 보존하여 개인의 생동감과 창의성을 유지한다. 즉, 자아와 본능은 억압과 저항의 관계를 넘어, 긴장 속의 균형을 통해 개인의 성격구조를 형성하는 양대 축으로 작용한다. 이러한 관점에서 하트만의 이론은 자아를 수동적 억제 장치가 아닌 적응적 변형의 주체로 자리매김시키며, 성격 발달을 단순한 갈등 해소 과정이 아니라 본능과 자아의 창조적 상호작용 과정으로 확장하였다.

04 정신병리와 방어기제의 기능

하인즈 하트만은 정신병리를 단순히 병리적 증상의 집합으로 보지 않고, 자아의 적응 기능과 환경 요구 간의 균형이 붕괴된 상태로 이해하였다. 그의 관점에서 정신병리는 자아가 본능적 충동(Id), 초자아, 그리고 외부 현실 사이의 조화를 유지하지 못하거나, 갈등-자유 영역에서 발휘되는 자율기능이 심각하게 손상될 때 발생한다. 즉, 병리의 핵심은 단순한 충동 과잉이 아니라, 자아가 이를 현실적으로 조정·통합하는 기능을 상실하는 데 있다.

하트만은 자아가 환경에 효과적으로 적응하지 못하면 방어기제의 활용이 과도하거나 경직된 형태로 나타난다고 보았다. 방어기제는 본래 심리적 균형을 유지하고 불안을 경감시키기 위한 자아의 보호 기능이지만, 그 작동 방식과 강도에 따라 적응적일 수도, 병리적일 수도 있다. 예를 들어, 억제나 유머는 사회적 맥락 속에서 긴장을 완화시키는 기능을 수행할 수 있으나, 부인이나 투사가 지속적·경직적으로 사용되면 현실 검증 능력의 손상과 대인관계 왜곡을 초래할 수 있다.

정신병리에서 방어기제는 다음과 같은 이중적 역할을 수행한다. 첫째, 단기적으로는 자아를 압도하는 불안과 심리적 위협으로부터 개인을 보호하여 즉각적인 심리 붕괴를 방지한다. 둘째, 장기적으로는 지나치게 경직된 방어 패턴이 자아의 발달과 환경 적응을 저해하며, 반복적·고정적 사고 및 행동 양식을 강화한다. 하트만은 특히 방어기제가 갈등-자유 영역의 자율 기능을 잠식할 경우, 창의성, 학습능력, 문제해결 능력과 같은 발달 잠재력이 제한된다고 지적하였다.

그의 이론에서 정신병리를 이해하는 핵심은, 방어기제가 본능 충동과 현실 요구 사이의 긴장을 조절하는 과정에서 어떻게 작동하는지를 분석하는 것이다. 자아가 적절히 발달한 경우 방어기제는 유연하게 선택·변형되며, 상황에 따라 그 강도가 조절된다. 반면, 자아가 미숙하거나 손상된 경우 특정 방어기제가 과도하게 고착되어 현실 적응 능력이 심각하게 저하된다.

결국 하트만의 시각에서 정신병리는 방어기제의 실패나 왜곡된 사용만이 아니라, 자아 기능 전반의 손상과 관련된 구조적 문제로 이해된다. 치료 목표는 단순히 방어기제를 제거하는 것이 아니라, 자아의 적응적 기능을 회복·강화하고, 방어기제를 보다 현실적이고 유연한 형태로 재구성하는 데 있다. 이를 통해 내담자는 본능, 초자아, 그리고 현실 세계 사이의 균형을 회복하며, 심리적 안정과 성장 가능성을 되찾을 수 있다.

Chapter 8

마거릿 말러의 성격이론

01 정상 자폐기

정상 자폐기는 마거릿 말러의 성격발달이론에서 출생 직후 약 생후 4주 전후까지 지속되는 최초의 심리발달 단계로, 영아가 외부 세계와의 상호작용보다는 주로 내적 생리적 요구와 신체적 항상성(homeostasis)의 유지에 에너지를 집중하는 시기이다. 이 시기 아기는 심리적·인지적 차원에서 아직 자기와 외부 대상을 구분하지 못하며, 외부 자극에 대한 반응 역시 제한적이다. 말러는 이 단계를 '정상'으로 규정한 이유를, 이는 병리적 의미의 자폐적 위축이 아니라 발달 과정상 자연스럽고 필연적으로 나타나는 자기중심적 폐쇄 상태로 보았기 때문이다.

이 시기의 주된 발달과제는 생리적 욕구 충족과 생존을 위한 기초적 신체기능의 조절이다. 영아는 주로 수면과 섭식을 반복하는 생활 주기를 가지며, 자극에 대한 반응성은 주로 원초적 반사행동에 의존한다. 심리적 에너지는 외부 세계의 탐색보다는 내적 항상성 유지와 불쾌감의 최소화에 투입되며, 정서적 반응 또한 쾌·불쾌의 이분법적 수준에 머문다. 이러한 상태는 신경계와 감각기관의 미성숙, 그리고 환경에 대한 선택적 주의 능력의 부재와 관련이 있다.

정상 자폐기에서 어머니의 역할은 영아의 생리적 욕구를 적절히 충족시켜 주고, 자극을 과도하게 가하거나 결핍시키지 않는 균형 잡힌 양육 환경을 제공하는 것이다. 이 시기 양육자가 제공하는 안정적이고 예측 가능한 자극은 이후 발달 단계에서 '심리적 안전기반(secure base)'의 토대가 된다. 비록 영아가 의식적으로 어머니를 인식하지 못하더라도, 반복되는 양육 패턴과 감각 경험은 무의식적으로 내면화되어 초기 대상관계 형성의 잠재적 기반을 마련한다.

말러는 이 단계를 지나면서 아기가 점차 외부 환경과 접촉을 늘리고, 생후 1~2개월경 '정상 공생기'로 이행한다고 설명하였다. 정상 자폐기는 발달적으로 매우 짧은 시기이지만, 초기 생리적 안정과 감각적 경험이 이후 자아경계(self-boundary) 형성, 자기대상관계(self-object relation) 발달, 그리고 분리-개별화 과정에서의 심리적 적응력에 장기적으로 영향을 미친다. 따라서 이 단계는 단순히 신체 생존만의 의미를 가지는 것이 아니라, 심리적 발달의 기초 토대를 마련하는 핵심 시기로 이해될 수 있다.

02 정상 공생기

정상 공생기는 말러의 성격발달이론에서 출생 후 약 1개월에서 5개월에 해당하는 시기로, 영아가 정상 자폐기를 지나 외부 환경에 대한 반응성을 확장하고, 특히 주 양육자인 어머니와의 심리적 결속을 형성하는 중요한 발달 단계이다. 이 시기 아기는 자기와 외부 대상을 여전히 명확히 구분하지 못하지만, 이전 단계와 달리 어머니의 존재를 생존과 정서적 안정의 중심축으로 인식하기 시작한다.

'공생(symbiosis)'이라는 용어는 생물학적 상호의존 관계를 비유적으로 차용한 것으로, 아기와 어머니가 심리적·정서적 차원에서 하나의 융합된 단위로 경험되는 상태를 의미한다. 아기의 내적 세계에서 어머니는 전능하고 절대적인 보호자이자, 욕구 충족의 유일한 원천으로 표상된다. 이러한 경험은 초기 대상관계의 원형을 형성하며, 이후 분리-개별화 과정에서 안정적 애착의 토대가 된다.

정상 공생기의 핵심 발달과제는 '심리적 유대(psychological attachment)'와 '기본 신뢰(basic trust)'의 구축이다. 아기는 어머니가 제공하는 따뜻한 신체 접촉, 안정적인 수유, 일관된 반응 패턴을 통해 세상을 안전하고 예측 가능한 장소로 내면화한다. 이러한 경험은 에릭슨(E. Erikson)이 제시한 '기본적 신뢰 대 불신'의 발달과업과도 밀접하게 연계된다.

이 시기 아기는 어머니의 표정, 목소리, 촉감 등을 점차 변별하기 시작하며, 이러한 감각 경험을 반복적으로 내면화함으로써 대상항상성(object constancy)의 초기 형태가 서서히 준비된다. 그러나 이 단계에서는 아직 자기와 대상 간 경계가 형성되지 않았기 때문에, 어머니의 부재는 즉각적인 불안과 심리적 동요를 유발할 수 있다. 이로 인해 정상 공생기는 안정적 애착 형성에 있어 민감한 시기로 간주되며, 양육자의 반응성(responsiveness)과 일관성이 발달 궤도에 결정적인 영향을 미친다.

말러는 정상 공생기를 발달적으로 필수적인 융합 단계로 보았지만, 이 시기가 지나치게 길어지거나, 반대로 충분히 경험되지 못한 경우에는 이후 분리-개별화 단계에서 심리적 어려움이 나타날 수 있다고 지적했다. 예를 들어, 양육자의 부재, 불안정한 양육 태도, 과도한 자극 결핍은 아기의 심리적 안전기반(secure base) 형성을 방해하여 불안정 애착이나 병리적 의존성을 초래할 가능성이 있다.

따라서 정상 공생기는 단순히 아기와 어머니가 함께 있는 시기가 아니라, 정서적 융합과 안정적 애착의 기초를 확립하는 심리발달의 결정적 시기로 이해된다. 이 단계에서 형성된 내적 경험과 대인관계 표상은 이후 전 생애에 걸쳐 관계의 질과 자기감 형성에 깊은 영향을 미친다.

03 분리-개별화 단계

분리-개별화 단계는 말러의 성격발달이론에서 생후 약 5개월부터 24개월 전후까지 이어지는 장기적 발달 시기로, 아기가 심리적 융합 상태였던 정상 공생기를 벗어나 점차 자기와 대상의 경계를 인식하며 독립적 존재로 발달하는 과정을 의미한다. '분리(separation)'는 물리적·심리적 측면에서 어머니와의 융합 상태에서 벗어나는 과정을, '개별화(individuation)'는 자신만의 고유한 정체성과 자율성을 확립하는 과정을 지칭한다. 이 시기는 자아경계(self-boundary)의 형성과 안정적 자기감(self-coherence) 확립을 위한 결정적 시기로 평가된다. 말러는 이 단계를 다시 네 개의 하위 단계로 구분하였다.

가. 분화

마거릿 말러(Margaret Mahler)의 성격이론에서 분화 개념은 초기 아동 발달에서 자아와 대상의 경계가 점진적으로 형성되는 심리사회적 과정을 설명하는 핵심적 요소로 이해된다. 말러는 특히 생후 0~3년 사이의 영아 발달 과정을 모체와의 심리적 관계 속에서 분석하며, 이 시기를 전 분화, 분화, 개별화 단계로 구분하였다. 그중 분화 단계는 영아가 자신과 외부 대상, 특히 주 양육자인 어머니와의 관계에서 독립적 정체성을 형성하기 시작하는 시기로, 자아의 구조적 구별과 자기-대상 구분 능력이 본격적으로 발달하는 시점이다.

분화 단계에서 아동은 자신과 어머니의 감각적·심리적 경험을 구분하기 시작하며, 이는 자아와 타자의 초기 경계 설정으로 이어진다. 말러는 이 과정을 '심리적 분화'로 명명하며, 영아가 자신의 신체적 경험, 감정적 반응, 욕구와 외부 환경 및 타인의 반응을 점차 독립적으로 인식하게 되는 과정을 강조한다. 이 시기에 나타나는 대표적 행동으로는 모체와의 시선, 신체 접촉, 감정적 교류를 통한 자아-대상 분화, 환경 탐색 행동 등이 있으며, 이러한 행동은 아동의 자기정체성과 타자 인식 능력 발달의 기초가 된다.

분화 과정에서 중요한 심리적 기제 중 하나는 '분리-개별화'의 초기 하위 과정인 '정서적 분화'이다. 영아는 모체와의 심리적 융합 상태에서 점차 분리되어 자신의 감정과 욕구를 독립적으로 경험하며, 이는 불안과 좌절을 수반할 수 있지만, 이를 안전하게 경험하고 조절하는 능력은 자아통합과 심리적 회복력 형성에 필수적이다.

또한, 분화 단계에서의 성공적 발달은 이후 자아기능과 대상관계의 안정성을 확보하는 기반이 되며, 자기통제, 현실검증, 상징화 능력과 같은 고차원적 심리 기능의 성숙과도 직결된다. 반대로, 분화 과정에서 충분한 심리적 지지가 결여되거나 과도한 불안이 반복될 경우, 성격구조 내 경계 불명확성, 자기-대상 혼동 등의 병리적 패턴이 형성될 가능성이 있으며, 이는 장기적으로 불안정한 애착, 자기 정체성 혼란, 성인기의 대인관계 문제로 연결될 수 있다.

말러의 분화 개념은 초기 모체-영아 상호작용 속에서 자아와 외부 대상의 경계를 점진적으로 확립하고, 심리적 독립성과 자기정체성을 형성하는 과정으로 정의되며, 이는 성격구조의 근간과 건강한 심리적 발달을 이해하는 데 있어 필수적인 이론적 틀을 제공한다.

나. 연습기

마거릿 말러(Margaret Mahler)의 성격이론에서 연습기는 영아 발달의 분화-개별화 과정 중 중요한 하위 단계로, 생후 약 9~16개월 전후에 나타나는 행동적·심리적 현상을 설명하는 개념이다. 이 시기는 영아가 신체적 이동 능력, 특히 보행 능력을 획득함에 따라 외부 환경과의 상호작용 영역이 급격히 확장되는 시점으로 정의된다. 연습기의 핵심적 특징은 자율성과 탐색적 행동의 극대화이며, 이를 통해 아동은 자기와 외부 대상, 특히 모체와의 심리적·물리적 경계를 보다 명확하게 인식하게 된다.

연습기 동안 영아는 보행, 기어가기, 물체 조작과 같은 신체적 능력을 적극적으로 활용하여 환경을 탐색하며, 이러한 행동은 심리적 분리 경험과 밀접하게 연결된다. 말러는 이 시기의 영아를 '자기-행위' 중심적 존재로 보았으며, 행동적 독립성과 주체적 경험을 통해 자아통합과 자기정체성의 기초가 형성된다고 설명한다. 또한, 연습기는 모체와의 안전기지 관계 속에서 이루어지며, 아동은 모체로부터 일정한 심리적 안정감을 얻은 상태에서 탐색 행동을 수행함으로써 불안과 좌절을 경험하고 이를 조절하는 능력을 학습한다.

심리적 기제 측면에서 연습기는 자기-대상 구분의 정교화와 관련이 깊다. 영아는 이동 능력을 통해 모체와 물리적 거리를 확보하고, 동시에 주 양육자의 반응과 지지를 반복적으로 경험하면서 자기와 타자의 경계를 인식한다. 이러한 과정에서 나타나는 분리불안은 정상적 발달의 일부로 간주되며, 이는 영아가 자신의 독립적 행동과 모체의 존재를 동시에 조율하는 능력, 즉 상보적 의존 능력 발달에 기여한다.

연습기는 또한 고차원적 자아기능 발달과 연계된다. 탐색과 자율적 활동을 통해 영아는 현실검증, 자기조절, 상징화와 같은 기능의 초기 토대를 마련하며, 이는 성격구조의 안정성과 심리적 회복력 형성에 중요한 역할을 한다. 반대로, 연습기 동안 모체의 과도한 통제 또는 과소 반응이 지속될 경우, 영아는 자기-대상 혼동, 경계 불명확, 불안정한 자아통합과 같은 발달적 취약성을 경험할 수 있으며, 이는 이후 성인기의 자율성과 대인관계 패턴에 장기적 영향을 미칠 수 있다.

말러의 연습기 개념은 아동이 신체적 이동 능력과 탐색 행동을 기반으로 자기-대상 경계를 심화하고 자율적 자아를 경험하는 결정적 시기로, 분화-개별화 과정에서 독립성과 안전감, 탐색과 의존의 균형을 동시에 성취하게 하는 발달적 전환점으로 이해된다.

다. 재접근기

말러의 재접근기는 분화-개별화 과정의 연장선상에서, 영아가 자신의 자율성을 획득한 이후 나타나는 심리사회적 발달 단계로 정의된다. 재접근기는 대략 생후 15~24개월 전후에 나타나며, 연습기 동안 확립된 탐색적 행동과 신체적 자율성 이후, 아동이 독립적 행동과 모체에 대한 심리적 의존 간의 갈등을 경험하면서 나타나는 심리적 조정 과정이 핵심이다. 말러는 이 단계를 통해 아동이 자기와 타자, 특히 주 양육자인 모체와의 관계에서 안전감과 독립성을 동시에 통합하려고 시도한다고 보았다.

재접근기 동안 영아는 적극적으로 환경을 탐색하면서도, 동시에 모체에게 반복적으로 돌아가 신체적 접촉과 정서적 교감을 통해 심리적 안정감을 확인하는 '접근-회피 양상'을 나타낸다. 이러한 행동은 자율적 행위와 의존적 필요 사이의 상보적 긴장으로 설명되며, 아동은 이 과정을 통해 자기-대상 경계의 정교화와 정서적 통합을 경험한다. 즉, 재접근기는 아동이 자기 독립성을 확인하면서도 대상과의 애착관계를 안정적으로 유지하는 능력을 발달시키는 결정적 시기이다.

심리적 기제 측면에서 재접근기는 분리불안과 자기-대상 긴장의 반복적 경험을 통해 자아통합 능력과 정서 조절 능력을 강화하는 단계로 설명된다. 아동은 모체의 수용적 반응과 일관적 지지를 경험함으로써, 자기정체성과 대상관계의 안정성을 동시에 성취하게 된다. 반대로, 이 시기에 과도한 제한적 통제나 일관되지 않은 양육이 지속될 경우, 아동은 자기-대상 혼동, 경계 불명확, 그리고 불안정한 자아구조 등의 발달적 취약성을 경험할 수 있으며, 이는 장기적으로 성인기의 대인관계 패턴과 자율성 발달에 부정적 영향을 미칠 수 있다.

재접근기는 또한 상징화와 현실검증, 자기조절과 같은 고차원적 자아기능 발달과 밀접히 연계된다. 아동은 반복적 탐색과 재접근 과정 속에서 자기 행동과 환경, 대상의 반응 간의 관계를 점차 체계화하며, 이는 장차 사회적 상호작용과 정서적 조절 능력의 토대를 형성한다.

말러의 재접근기 개념은 아동이 연습기에서 획득한 자율성과 탐색적 능력을 바탕으로, 대상과의 안정적 애착관계를 재확인하며 자아와 타자 간 경계를 정교화하는 단계로 정의되며, 분화-개별화 과정에서 독립성과 의존, 탐색과 재접근이라는 상보적 과업을 통합함으로써 건강한 성격구조의 형성과 정서적 성숙을 가능하게 하는 발달적 전환점으로 이해된다.

라. 대상항상성 확립기

말러의 대상항상성 확립기는 분화-개별화 과정의 최종 단계로, 영아가 자기와 대상 사이의 안정적 심리적 관계를 내면화하여 지속적이고 일관된 자아-대상관계 구조를 형성하는 시기를 의미한다. 이 단계는 일반적으로 2세 후반에서 3세 전후에 나타나며, 아동의 심리적 성숙과 정서적 안정감, 자아통합의 핵심적 기반을 마련한다. 대상항상성 확립기는 단순히 외적 대상의 지속적 존재를 인식하는 차원을 넘어, 대상과의 심리적 관계를 내적 심상으로 안정화하고, 정서적 경험을 통합적 방식으로 조직할 수 있는 능력의 발달을 강조한다.

이 단계에서 아동은 모체나 중요한 타자와의 일시적 분리에도 불구하고, 대상의 지속적 존재와 사랑의 일관성을 내적 표상으로 유지할 수 있으며, 이를 통해 심리적 불안을 자기조절 능력으로 관리하게 된다. 즉, 대상항상성은 아동이 외부 대상과의 분리 상황에서도 안정적 정서 상태를 유지할 수 있는 내적 구조의 형성을 의미하며, 이는 성격구조의 안정성과 정서적 회복력의 핵심 요인으로 작용한다.

심리적 기제 측면에서 대상항상성 확립기는 자기-대상 통합과 긴밀히 연결된다. 아동은 이전 단계에서 경험한 연습기와 재접근기 동안의 탐색적 독립성과 대상 재접근 경험을 종합하여, 자기와 대상 간의 상호의존적 관계를 내면화한다. 이를 통해 아동은 타인의 존재와 감정을 지속적으로 예측하고, 감정적 상호작용에서 발생하는 긴장을 조절하며, 상징화와 현실검증 능력을 고도화하게 된다.

대상항상성 확립기는 또한 성격 발달에서 애착과 자기정체성의 안정성을 동시에 강화하는 단계이다. 아동은 내적 대상 표상을 통해 모체 또는 중요한 타자의 지지와 보호 경험을 지속적으로 상기하고, 이를 자기정체성과 자율적 행동 계획에 통합함으로써, 대인관계적 안정감과 심리적 독립성을 동시에 확보한다. 반대로, 이 단계에서 충분한 안정적 경험이 결여되거나 반복적 좌절이 누적될 경우, 아동은 자기-대상 혼동, 경계 불명확, 그리고 지속적 불안정한 자아 구조와 같은 발달적 취약성을 경험하게 되며, 이는 성인기 대인관계와 정서적 조절 능력에 장기적 영향을 미칠 수 있다.

말러의 대상항상성 확립기 개념은 아동이 자기와 대상 간의 내적 표상을 안정적으로 조직하고, 독립성과 의존, 탐색과 관계 유지를 통합함으로써 성격구조의 근간을 완성하는 결정적 단계로 정의된다. 이 단계의 성공적 발달은 건강한 자아통합, 안정된 대상관계, 그리고 정서적 성숙을 가능하게 하는 핵심적 기반으로 작용하며, 성격 발달의 종착점이라 할 수 있다.

04 정서적 대상항상성 단계

정서적 대상항상성 단계는 말러의 성격발달이론에서 분리-개별화 과정을 마무리하며 약 생후 24개월 전후부터 3세 이후까지 이어지는 발달 단계로, 아동이 애착 대상의 부재에도 불구하고 그 대상의 내적 표상을 안정적으로 유지할 수 있게 되는 시기를 의미한다. 이 단계에서 형성되는 '정서적 대상항상성'은 단순한 기억 능력이 아니라, 애착 인물에 대한 안정된 정서적 표상과 관계의 지속성에 대한 신뢰감을 포함한다.

이 시기 아동은 자기와 대상을 분리된 존재로 확실히 인식하며, 물리적 거리나 일시적 분리 상황에서도 대상에 대한 애정과 신뢰를 유지할 수 있는 심리적 능력을 획득한다. 이는 애착 안정성의 핵심 지표로 간주되며, 대상이 부재하는 동안에도 내면화된 대상 표상이 정서적 위안을 제공한다. 예를 들어, 어머니가 일시적으로 자리를 비우더라도, 아동은 과거 경험과 내적 표상을 통해 '어머니는 돌아올 것'이라는 확신을 유지하며 정서적 균형을 유지할 수 있다.

정서적 대상항상성의 발달은 자기감과 자기정체성의 안정화와 밀접하게 연결된다. 아동은 양육자와의 일관된 상호작용, 긍정적인 정서적 경험, 그리고 예측 가능한 돌봄을 통해 안정된 대상 표상을 구축하게 된다. 반대로, 양육자의 부재가 장기적이거나, 반응성이 불안정하며, 애정과 돌봄의 질이 변동이 심한 경우, 아동은 대상 표상의 안정성을 확립하는 데 어려움을 겪어 불안정 애착, 대인관계 불신, 혹은 경계선 성격 경향으로 이어질 가능성이 있다.

이 단계에서의 또 다른 중요한 발달 과업은 정서조절 능력의 향상이다. 아동은 내적 대상 표상을 활용하여 불안을 완화하고, 부정적 정서를 조절하며, 외부 자극에 대한 반응성을 보다 유연하게 관리할 수 있게 된다. 이러한 정서조절 능력은 이후 사회적 관계의 질과 회복탄력성을 결정하는 핵심 요인이 된다.

말러는 정서적 대상항상성의 성취를 건강한 심리 발달의 이정표로 간주하였으며, 이는 단순히 분리-개별화 과정의 종결을 의미하는 것이 아니라, 이후 전 생애에 걸쳐 지속되는 자기감과 관계 유지 능력의 기초를 확립하는 과정으로 보았다. 즉, 이 단계에서 확립된 안정된 내적 대상 표상은 성인이 된 이후에도 친밀한 관계를 형성하고 유지하며, 스트레스 상황에서 정서적 균형을 회복하는 데 중요한 심리적 자원이 된다.

Chapter 9

에리히 프롬의 성격이론

01 실존적 불안과 인간존재의 조건

에리히 프롬의 성격이론은 인간을 단순히 생물학적 본능에 의해 규정되는 존재로 이해하지 않고, 자기 인식과 자유의 가능성을 가진 실존적 주체로 파악한다. 프롬에 의하면 인간은 다른 동물들과 달리 자연적 본능에 의해 완전히 결정되지 않으며, 스스로를 성찰하고 자신의 삶을 의미화할 수 있는 존재이다. 그러나 이러한 능력은 동시에 실존적 불안이라는 근원적 문제를 발생시킨다. 인간은 의식과 자유를 획득함으로써 자연으로부터 분리되었고, 그 결과 고립감과 소외감을 경험하게 되었다.

프롬은 이러한 실존적 조건을 인간 존재의 근본적인 이중성으로 설명하였다. 한편으로 인간은 개별적이고 독립적인 주체로 살아가야 하지만, 다른 한편으로는 소속과 일체성을 추구하는 욕구를 포기할 수 없다. 따라서 인간은 항상 자유와 소속, 자율성과 의존성 사이에서 긴장을 경험하며, 이러한 긴장이 심리적 불안으로 드러난다. 특히 자기 존재의 유한성과 죽음의 불가피성은 인간이 피할 수 없는 실존적 공포를 불러일으킨다.

이러한 불안은 단순한 병리적 현상이 아니라 인간 실존의 필연적 조건으로 이해된다. 프롬은 인간이 이러한 근원적 불안을 회피하거나 억압할 경우, 다양한 성격적 왜곡이나 사회적 병리가 나타난다고 보았다. 예컨대 권위주의적 복종, 파괴적 충동, 혹은 무비판적 순응은 모두 불안을 회피하려는 잘못된 방식의 표현이다. 반대로 인간이 실존적 불안을 직면하고 창조적으로 극복할 때, 그는 생산적 성격으로 성장하며 자유와 사랑, 창조성을 통해 자기실현을 이룰 수 있다.

따라서 프롬에게 있어서 인간 존재의 기본 조건은 곧 불안과 자유의 변증법적 관계라 할 수 있다. 인간은 자유를 통해 자기 정체성을 확립할 수 있지만, 그 자유는 고립과 불안을 동반한다. 이 실존적 불안을 어떻게 대면하고 변형하느냐가 인간 성격의 본질적 구조를 결정짓는 핵심 요소이다. 결국 프롬은 인간을 "불안에서

도피하는 존재"가 아니라, "불안을 통해 성숙으로 나아가는 존재"로 이해하였다. 이러한 관점은 성격이 단순히 내적 심리 과정의 산물이 아니라, 인간이 실존적 조건과 어떻게 관계 맺느냐의 결과임을 분명히 드러낸다.

에리히 프롬(Erich Fromm)의 성격이론에서 핵심적으로 다루어지는 주제는 인간 존재가 지닌 근원적 조건과 그로부터 파생되는 실존적 불안이다. 프롬은 인간을 단순히 생물학적 충동에 의해 규정되는 존재로 보지 않고, 자기 인식과 초월적 가능성을 지닌 독특한 실존적 주체로 이해하였다. 인간은 자연 질서 안에서 살아가는 동물이면서 동시에 자연을 넘어서는 의식과 자유를 가진 존재이기에, 필연적으로 이중적 긴장과 내적 갈등을 경험한다.

가. 자연 분리와 자아 각성

에리히 프롬의 인간은 태생적으로 자연의 일부로 존재하며 초기 발달 단계에서는 환경과의 동일성 속에서 자신을 분리된 주체로 인식하지 못하고 안정된 융합 상태를 경험하지만 의식과 자아가 점차 발달하면서 더 이상 본능적 질서와 자연적 동일성 속에 머물 수 없게 되고 세계와 자기 자신을 구별하는 주체적 존재로 각성하게 되며 이는 생물학적 분리와 더불어 심리적·실존적 분리를 의미한다.

이러한 분리는 인간으로 하여금 자유와 자율성을 획득하게 하는 동시에 원초적 소속감의 상실로 인한 고립감과 불안을 경험하게 만드는 양가적 성격을 지니며 따라서 분리는 축복이자 저주로 작용한다.

자아의 각성은 인간이 단순히 본능에 종속된 자연적 존재가 아니라 의미를 탐구하고 가치를 창출하는 문화적·역사적 존재로 전환됨을 가능케 하며 자기 성찰과 반성적 사고를 통해 인간은 도덕적 선택과 책임적 결단을 내리는 주체로 성장하게 된다.

그러나 동시에 인간은 세계 속에 홀로 선 고립된 자아로서 실존적 불안을 경험하게 되며 이는 자유로부터의 도피라는 다양한 방어기제로 표출될 수 있다.

프롬은 권위주의적 복종, 파괴적 충동, 기계적 동일화를 자유로부터의 도피 기제로 제시하였는데 이는 인간이 불안과 고독을 견디지 못하고 외적 힘이나 체계에 의존하려는 경향을 설명한다.

하지만 자아의 각성은 동시에 인간에게 자유와 책임을 수용할 수 있는 잠재력을 부여하며 진정한 자유는 단순한 해방이나 타율적 구속의 부정이 아니라 자발적 자기실현과 타자와의 창조적 결합 속에서 실현된다. 이러한 점에서 프롬은 인간의 성숙한 발전을 긍정적 자유, 즉 자기 초월과 능동적 활동으로 정의하였고 이는 사랑과 창조성이라는 형태로 구현된다.

사랑은 단순히 본능적 결합이 아니라 자율적이고 자발적인 유대의 방식으로 인간이 고립을 극복하고 자유롭게 타자와 하나 되는 과정이며 창조성은 인간이 자기 초월을 경험하고 새로운 의미와 가치를 생산하는 능동적 활동이다.

따라서 자연으로부터의 분리와 자아의 각성은 인간에게 불안을 안겨주지만 동시에 성숙한 인간성으로 발전할 수 있는 토대를 제공하며 이는 인간이 자유를 회피하는 병리적 경향을 따를 것인지 아니면 사랑과 창조성의 생산적 지향성을 추구할 것인지의 갈림길을 제시한다.

프롬은 이러한 과정을 문명사적 맥락에서도 설명하면서 인류의 역사를 자연과의 동일성에서 벗어나 자아를 확립해 가는 과정으로 이해하였으며 고대 사회에서는 집단적 동일성 속에 머물던 인간이 점차 개인으로 분화되고 근대에 이르러 주체적 자유와 개인적 자율성이 강조되었으나 이는 동시에 소외와 고립을 심화시켜 현대 사회에서 인간은 기계적 체계와 물질적 가치에 종속되는 또 다른 형태의 분리를 경험하게 되었다고 보았다.

결국 자연으로부터의 분리와 자아의 각성은 인간 존재의 이중성을 드러내며 인간은 더 이상 단순한 자연적 존재가 아니라 자유와 책임을 지닌 문화적·역사적·윤리적 존재로 자리매김하게 되고 불안과 고립을 극복하며 진정한 자유를 살아가기 위해 사랑과 창조성을 통해 자기 초월을 실현해야 한다.

나. 자유와 고립의 변증법

에리히 프롬은 인간 실존의 구조적 긴장을 설명하는 가장 핵심적인 주제 가운데 하나로, 인간은 본능적 동일성과 자연적 구속에서 벗어남으로써 자유라는 고유한 실존적 조건을 획득하지만 동시에 그 자유는 근본적인 고립이라는 불가피한 결과를 수반한다.

프롬에게 있어서 자유는 단순한 해방의 상태가 아니라 인간이 자기 자신을 독립적 주체로 인식하고 세계와 타자와의 관계 속에서 자율적 결단을 내릴 수 있는 능동적 가능성으로 이해되지만, 이러한 자유의 경험은 자연과의 원초적 결속을 상실한 고립의 체험과 언제나 결부되어 있다. 즉 자유와 고립은 상호 대립적이면서도 동시에 서로를 전제하는 변증법적 구조를 이루는데, 자유가 확대될수록 인간은 외부의 구속으로부터 벗어나 자기 주체성을 강화하게 되지만 그만큼 외부의 안전망으로부터 분리되어 고독과 불안을 심화시키게 된다.

반대로 고립의 체험은 인간을 다시금 새로운 관계와 연대의 필요성으로 몰아넣어 자유를 적극적으로 실현할 수 있는 가능성을 자극하기 때문에 자유와 고립은 서로를 배제하는 것이 아니라 변증법적으로 상승하는 긴장 속에서 인간 존재의 진로를 결정한다.

프롬은 이 변증법이 인간 성격의 근본적 방향성을 규정한다고 보았으며, 고립을 견디지 못한 개인은 권위주의적 복종, 파괴적 충동, 기계적 동일화와 같은 자유로부터의 도피 기제를 통해 불안을 완화하려 하지만 이러한 경향은 성숙한 자유의 실현을 방해하고 자아를 외부 권력이나 체계에 종속시킨다.

그러나 고립을 수용하고 그 불안을 창조적 에너지로 전환하는 개인은 자율적 사랑, 생산적 활동, 자기 초월을 통해 긍정적 자유를 실현하게 되며 이는 곧 고립의 조건을 창조적으로 극복하는 방식이 된다.

따라서 자유와 고립의 변증법은 인간에게 두 가지 상반된 가능성을 동시에 제시하는데, 하나는 불안을 피하기 위한 도피적 동일화의 길이며 다른 하나는 불안을 견디고 자기실현을 통해 성숙한 인간성으로 나아가는 길이다.

이러한 맥락에서 프롬은 자유를 부정적 자유와 긍정적 자유로 구분하였다. 부정적 자유는 단순히 외적 권위와 구속으로부터 해방된 상태를 의미하며, 이는 종종 무력감과 방향 상실, 그리고 고립의 심화를 초래한다.

반면 긍정적 자유는 자기 존재의 주체성을 인식하고 사랑과 창조성을 통해 타자 및 공동체와 능동적으로 결합하는 상태를 의미하며, 이는 고립을 극복하고 인간 본연의 잠재력을 발현시키는 성숙한 자유의 양식이다.

이 구분은 자유와 고립의 변증법적 관계를 가장 분명히 드러내는 지점으로, 인간은 자유를 통해 고립을 경험하고 고립을 극복함으로써 새로운 차원의 자유를 획득한다.

프롬의 성격이론에서 자유와 고립의 변증법은 인간 실존의 양극적 조건을 설명하는 동시에, 성격 발달의 방향성과 사회문화적 구조의 형성을 이해하는 핵심 원리로 기능한다.

인간은 자유를 통해 자기 자신을 확립하는 동시에 고립이라는 실존적 부담을 떠안아야 하며, 그 고립을 창조적으로 극복하지 못할 경우 퇴행적 경향에 빠질 수 있으나 이를 능동적으로 수용할 경우 성숙한 사랑과 창조적 활동을 통해 진정한 인간적 자유를 실현할 수 있다.

따라서 자유와 고립은 단순히 대립적인 것이 아니라 인간 존재의 변증법적 역동 속에서 서로를 매개하며, 그 긴장을 어떻게 수용하고 극복하느냐에 따라 인간 성격의 구조와 삶의 방향성이 결정된다.

다. 실존적 불안과 성격구조

에리히 프롬의 실존적 불안은 인간 존재의 근본 조건으로부터 기인하는 불가피한 현상으로 이해된다. 인간은 본능적 충동에 지배되는 동물적 차원을 넘어 자기 인식과 초월적 사유 능력을 지닌 존재로서, 자유와 자기 초월의 가능성을 부여받았다. 그러나 동시에 인간은 자연으로부터 분리된 존재라는 실존적 상황에 직면하며, 그로 인해 근원적 고립감과 불안이 발생한다. 이러한 실존적 불안은 단순히 병리적 증상으로 축소될 수 있는 것이 아니라, 인간 성격구조를 형성하고 방향 짓는 근본 동력이 된다.

프롬에 따르면 인간의 성격구조는 이 실존적 불안에 대응하는 방식에서 형성되며, 개인이 불안을 극복하고자 선택하는 관계양식과 사회적 적응 전략은 성격의 핵심적 패턴으로 내면화된다. 실존적 불안은 인간을 무력화시키는 파괴적 요인일 수 있지만, 동시에 자율성과 성숙한 자유를 추구하도록 자극하는 창조적 자원이 될 수도 있다. 예컨대 불안을 회피하기 위해 권위주의적 복종, 파괴적 공격성, 기계적 일상적 순응 등의 기제를 선택할 경우 인간은 소외적 성격구조를 강화하게 되며, 이는 자유의 상실로 귀결된다. 반대로 불안을 창조적으로 수용하고 자기 주체성을 확립하려는 방향으로 나아갈 경우, 인간은 자율적이고 생산적인 성격구조를 발전시키게 된다.

따라서 프롬의 성격이론에서 실존적 불안은 피할 수 없는 위협이자 동시에 자기 초월의 기회로 기능한다. 인간은 이 불안으로부터 도피하거나 이를 억압하는 방식으로 살아갈 수도 있지만, 성숙한 인격은 오히려 불안을 직면하고 그것을 자기실현의 동력으로 전환하는 능력에서 드러난다.

성격구조는 곧 인간이 실존적 불안을 어떻게 다루느냐의 산물이며, 이러한 의미에서 프롬은 성격을 단순한 심리적 특성의 집합이 아니라 존재론적 조건과 사회적 맥락 속에서 형성되는 총체적 구조로 이해한다. 이처럼 실존적 불안과 성격구조의 상호관계는 인간이 자유와 고립이라는 변증법적 긴장을 어떻게 통합하느냐에 따라 결정되며, 이는 곧 인간의 성숙, 사회적 연대, 그리고 생산적 사랑과 창조성의 가능성으로 이어진다.

라. 불안의 창조적 가능성과 인간성숙

에리히 프롬의 불안은 단순히 회피하거나 제거해야 할 병리적 정동 상태로 환원되지 않는다. 오히려 그는 불안을 인간 실존의 본질적 조건으로 이해하며, 그것이 인간 성장과 성숙의 동력으로 작용할 수 있는 창조적 가능성을 지닌다고 보았다.

인간은 자유의 존재로서 사회적 유대로부터 분리될 때 고립과 무력감, 불안을 경험하게 되며, 이는 실존적 불가피성의 한 양상으로 나타난다. 이러한 불안은 개인을 퇴행적이고 파괴적인 방향으로 몰아갈 수도 있지만, 동시에 자율성과 자기초월을 지향하는 성숙한 인간성의 기초가 될 수도 있다.

프롬에게 있어서 불안은 단순한 병리적 신호가 아니라, 주체가 자기 존재를 새롭게 구성하고 성격구조를 변형시키는 계기가 되는 내적 자극이다.

불안의 창조적 가능성은 인간이 자기 실존의 조건을 직시하고, 불확실성과 무력감을 수용하면서 새로운 의미와 가치를 탐색하는 과정에서 실현된다. 이는 곧 인간이 성격구조 내에서 자유와 책임을 조화시키고, 타자와의 관계 속에서 생산적 사랑과 자발적 연대를 형성하는 과정을 가능케 한다. 불안은 기존의 동일시나 권위적 의존 구조를 붕괴시키며, 이를 통해 자율적 주체로서의 정체성을 형성하는 내적 동력으로 전환될 수 있다. 이러한 과정에서 성숙한 인간성은 회피와 순응의 경향을 극복하고, 자기 창조적 활동을 통해 새로운 사회적·윤리적 질서를 수립할 수 있는 가능성을 갖게 된다.

따라서 프롬의 성격이론에서 불안은 인간을 파괴하거나 왜곡시키는 위협인 동시에, 자기초월과 자기실현을 추동하는 창조적 긴장의 원천이다. 인간은 불안을 제거할 수 없으며, 그것을 어떻게 수용하고 전환하느냐에 따라 성격의 성숙 여부가 결정된다. 불안을 회피하거나 억압할 경우, 인간은 비생산적이고 소외된 성격유형에 갇히게 되지만, 그것을 직면하고 창조적으로 통합할 경우, 성격은 보다 자율적이고 생산적인 방향으로 변모하게 된다. 결국 프롬은 불안을 실존적 조건으로서 긍정하며, 그것을 성격구조의 창조적 재편성과 인간성숙의 핵심 동인으로 파악하였다.

02 사회적 성격과 문화

에리히 프롬은 성격을 단순히 개인 내부의 심리적 과정으로 환원하지 않고, 사회·경제적 구조와 문화적 맥락 속에서 형성되는 사회적 성격이라는 개념을 제시하였다. 그는 개인의 성격이 고립된 자아의 산물이 아니라, 특정 사회가 유지되고 재생산되는 데 필수적인 가치와 규범을 내면화한 결과라고 보았다. 따라서 성격은 개인적 차원을 넘어 집단적 차원의 심리구조와 긴밀히 연관되며, 사회의 경제적 토대와 문화적 상징체계는 개인 성격의 기본 유형을 규정짓는 강력한 힘으로 작용한다.

가. 사회적 성격

사회적 성격의 핵심 가정은, 인간이 사회 속에서 성장하고 생활하면서 개인적 욕구와 사회적 요구를 조화시키는 과정에서 특정 행동·사고·감정 패턴이 내면화된 성격구조로 고착된다는 것이다. 이러한 구조는 사회적 안정성을 보장하고, 경제적·정치적 시스템과 문화적 규범이 지속될 수 있도록 한다. 예컨대 산업사회의 경쟁적 가치가 개인의 성격 속에 내면화되면, 개인은 외부 압력 없이도 자발적으로 경쟁적 행동을 수행하게 된다.

프롬은 사회적 성격이 단순히 규범 준수에 그치는 것이 아니라, 개인의 심리적 동기와 자율성, 사회적 관계를 형성하는 중추적 역할을 한다고 강조하였다. 이는 사회적 성격이 개인의 선택을 제한하거나 조정하는 도구적 기능뿐 아니라, 인간이 사회적 환경에 적응하면서도 자신의 정체성을 유지하도록 돕는 심리적 매개체 역할을 수행함을 의미한다.

또한, 사회적 성격은 사회 구조와 개인 성격 간의 상호작용적 관계를 드러낸다. 사회적 구조가 요구하는 가치와 규범은 개인 심리 속에서 내면화되어 성격적 경향을 형성하고, 이러한 성격적 경향은 다시 사회적 행동과 문화적 실천을 통해 사회

구조를 재생산한다. 이 과정에서 사회적 성격은 개인과 사회를 연결하는 역사적·문화적 메커니즘으로 기능하며, 특정 사회에서 지배적 가치와 규범이 어떻게 지속되고 강화되는지를 이해하는 중요한 틀을 제공한다.

프롬은 사회적 성격 개념을 통해, 인간의 성격을 개인적 심리 특질로만 환원하는 전통적 심리학의 한계를 극복하고, 사회학적·문화적 요인을 포함한 총체적 인간 이해를 시도하였다. 이는 인간 행동의 심리적 동기뿐 아니라, 사회적 조건과 구조 속에서 형성되는 성격 경향을 분석할 수 있는 유용한 관점을 제공하며, 현대 성격심리학과 사회심리학 연구에서 지속적으로 참조되는 핵심 이론적 개념으로 자리 잡았다.

나. 경제·사회 구조와 성격 형성

프롬은 특히 경제 구조가 인간의 성격 형성에 미치는 영향을 중요시하였다. 예컨대 봉건적 사회에서는 충성과 복종, 집단적 유대와 의무감이 개인 성격 속에 내면화되며, 이를 통해 사회 질서가 안정적으로 재생산된다. 반면 산업자본주의 사회에서는 경쟁, 효율성, 성취 지향적 사고가 강조되며, 시장적 성격과 같은 새로운 성격유형이 발달하게 된다. 시장적 성격은 자신의 가치와 자아실현을 외부 평가, 교환가치, 경제적 성공에 의존하도록 형성되어, 인간관계와 자아개념조차 거래적 논리 속에 내면화하는 특성을 갖는다.

사회 구조와 성격 형성의 상관성은 단순히 경제적 조건에만 국한되지 않는다. 정치적 권력관계, 법과 제도, 문화적 규범 등도 인간의 내적 심리 구조를 조정하고 안정화하는 기능을 수행한다. 프롬은 이러한 과정을 사회적 내면화라고 명명하며, 개인이 외부 권위와 규범을 내면화함으로써 행동과 사고, 감정의 패턴이 사회적 요구와 일치하도록 조정된다고 설명하였다. 결과적으로 특정 사회 구조는 사회적 성격을 통해 개인의 심리적 경향을 형성하고, 이러한 경향은 다시 사회적 행동과 문화적 실천을 통해 경제·사회 구조를 지속적으로 재생산한다.

프롬은 또한 이러한 상관성이 개인의 자유, 창조성, 자기실현과 직결된다는 점을 강조하였다. 구조적 조건이 지나치게 억압적이거나 경쟁 중심적일 경우, 개인은 권위주의적 순응, 파괴적 충동, 시장적 자기조정과 같은 비생산적 성격 경향을 발달시키며, 결과적으로 소외와 불안을 경험하게 된다. 반대로 경제·사회 구조가 인간의 창조적 잠재력과 생산적 성향을 촉진할 때, 성격은 자유롭고 생산적인 방향으로 발달하며, 사회적 성격과 개인의 자기실현이 조화롭게 연결된다.

프롬에게 있어 성격 형성은 경제적·사회적 구조와 개인 심리의 상호작용적 산물이며, 사회 구조가 인간의 내면적 가치, 행동 양식, 자기 정체성에 미치는 영향력을 이해하지 않고서는 성격을 총체적으로 파악할 수 없다. 이러한 관점은 성격심리학을 사회적·문화적 맥락 속에서 연구할 수 있는 사회비판적 성격이론의 기반을 마련하였다.

다. 문화적 가치와 심리 내면화

그는 문화적 가치는 개인의 행동, 사고, 감정 구조를 형성하는 근본적 틀을 제공하며, 개인은 이를 내면화하여 자기 정체성과 존재양식을 구성한다고 보았다.

문화적 가치는 사회 질서와 연대성을 유지하고, 경제적·정치적 제도를 안정화하며, 공동체 구성원들이 공통된 목표와 규범을 내면화하도록 유도하는 심리적 기능을 수행하나 때로 심리적 욕구와 일치되거나 갈등을 일으키며, 성격 발달에 깊은 영향을 미친다.

프롬은 문화적 가치의 내면화가 항상 긍정적인 결과만을 가져오는 것은 아니라고 지적하였다. 내면화가 지나치게 규범적·억압적이거나, 사회적·경제적 조건이 인간의 창조성과 자율성을 억제할 경우, 개인은 권위주의적 순응, 파괴적 충동, 자기 소외와 같은 비생산적 성격 경향을 발달시킨다. 반대로 문화적 가치가 개인의 창조적 잠재력, 사랑, 생산적 활동을 촉진할 경우, 성격은 자유롭고 생산적인 방향으로 성장하며, 심리적 성숙과 자기실현을 가능하게 한다.

또한 문화적 가치가 개인의 심리 구조 속으로 내면화될 때, 인간은 사회적 질서와 조화를 이루면서도 자기실현과 창조적 삶을 영위할 수 있으며, 동시에 부정적 내면화는 소외와 불안을 유발할 수 있다는 점을 강조하였다.

라. 사회적 성격의 기능과 병리

에리히 프롬의 사회적 성격은 단순한 개인 심리의 산물이 아니라, 사회적·문화적 구조 속에서 개인이 적응하고 기능하도록 조정된 심리적 경향을 의미한다. 프롬은 사회적 성격이 갖는 기능적 역할과 더불어, 특정 사회 구조와 경제·문화적 조건에서 발생할 수 있는 병리적 양상을 분석함으로써 인간 심리와 사회 구조 간의 상호작용을 설명하였다.

마. 성숙한 사회적 성격의 지향

성숙한 사회적 성격의 지향은 크게 세 가지 차원으로 요약될 수 있다. 첫째, 자율적 자기실현이다. 성숙한 사회적 성격은 외부 권위나 사회적 압력에 맹목적으로 종속되지 않으며, 자신의 가치관과 신념을 바탕으로 합리적 선택과 행동을 수행한다. 이러한 자율성은 단순한 독립적 사고를 의미하는 것이 아니라, 인간이 자유와 책임을 동시에 수용하면서 자기 존재를 창조적으로 구현하는 능력을 포함한다.

둘째, 생산적 지향이다. 프롬은 생산적 지향을 인간 존재의 핵심적 성숙 지표로 보았다. 이는 단순한 경제적 생산이나 물질적 창출을 의미하지 않으며, 인간의 내적 에너지와 창조적 잠재력을 사랑, 학습, 창작, 사회적 기여 등의 형태로 구체화하는 것을 포함한다. 성숙한 사회적 성격은 이러한 생산적 활동을 통해 자아실현을 달성하며, 동시에 사회적 환경과의 조화와 상호성을 실현한다.

셋째, 관계 지향적·공동체적 연대이다. 성숙한 사회적 성격은 인간관계를 단순한 도구적 수단으로 보는 것이 아니라, 타인의 존엄성과 독자성을 인정하며 상호적 관계를 형성하는 능력을 갖춘다. 프롬은 이를 성숙한 사랑과 깊게 연계하여 설명하였다. 성숙한 사랑은 감정적 애착에 그치지 않고, 타인과 공동체를 이해하고 지원하며, 자신의 창조적 에너지를 관계 속에서 구현하는 과정으로 나타난다.

성숙한 사회적 성격은 단순히 외부 구속에서 벗어난 소극적 자유를 넘어서, 자기 창조와 사회적 책임을 포함하는 적극적 자유를 실현한다. 이러한 자유 실현은 인간이 소외로부터 벗어나고, 생산적·창조적 삶을 영위하며, 사회적 연대 속에서 의미 있는 존재로 성장하도록 한다.

03 성격유형의 분류

가. 비 생산적 성격유형

에리히 프롬은 비 생산적 유형으로서 수용적 성격을 가진 사람들은 타인의 판단과 권위에 따라 행동하며, 사회적 규범이나 권위에 비판적 사고보다는 순응적 태도를 보인다. 이들은 자신의 욕구와 잠재력을 억압하고, 진정한 자기 정체성을 경험하기 어려우며, 외부 환경의 변화에 취약하여 불안과 불확실성을 회피하려는 경향을 나타낸다. 또한 착취적 성격은 비생산적 성격유형 중 하나로, 개인이 자신의 욕구와 필요를 충족시키기 위해 타인을 통제하거나 이용하는 심리적 경향을 의미한다. 착취적 성격의 핵심적 특징은 인간관계를 상호적 이해나 협력보다는 수단적·권력적 차원으로 인식하는 데 있으며, 이를 통해 자신이 원하는 목표를 달성하고 심리적 안전을 확보하려는 경향을 나타낸다.

착취적 성격을 가진 개인은 내적 자율성과 생산적 창조성을 충분히 발현하지 못한다. 이들은 타인의 자원과 권위를 적극적으로 이용하거나 조작함으로써 자신의 욕구를 충족시키며, 자기 주도적 생산적 활동보다 타인에 대한 의존과 통제를 통해 효용을 극대화하려 한다. 이러한 심리적 구조는 사회적 규범과 도덕적 가치가 내면화되지 않은 상태에서 강화되며, 인간관계를 거래적·권력적 관점으로 보는 사고 패턴을 형성한다.

축적적 성격을 가진 자는 창조적·생산적 활동보다는 소유와 축적을 통해 안정감을 확보하며, 삶의 의미를 외적 성공과 평가에 종속시키는 특성을 나타낸다. 이러한 성격구조는 자율적 결정과 자기 창조적 활동을 제한하며, 내적 자유를 억압함으로써 자기소외를 심화시킨다. 마지막으로 시장적 성격은 비생산적 성격유형 중 하나로, 개인이 자신의 가치와 정체성을 외부 평가, 시장적 성공, 사회적 경쟁 속에서 판단하며, 인간관계를 거래적·교환적 관점에서 조직하는 심리적 경향을 의미한다. 시장적 성격은 현대 자본주의 사회에서 특히 두드러지게 나타나며, 개인이 내적 자율성과 창조적 잠재력을 충분히 발휘하지 못하고 외적 조건과 사회적 평가에 지나치게 의존하도록 형성된다.

시장적 성격을 가진 개인은 자신의 능력, 성취, 인간관계를 끊임없이 외부 기준과 비교하며, 시장적 가치를 기준으로 자신의 존재 의미를 평가한다. 이러한 성격구조는 인간의 내적 동기와 창조적 활동을 억압하며, 자율적 선택보다는 외부 평가에 순응하는 경향을 강화한다. 타인과의 관계 또한 상호적·생산적 협력보다 거래적·효율적 교환의 관점에서 조직되며, 친밀감과 공동체적 유대는 약화된다.

나. 생산적 성격유형

에리히 프롬의 생산적 성격은 인간이 내적 잠재력과 창조적 능력을 충분히 발현하며, 자율적·성숙한 방식으로 자기실현을 추구하는 성격유형을 의미한다. 생산적 성격은 비생산적 성격유형과 달리, 인간이 외부 권위나 평가에 과도하게 의존하지 않고, 자신의 내적 욕구와 가치를 기반으로 삶을 조직하며, 타인과의 관계에서도 상호적·협력적 태도를 유지한다. 프롬은 생산적 성격을 인간의 이상적 성장과 성숙한 인간상과 직결되는 핵심 개념으로 보았다.

생산적 성격을 가진 개인은 내적 자율성과 창조적 잠재력을 적극적으로 발현한다. 이들은 삶을 수동적으로 수용하거나 외부 평가에 종속시키기보다는, 자신의 내적 목표와 가치에 따라 능동적으로 선택하고 행동한다. 또한 생산적 성격은 자기실현, 자기 통합, 자기책임과 같은 내적 특성을 중심으로 형성되며, 인간 존재의 근본적 조건인 자유와 성장에 대한 긍정적 수용을 포함한다.

프롬은 생산적 성격의 형성을 사회적·문화적 맥락 속에서 설명하였다. 개인은 안정적이고 지지적인 사회 환경 속에서 자신의 잠재력을 탐색하고 내면화하며, 창조적 활동을 통해 사회적 관계와 문화적 가치에 기여하게 된다. 이 과정에서 생산적 성격은 개인의 내적 자유와 사회적 책임을 균형 있게 통합하며, 타인과의 상호작용을 상호적 존중과 협력의 관계로 조직한다.

다. 성격유형 분류의 의의

프롬의 성격유형 분류는 인간의 성격을 정태적이고 고정된 구조로 보지 않고, 사회적 조건 속에서 형성되고 변화하는 역사적 산물로 파악한다는 점에서 의의가 크다. 특히 그는 시장적 성격을 통해 현대 자본주의 사회의 병리적 측면을 비판하면서도, 생산적 성격을 통해 인간 해방과 성숙의 가능성을 열어두었다. 이러한 구분은 단순한 성격유형론을 넘어, 사회구조와 개인의 심리적 발달이 상호작용하는 복합적 과정을 이해하는 데 중요한 통찰을 제공한다.

04 자유, 소외와 성숙한 인간상

에리히 프롬의 핵심적인 주제는 인간이 자유를 획득함과 동시에 경험하는 소외의 문제와, 이를 어떻게 극복하여 성숙한 인간으로 성장할 수 있는가에 관한 통찰이다. 그는 인간이 역사적 과정 속에서 점차 전통적 권위와 공동체적 유대로부터 해방되면서, 이전에는 경험하지 못했던 자유를 획득하였다고 보았다. 그러나 이러한 자유는 단순히 해방적 의미만을 지니지 않고, 동시에 고립, 무력감, 불안이라는 부정적 측면을 수반한다. 따라서 자유는 인간에게 양가적 경험으로 주어지며, 이를 어떻게 수용하고 극복하는지가 성격 발달과 성숙의 방향을 결정짓는다.

가. 자유의 양면성

에리히 프롬의 자유는 인간 존재의 본질적 조건이자 성격 발달과 자기실현을 결정하는 핵심 요소로 이해된다. 그러나 프롬은 자유가 단순히 긍정적 가치로만 작용하는 것이 아니며, 인간에게 구속과 불안, 성취와 소외를 동시에 야기하는 양면적 특성을 가진다고 강조하였다. 그는 자유의 양면성을 통해 인간 존재가 경험하는 심리적 갈등과 사회적 구조 속에서의 적응 문제를 설명하고자 하였다.

프롬이 정의한 자유의 첫 번째 측면은 주체적 자유, 즉 창조적 자유로서, 개인이 내적 자율성을 확보하고 자기실현과 창조적 활동을 통해 자신의 삶을 능동적으로 구성할 수 있는 능력을 의미한다. 이러한 자유는 인간이 자신의 잠재력과 내적 동기를 바탕으로 삶의 의미를 적극적으로 탐색하고, 사회적 관계 속에서도 상호적 책임과 협력을 실현할 수 있게 한다. 주체적 자유는 인간의 생산적 성격 형성과 밀접하게 연관되며, 개인의 내적 성장과 성숙한 인간상을 구현하는 근본 조건으로 작용한다.

반면, 자유의 두 번째 측면은 부정적 자유, 즉 방임적 자유로 설명될 수 있다. 이는 외부 권위와 규범으로부터 벗어나 독립성을 획득하는 과정에서 개인이 경험하는 실존적 불안과 사회적 소외를 포함한다. 부정적 자유는 개인이 외부 규제와 제한에서 해방되었음에도, 내적 확신과 자율적 의사결정 능력이 충분히 발달하지 않은 상태에서 나타나는 불안과 불확실성으로 인해 심리적 갈등을 유발한다. 이러한 상태에서는 인간이 자신의 삶에 대한 주도권을 상실하고, 외부 구조나 타인에게 지나치게 의존하는 비생산적 성격유형으로 편향될 위험이 높다.

프롬은 자유의 양면성이 개인 심리뿐만 아니라 사회적·문화적 맥락과도 깊이 연관되어 있음을 강조하였다. 개인이 주체적 자유를 실현할 수 있는 환경, 즉 안정적 사회적 관계, 상호적 신뢰, 창조적 활동의 기회가 결여된 경우, 자유는 부정적 형태로 나타나며, 인간은 소외, 의존, 권위적 순응 또는 비생산적 성격유형으로 내향화될 수 있다. 특히 근대 자본주의 사회와 같이 경쟁, 효율, 외부 평가 중심의 구조에서는 자유가 심리적 불안과 내적 공허를 동반하는 부정적 양상으로 경험되는 경향이 강하게 나타난다.

프롬은 이러한 자유의 양면성을 이해함으로써 인간 심리와 사회적 병리 현상을 설명하고자 하였다. 자유가 긍정적으로 발현될 경우, 인간은 창조적 활동과 자기실현을 통해 심리적 통합과 사회적 성숙을 이루며, 생산적 성격과 성숙한 인간상을 구현한다. 그러나 자유가 부정적 형태로 작용할 경우, 인간은 심리적 불안과 소외, 자기소외에 직면하며, 비생산적 성격유형을 강화하게 된다.

프롬의 자유 개념은 인간 존재와 성격 발달의 양가적 딜레마를 드러내며, 자유를 단순한 긍정적 가치가 아닌, 개인 내적 조건과 사회적 환경 속에서 상호작용하며 병리적 혹은 생산적 결과를 초래할 수 있는 복합적 현상으로 이해하도록 한다. 이는 인간의 성격 발달, 자기실현, 사회적 적응, 문화적 가치 형성과 깊이 연결되며, 심리학적 분석뿐 아니라 사회학적, 철학적 성찰에도 중요한 이론적 틀을 제공한다.

나. 자유회피 기제와 소외

에리히 프롬은 인간 존재의 근본적 조건으로서 자유를 강조하면서도, 많은 인간이 자유로 인한 실존적 불안을 회피하기 위해 다양한 심리적·사회적 기제를 발달시킨다고 보았다. 그는 이러한 경향을 자유회피라 정의하며, 이는 인간의 소외 경험과 깊이 연결된다. 자유회피는 개인이 내적 자율성과 창조적 잠재력을 충분히 발휘하지 못하고 외부 권위, 사회 규범, 또는 타인에게 의존하도록 만드는 심리적 전략이다.

프롬은 자유회피의 주요 기제를 세 가지로 분류하였다. 첫째, 권위주의는 개인이 자신의 내적 불안과 무력감을 타인이나 권위에 복종함으로써 회피하는 경향이다. 권위주의적 성향을 가진 사람은 타인을 지배하거나 지배당함으로써 자신의 존재적 불안을 완화하며, 외부 규범과 권위에 의존하여 내적 결정을 회피한다. 이는 자유의 부정적 측면과 결합되어 개인의 자기소외를 심화시키며, 생산적 자기실현을 방해한다.

둘째, 파괴적 성향은 개인이 자신의 불안과 무력감을 타인이나 환경에 대한 공격과 파괴를 통해 표출하는 기제이다. 이 과정에서 개인은 자유에 따른 책임과 선택의 부담을 회피하고, 외부 세계를 통제하거나 억압함으로써 내적 공허를 보상하려 한다. 파괴적 행동은 인간관계의 도구화, 상호신뢰 약화, 사회적 갈등 확대 등 사회적 병리를 동반하며, 개인의 심리적 건강에도 장기적 손상을 초래한다.

셋째, 자동적·순응적 회피는 개인이 자신의 내적 욕구와 창조적 의지를 억압하고, 사회적 규범과 집단적 기대에 무비판적으로 순응하는 기제이다. 이를 통해 개인은 자유와 선택의 부담에서 오는 불안을 회피하지만, 동시에 자기주체성과 창조적 잠재력을 상실하게 된다. 프롬은 이러한 순응적 회피가 비생산적 성격유형, 특히 수용적·시장적·축적적 성격과 깊은 연관이 있음을 강조하였다.

이러한 자유회피의 심리적 기제는 인간의 소외 경험과 밀접하게 연결된다. 개인은 자유로 인해 스스로 삶을 선택하고 책임져야 하는 부담을 느끼지만, 이를 회피하는 과정에서 자신의 내적 자율성과 생산적 잠재력을 억압하게 된다. 결과적으로 인간은 타인, 사회, 권위, 혹은 물질적 성취에 지나치게 의존하며, 자기소외와 심리적 불안을 경험하게 된다. 소외는 단순히 사회적 배제나 격리뿐만 아니라, 내적 자기소외와 창조적 잠재력의 억압, 자기실현의 실패를 포함하는 복합적 현상으로 이해되어야 한다.

프롬은 자유회피와 소외의 상호작용을 통해 현대 사회에서 인간 심리와 성격 발달의 병리적 양상을 설명하였다. 자유를 긍정적으로 실현하는 생산적 성격과 달리, 자유회피 기제는 개인을 비생산적 성격유형으로 편향시키며, 사회적·문화적 조건 속에서 인간의 내적 자유와 창조적 잠재력을 제한한다. 이는 인간의 심리적 불안, 자기소외, 사회적 갈등, 비생산적 삶의 구조적 원인을 이해하는 핵심적 틀을 제공하며, 자유와 책임, 창조성과 소외 간의 긴장 관계를 분석하는 데 중요한 개념적 토대를 형성한다.

다. 긍정적 자유와 성숙한 인간상

에리히 프롬의 성격심리이론에서 긍정적 자유는 인간 존재의 근본적 조건으로, 단순히 외부 권위와 규제에서 해방되는 소극적 자유 넘어, 개인이 내적 자율성을 확보하고 창조적·생산적 잠재력을 적극적으로 발현하는 능력을 의미한다. 긍정적 자유는 인간이 자기 자신과 세계에 대해 책임을 지고, 삶의 의미를 능동적으로 구성하며, 타인과의 관계에서 상호적 존중과 협력을 실현할 수 있는 내적 기반을 제공한다.

프롬은 긍정적 자유를 실현하는 과정이 성숙한 인간성의 핵심 조건이라고 보았다. 성숙한 인간성은 개인이 자신의 내적 욕구와 사회적 책임 사이에서 균형을 유지하며, 타인의 자유와 권리를 존중하면서 동시에 자기실현과 자기 통합을 달성하는 상태를 의미한다. 성숙한 인간은 자유를 단순히 개인적 선택의 기회로 인식하지 않고, 자신의 삶과 사회적 관계에 대한 책임과 창조적 참여의 기회로 이해한다.

행동적·심리적 측면에서 성숙한 인간성은 내적 자유, 자기주체성, 창조적 사고, 생산적 활동, 그리고 상호적 사랑과 연대감을 통합하는 형태로 나타난다. 이러한 개인은 자유를 경험할 때 실존적 불안에 압도되지 않고, 내적 자율성과 사회적 책임을 동시에 수용하며, 삶의 의미를 적극적으로 추구한다. 또한 성숙한 인간은 타인을 수단으로 보지 않고 상호적·협력적 관계 속에서 공동체적 가치를 실현하며, 비생산적 성격유형에서 나타나는 자기소외와 사회적 소외를 극복할 수 있다.

프롬은 긍정적 자유와 성숙한 인간성의 형성을 사회적·문화적 맥락과 연관지어 설명하였다. 창조적이고 상호적 관계를 장려하는 사회 구조와 문화적 환경은 개인이 긍정적 자유를 실현하고 성숙한 인간성을 발달시키는 기반을 제공한다. 반대로, 권위주의적 구조, 경쟁 중심적 문화, 시장적 가치 체계는 자유의 부정적 측면을 강화하고, 개인이 비생산적 성격유형으로 편향되어 자기소외와 사회적 소외를 경험하도록 만든다. 따라서 프롬은 인간의 성숙과 자유 실현을 이해하기 위해 개인의 심리적 특성과 사회적·문화적 조건 간 상호작용을 동시에 고려해야 함을 강조하였다.

사회적·심리적 함의 측면에서 긍정적 자유와 성숙한 인간성은 인간 개인과 사회 모두에 중요한 의미를 가진다. 개인 차원에서는 창조적 잠재력 발현, 자기실현, 심리적 통합, 자율적 결정 능력 강화 등 긍정적 발달을 촉진하며, 심리적 건강과 삶의 만족을 증진시킨다. 사회 차원에서는 협력적 인간관계, 상호적 존중, 창조적 문화 생산, 사회적 연대 강화 등 긍정적 구조 변화를 가능하게 한다. 따라서 긍정적 자유의 실현은 단순한 개인적 목표를 넘어 사회적 성숙과 문화적 발전에 기여하는 핵심적 요소로 평가된다.

프롬에게 있어 긍정적 자유와 성숙한 인간성은 서로 긴밀하게 연결된 개념으로, 자유를 내적 자율성과 창조적 책임의 실현으로 이해하고, 이를 통해 인간 존재의 심리적 통합과 사회적 성숙을 달성하는 이상적 상태를 제시한다. 이는 자유의 양면성과 자유회피의 기제, 비생산적 성격유형과 대비하여 인간 발달과 사회적 적응을 이해하는 통합적 이론적 틀을 제공한다.

라. 자유와 인간 해방의 사회적 함의

에리히 프롬의 자유는 단순한 개인적 조건을 넘어, 사회적·문화적 맥락 속에서 인간 해방과 직결되는 핵심 개념으로 이해된다. 프롬은 인간이 실존적 자유를 실현하지 못할 때, 내적 공허와 자기소외가 심화되며, 이는 사회적 병리로 연결된다고 보았다. 따라서 자유의 실현은 단순한 권리나 선택의 문제가 아니라, 인간 존재와 사회 구조의 건강성을 결정하는 중심적 요인으로 작용한다.

프롬은 자유의 사회적 함의를 논의하면서, 인간 해방이 개인적 차원의 자기실현과 창조적 잠재력 발현을 넘어 사회적 구조와 문화적 조건을 변화시키는 집합적 과정임을 강조하였다. 즉, 인간이 긍정적 자유를 실현함으로써 성숙한 인간성을 발달시키는 과정은 동시에 사회적 억압과 권위적 구조에서 벗어나, 협력적·상호적 관계를 기반으로 한 공동체적 삶을 형성하는 데 기여한다. 이러한 관점에서 프롬에게 자유는 개인적 심리 발달과 사회적 진보를 연결하는 매개적 개념으로 기능한다.

자유와 인간 해방의 사회적 함의는 세 가지 측면에서 구체화된다. 첫째, 사회적 책임과 연대의 강화이다. 자유를 성숙하게 실현한 개인은 타인의 자유와 권리를 존중하며, 공동체의 이익과 사회적 정의에 기여할 수 있는 능력을 갖춘다. 이는 생산적 인간으로서 사회적 상호작용과 협력적 관계를 증진시키며, 집단 내 신뢰와 협력을 기반으로 한 건강한 사회 구조를 형성한다.

둘째, 사회적 병리의 감소와 인간 소외의 완화이다. 프롬은 자유를 회피하거나 외부 권위와 경쟁적 구조에 지나치게 의존하는 개인이 비생산적 성격유형으로 발전하며, 이는 소외, 내적 불안, 심리적 불만족을 초래한다고 지적하였다. 반대로, 자유와 책임을 성숙하게 통합한 인간은 소외 경험을 극복하고, 자기실현과 창조적 활동을 통해 심리적·사회적 건강성을 증진시킨다. 이는 사회적 억압과 구조적 불평등이 개인과 집단의 삶에 미치는 부정적 영향을 감소시키는 결과를 낳는다.

셋째, 문화적 발전과 창조적 사회 형성이다. 인간이 긍정적 자유를 실현하며 성숙한 인간성을 발휘할 때, 사회적·문화적 조건 또한 창조적·생산적 방향으로 강화된다. 이는 인간 해방이 단순히 개인적 차원의 심리적 성취에 그치지 않고, 교육, 예술, 정치, 경제 등 사회적 제도와 문화적 가치에 창조적 영향을 미치는 과정을 포함함을 의미한다. 프롬에게 인간 해방은 개인과 사회의 상호작용 속에서 실현되는 심리사회적 통합의 핵심적 과정이다.

프롬에게 자유와 인간 해방의 사회적 함의는 인간 존재의 내적 조건과 사회적 구조 간 상호작용 속에서 이해되어야 한다. 자유를 긍정적으로 실현하고 성숙한 인간성을 발달시키는 개인은 사회적 책임과 연대를 강화하며, 소외와 사회적 병리를 완화하고, 창조적·협력적 문화 발전에 기여한다. 이는 단순한 개인적 선택을 넘어, 인간의 심리적 건강과 사회적 진보를 동시에 촉진하는 심리사회적·문화적 변혁의 기반을 제공하며, 프롬의 인간학적·사회학적 비전의 핵심을 구성한다.

Chapter

10

하인츠 코헛의 성격이론

01 자기의 구조와 발달

하인츠 코헛의 자기심리학(Self Psychology)은 성격의 중심적 구성 요소로서 자기(self)의 구조와 발달을 강조한다. 코헛에 따르면, 자기는 단순히 성격의 한 측면이 아니라 개인의 정체성과 경험 세계를 통합하는 핵심적 기능을 수행하며, 이는 생애 초기 경험과 상호작용 속에서 형성된다. 자기의 구조는 기본적으로 핵심 자기와 외연 자기로 구분되며, 핵심 자기는 개인의 자율성과 자기 존중감을 유지하는 중심적 기능을 담당하고, 외연 자기는 대인 관계적 맥락에서 자기를 조율하고 환경에 적응하도록 돕는 기능을 수행한다.

자기의 발달 과정에서 자기대상 경험은 필수적인 역할을 한다. 특히, 초기 아동기 동안 부모나 주요 양육자로부터 경험하는 공감적 반응과 안정적 지지는 자기의 통합과 연속성을 형성하는 기초가 된다. 코헛은 이를 세 가지 핵심적 자기대상 경험으로 구체화하였다. 첫째, 거울 경험은 아동이 자신의 성취와 존재를 인정받고 칭찬받는 과정에서 자기 존중감을 구축하는 경험이다. 둘째, 이상화 경험은 아동이 보호자나 이상적 대상으로부터 내적 안정과 자기 규범을 내면화하는 과정을 의미하며, 자기의 이상화된 부분이 외적 대상과 동일시를 통해 통합된다. 셋째, 쌍둥이 경험은 아동이 자신의 경험과 감정을 공유할 수 있는 동질적 존재와의 동일시를 통해 사회적 연속성과 소속감을 획득하는 경험이다. 이러한 자기대상 경험의 반복적 축적은 자기의 구조적 통합과 안정성, 그리고 성인기 이후의 대인관계 능력을 결정짓는 핵심적 요인이 된다.

코헛은 자기 발달의 실패가 자기애적 병리로 이어질 수 있음을 강조하였다. 초기 발달 과정에서 자기대상 경험이 결핍되거나 왜곡될 경우, 자기는 충분히 통합되지 못하고 분열된 상태로 남게 되며, 이는 성격 전반에 공허감, 열등감, 자기애적 방어기제 등의 형태로 나타난다. 반대로 적절한 자기대상 경험을 통해 자기의 구조가 안정화되면, 성숙한 자기가 형성되며 이는 창조적 기능과 현실 적응력, 대인관계 조절 능력을 동시에 갖춘 자아의 상태를 의미한다.

코헛의 관점에서 자기의 구조와 발달은 단순한 성격적 특성의 형성을 넘어, 개인의 심리적 안정성, 자기존중감, 대인관계적 적응능력, 나아가 삶의 창조적 기능을 뒷받침하는 근본적 틀을 제공한다. 자기의 발달 과정은 초기 자기대상 경험의 질과 양에 크게 의존하며, 이를 이해하는 것은 정신분석적 치료와 임상적 개입에서 자기 통합을 회복하고 병리적 자기애를 치료하는 근간이 된다.

가. 자기 통합

하인츠 코헛의 자기심리학에서 자기 통합은 성격 발달과 심리적 건강의 핵심적 지표로 간주된다. 코헛에 따르면 자기는 단순히 정서적 경험이나 행동의 총합이 아니라, 개인의 내적 세계를 조직화하고 일관된 정체성을 유지하며, 대인 관계적 상호작용에서 자기 정체성을 안정적으로 드러낼 수 있도록 하는 중심 구조이다. 자기 통합은 핵심 자기의 안정성과 밀접하게 연관되어 있으며, 이는 개인이 외부 환경과 내적 욕구 사이에서 균형을 유지하고, 심리적 위기 상황에서도 자아의 일관성을 지킬 수 있는 능력을 의미한다.

자기 통합의 발달은 초기 아동기 동안의 자기대상 경험에 의해 크게 영향을 받는다. 코헛은 아동이 주요 양육자로부터 지속적이고 일관된 공감적 반응을 경험할 때, 자기 내부의 다양한 감정적 요소가 조화롭게 통합된다고 보았다. 이러한 과정에서 아동은 자신의 욕구와 감정을 인식하고 조절하는 능력을 습득하며, 외적 현실과 내적 경험 간의 통합적 관계를 형성한다. 반대로 자기대상 경험이 결핍되거나 불일치할 경우, 자기 구조는 분열되고 일관성이 상실되어 자기분열이나 공허감, 불안정한 자기애적 방어기제 등으로 나타날 수 있다.

코헛은 자기 통합을 단순한 안정적 자아감의 형성으로 보지 않고, 창조적 기능과 자기조절 기능의 발달과 연결시켰다. 즉, 자기 통합이 이루어진 개인은 단순히 내적 갈등을 관리하는 수준을 넘어, 자신의 창조적 잠재력을 발휘하고, 대인관계 속에서 유연하게 자신을 조율하며, 현실적 문제 해결에 적극적으로 개입할 수 있다. 또한 통합된 자기는 자기애적 병리의 예방과 치료에서도 핵심적 역할을 하며, 심리치료 과정에서 자기 통합을 회복하는 것은 분열된 자기와 공허감을 치유하고 성숙한 자기의 기능을 회복시키는 근본적 목표가 된다.

자기 통합은 하인츠 코헛의 자기심리학에서 자아의 구조적 안정성, 정체성의 연속성, 창조적 기능, 대인 관계적 적응력을 동시에 가능하게 하는 중심적 개념이다. 이는 초기 자기대상 경험의 질적 측면과 깊이 연관되며, 임상적 개입과 정신분석적 치료에서 자기 통합의 회복은 개인의 심리적 건강과 성숙한 자기 기능 회복을 위한 근본적 초점으로 작용한다.

나. 자기대상

자기대상은 개인이 자아를 형성하고 유지하며 통합하는 과정에서 외부 인물이 수행하는 심리적 기능을 지칭하는 것으로, 단순히 독립된 '대상'이라기보다 자기를 구성하고 강화하는 내적 과정 속에 내면화된 기능적 존재를 의미한다. 코헛은 인간 발달에서 자기대상이 수행하는 역할을 강조하면서, 개인의 자아가 안정적 정체성을 확립하고 건강한 자기구조를 형성하기 위해서는 초기 양육 환경에서 적절한 자기대상 경험이 반드시 필요하다고 주장하였다. 이러한 관점은 전통적인 정신분석학에서의 대상관계이론과 차별화되는데, 이는 자기대상이 독립된 인격체라기보다 자아 발달에 필수적인 기능적 반영자 역할을 한다는 점에 있다.

자기대상 경험은 크게 세 가지 양상으로 구분된다. 첫째, 거울 자기대상은 아동이 자기의 존재와 성취를 인정받고 반영 받음으로써 긍정적 자기감과 자존감을 확립하도록 돕는다. 이는 부모나 양육자가 아동의 감정을 공감적으로 수용하고 표현을 존중하는 과정에서 제공된다. 둘째, 이상화 자기대상은 아동이 강력하고 안정된 성인을 동경하고 동일시함으로써 자기 내부에 안정성과 힘을 내면화할 수 있도록 한다. 이를 통해 아동은 자기 안에서 일관성과 안전감을 경험하게 된다. 셋째,

쌍둥이 자기대상은 아동이 또래나 중요한 타인과의 유사성과 동질감을 경험함으로써 소속감과 동일체험을 갖게 하는 기능을 수행한다. 이러한 세 가지 자기대상 경험은 상호보완적으로 작용하며, 자아가 통합적 구조로 성장하기 위한 기초를 제공한다.

코헛은 발달 과정에서 자기대상 기능이 적절히 제공되지 못하거나 반복적으로 결여될 경우, 개인은 자기병리를 경험하게 된다. 이는 자아의 취약성과 자기 통합의 결손으로 나타나며, 임상적으로는 공허감, 과도한 자기애적 요구, 자존감 불안정, 대인관계의 어려움 등으로 발현된다. 따라서 치료적 맥락에서 분석가는 단순히 해석을 제공하는 것을 넘어, 내담자에게 새로운 자기대상 경험을 제공하는 존재로 기능해야 한다. 분석가가 공감적으로 반응하고 내담자의 경험을 존중하며 반영하는 과정 속에서, 내담자는 결핍되었던 자기대상 경험을 재구성하고 자기구조를 재통합할 수 있는 가능성을 얻게 된다.

코헛의 자기대상 개념은 인간이 평생에 걸쳐 타인과의 관계 속에서 자기 구조를 보존하고 확장한다는 사실을 강조한다. 이는 개인이 전 생애에 걸쳐 자기대상 관계를 필요로 한다는 점에서 전통적 정신분석의 자율적 자아 이상과 구별되며, 인간 존재를 본질적으로 상호주관적 존재로 이해하는 토대를 제공한다. 다시 말해, 자기대상은 단순한 발달적 필요에 국한되지 않고, 성인기의 심리적 안녕과 자기실현의 과정에서도 중요한 역할을 지속적으로 수행한다.

다. 자기애 발달

자기심리학에서 자기애 발달은 단순한 자기중심적 성향의 형성을 의미하는 것이 아니라, 성격의 핵심 구조인 자기(self)가 안정적이고 통합된 형태로 성장하는 과정을 포괄한다. 코헛에 따르면, 자기애는 초기 아동기 동안의 자기대상 경험과 밀접하게 연결되어 있으며, 이는 자기 존중감과 정체성의 지속성을 확보하는 기본적 메커니즘이다. 자기애 발달 과정에서 아동은 자신의 정서와 욕구를 인식하고 통합하며, 외적 환경과의 상호작용 속에서 내적 안정성을 구축한다.

코헛은 자기애 발달을 구체적으로 세 가지 자기대상 경험으로 설명하였다. 첫째, 거울 경험은 아동이 자신의 성취와 존재가 외부에서 인정받고 칭찬받는 과정에서 핵심 자기의 안정성과 자기 존중감을 형성하는 경험이다. 둘째, 이상화 경험은 아동이 외부의 이상적 모델 또는 권위 있는 자기대상을 내면화함으로써 내적 규범과 안정성을 발달시키는 과정이다. 이 과정에서 아동은 자기 내적 구조를 강화하고 심리적 탄력성을 확보하며, 성인기 자기애적 건강의 기반을 마련한다. 셋째, 쌍둥이 경험은 아동이 자신의 감정과 경험을 공유할 수 있는 동질적 존재와 동일시함으로써 외연 자기를 발달시키고 사회적 연속성과 소속감을 획득하는 경험이다.

자기애 발달의 적절성과 질은 이후 성격의 안정성과 정신 건강에 직접적인 영향을 미친다. 초기 발달 과정에서 자기대상 경험이 결핍되거나 왜곡되면, 자기 구조는 분열되고 공허감, 열등감, 자기애적 방어기제 등이 나타난다. 이는 성인기 자기애적 성격장애와 같은 병리적 상태로 발전할 수 있다. 반대로 적절한 자기애 발달은 성숙한 자기의 형성과 직결되며, 창조적 기능, 대인관계 조절능력, 현실 적응력 등을 동시에 강화한다.

코헛의 자기심리학에서 자기애 발달은 단순한 자기중심적 특성이 아니라, 자기 통합과 정체성 연속성을 확보하는 핵심 과정이며, 초기 자기대상 경험의 질과 일관성에 깊이 의존한다. 임상적 관점에서는 자기애 발달의 결핍을 이해하고, 공감적 치료를 통해 성숙한 자기 기능을 회복시키는 것이 중요한 치료 목표가 된다.

라. 성숙한 자기

코헛의 성숙한 자기는 자기 발달의 최종적 결과이자 심리적 건강과 대인 관계적 적응을 가능하게 하는 중심적 구조로 이해된다. 성숙한 자기는 단순한 자기애적 안정감이나 자기중심적 성향이 아니라, 핵심 자기와 외연 자기의 통합을 통해 내적 일관성과 정체성 연속성을 확보한 상태를 의미한다. 이는 개인이 내적 욕구와 외적 환경 사이에서 균형을 유지하며, 심리적 갈등과 스트레스 상황에서도 자기 조절과 정서적 탄력성을 발휘할 수 있게 한다.

성숙한 자기의 형성과 기능은 초기 발달 과정에서의 자기대상 경험과 밀접하게 연결되어 있다. 아동이 거울 경험, 이상화 경험, 쌍둥이 경험과 같은 자기대상 경험을 통해 자기 존중감, 내적 규범, 사회적 연속성을 내면화하면, 자기 구조는 점진적으로 통합되고 안정화된다. 이러한 통합 과정에서 성숙한 자기는 단순히 내부 갈등을 관리하는 수준을 넘어, 창조적 기능과 현실 적응력, 대인관계 조율 능력을 발휘할 수 있게 된다.

성숙한 자기의 핵심적 특징은 심리적 탄력성, 자기조절 능력, 대인 관계적 조화 및 창조적 자기 기능으로 요약될 수 있다. 즉, 성숙한 자기를 가진 개인은 외부 스트레스나 대인관계 갈등에 직면했을 때 자기 일관성을 유지하고, 공감적 이해와 자기 성찰을 통해 적응적 행동을 선택할 수 있다.

임상적 관점에서 성숙한 자기의 회복과 강화는 정신분석적 치료의 핵심 목표 중 하나이다. 자기애적 병리를 겪는 환자는 초기 발달 과정에서 자기대상 경험이 결핍되거나 왜곡되어 자기 구조가 분열된 상태를 경험한다. 치료 과정에서 공감적 치료와 자기대상 전이의 활용을 통해 분열된 자기와 공허감을 통합하고, 성숙한 자기 기능을 재건하는 것이 가능하다.

성숙한 자기는 코헛 자기심리학에서 단순한 안정된 자아감을 넘어, 자기 통합, 정체성 연속성, 창조적 기능, 현실 적응력, 대인관계 조율능력을 동시에 실현하는 통합적 자기 구조이다. 성숙한 자기의 발달과 유지에 대한 이해는 개인의 심리적 건강뿐만 아니라, 임상적 개입과 정신분석적 치료에서 자기 기능 회복의 근본적 방향을 제시한다.

02 자기대상과 발달적 욕구

자기대상은 개인의 자기 구조와 정체성 발달을 지원하는 외적 존재 또는 관계적 기능을 수행하는 핵심적 매개체로 이해된다. 자기대상은 전통적 정신분석에서의 대상과 달리, 아동의 자기가 통합되고 심리적 안정성을 확보하는 과정에서 필수적인 심리적 보조 역할을 수행한다. 코헛은 자기대상 경험이 아동기 초기부터 반복적이고 일관되게 제공될 때, 자기의 통합과 자기 존중감, 정체성 연속성을 형성한다고 보았다.

코헛은 자기대상 경험을 세 가지 유형으로 구체화하였다. 첫째, 거울 경험은 아동이 자신의 성취나 존재가 외부에서 인정되고 칭찬받는 과정을 통해 핵심 자기의 안정성과 자기 존중감을 발달시키는 경험이다. 이는 아동이 내적 가치 기준을 내면화하고 자기 효능감을 확립하도록 돕는다. 둘째, 이상화 경험은 아동이 보호자나 이상적 자기대상과 동일시함으로써 자기의 내적 규범과 안정성을 내면화하는 과정이다. 이 경험은 스트레스 상황에서도 자기 구조를 유지할 수 있는 내적 탄력성을 제공하며, 자기애적 발달과 정서적 안정성에 핵심적인 기초를 제공한다. 셋째, 쌍둥이 경험은 아동이 자신의 감정과 경험을 공유할 수 있는 동질적 존재와의 동일시를 통해 외연 자기를 발달시키고, 사회적 연속성과 소속감을 확보하는 경험이다.

이러한 자기대상 경험은 아동의 발달적 욕구와 밀접하게 연결된다. 코헛은 아동이 성장 과정에서 충족해야 하는 발달적 욕구를 세 가지 자기대상 경험과 직접 연계하여 설명하였다. 첫째, 자기 존중감 욕구는 거울 경험을 통해 충족되며, 이는 개인이 자신의 능력과 가치를 내면화하고 핵심 자기를 통합하도록 돕는다. 둘째, 이상화 자기대상 욕구는 아동이 보호자 또는 이상적 모델과 동일시함으로써 자기의 내적 규범과 안정성을 확보하도록 한다. 셋째, 동일시 및 소속감 욕구는 쌍둥이 경험을 통해 충족되며, 이는 외연 자기의 발달과 대인 관계적 적응능력을 강화한다. 이러한 발달적 욕구의 반복적 충족은 자기의 구조적 통합과 성숙한 자기의 형성을 가능하게 한다.

반면, 자기대상 경험과 발달적 욕구가 결핍되거나 불일치하면, 자기 구조는 분열되고 공허감, 열등감, 자기애적 방어기제 등의 병리적 양상이 나타난다. 이는 성인기 자기애적 성격장애의 발달과 직결되며, 아동기의 발달적 욕구 충족 부족이 장기적 심리적 기능 손상을 초래함을 의미한다. 따라서 임상적 관점에서 자기대상 경험의 회복과 발달적 욕구의 충족은 성숙한 자기 기능 회복과 자기 통합의 핵심적 조건으로 간주된다.

코헛 자기심리학에서 자기대상과 발달적 욕구는 자기 구조 발달의 근간을 이루며, 자기 통합, 정체성 연속성, 창조적 기능, 대인 관계적 적응 능력을 동시에 실현하게 하는 핵심적 심리적 매개체이자 발달 과정의 필수적 요소로 이해된다.

가. 거울 경험

자기심리학에서 거울 경험은 아동의 자기 발달과 자기 존중감 형성에 핵심적 역할을 수행하는 초기 자기대상 경험으로 정의된다. 거울 경험은 아동이 자신의 성취, 능력, 혹은 존재 자체가 양육자나 주요 자기대상으로부터 인정되고, 칭찬받으며, 반응을 받는 과정에서 발생한다. 이러한 과정은 아동이 자신의 내적 가치와 능력을 인식하고, 핵심 자기를 통합하는 기초를 제공한다. 코헛에 따르면, 거울 경험은 단순한 외적 인정이 아니라, 아동이 자신의 자기감을 안정적으로 내면화하고 자기 구조를 통합하는 심리적 매개 기능을 수행한다.

거울 경험의 발달적 기능은 자기애적 발달과 밀접하게 연결된다. 아동이 반복적이고 일관된 거울 경험을 통해 자신의 존재와 성취가 긍정적으로 확인될 때, 자기 존중감은 점진적으로 강화되고, 내적 안정성이 확보된다. 이는 아동이 대인 관계적 상호작용 속에서 자기 정체성을 일관되게 유지하고, 감정적 갈등이나 좌절 상황에서도 자기 통합을 유지하도록 돕는다. 반대로, 거울 경험의 결핍 또는 왜곡은 자기분열, 공허감, 낮은 자기 존중감 등 자기애적 병리의 기초를 형성하게 된다.

코헛은 거울 경험을 단순한 인정과 칭찬의 과정으로 제한하지 않고, 자기 규범과 연결되는 내적 기능적 요소로 확장하였다. 즉, 아동이 자신의 성취와 존재가 외부에서 긍정적으로 반응 받는 것을 내면화함으로써, 자기 조절, 자기 효능감, 대인관계 적응력 등 성인기의 심리적 기능이 발달하게 된다. 이러한 점에서 거울 경험은 핵심 자기와 외연 자기의 통합, 나아가 성숙한 자기 발달을 위한 필수적 자기대상 경험으로 간주된다.

코헛의 거울 경험은 아동의 자기 존중감 형성, 자기 통합, 내적 안정성 확보, 대인 관계적 적응 능력 발달을 모두 아우르는 핵심적 자기대상 경험으로, 초기 발달과정에서의 적절한 거울 경험은 성인기 성숙한 자기 기능과 정신적 건강을 위한 근본적 토대가 된다. 임상적 맥락에서는 거울 경험의 결핍을 이해하고, 치료적 공감을 통해 이러한 경험을 보완함으로써 자기 구조 회복과 자기애적 병리 치유를 촉진할 수 있다.

나. 이상화 경험

자기심리학에서 이상화 경험은 아동의 자기 구조 발달과 정서적 안정성을 형성하는 핵심 자기대상 경험의 하나로 정의된다. 이상화 경험은 아동이 외부의 권위 있는 보호자나 이상적 모델을 내면화함으로써 자기의 내적 안정성과 자기 규범을 발달시키는 과정이다. 코헛은 이러한 경험이 단순한 모방이나 학습을 넘어, 아동이 자신의 내적 자기 구조를 조직하고 핵심 자기의 통합을 강화하는 심리적 기능을 수행한다.

이상화 경험의 발달적 기능은 자기애적 발달과 밀접하게 연결된다. 아동이 권위 있는 자기대상이나 이상적 모델과 동일시함으로써, 자신의 내적 규범과 행동 기준을 내면화하면, 자기 통합과 내적 안정성이 증진된다. 이러한 내적 안정성은 아동이 대인 관계적 상호작용 속에서 자기 정체성을 일관되게 유지하고, 심리적 갈등이나 좌절 상황에서도 자기 조절 능력을 발휘할 수 있도록 한다.

코헛은 이상화 경험을 성숙한 자기 발달과 연결시키며, 이 경험을 통해 아동은 창조적 기능과 대인 관계적 적응을 향상시킨다고 보았다. 이상화 경험의 반복적이고 일관된 제공은 자기 구조의 통합을 강화하고, 자기애적 병리 예방과 치료에도 핵심적 역할을 한다. 반대로, 이러한 경험의 결핍이나 왜곡은 자기분열, 공허감, 열등감 등 자기애적 병리적 양상을 초래할 수 있으며, 이는 성인기 자기애적 성격장애 발달과 연계된다.

코헛의 이상화 경험은 아동이 자신의 내적 규범과 자기 구조를 내면화하고 핵심 자기 통합을 확보하는 데 필수적인 자기대상 경험으로, 성인기 성숙한 자기 기능과 심리적 건강을 위한 근본적 토대를 제공한다. 임상적 맥락에서는 이상화 경험의 결핍을 이해하고, 치료적 공감을 통해 적절한 자기대상 경험을 재현함으로써 자기 구조 회복과 자기애적 병리 치유를 촉진할 수 있다.

다. 쌍둥이 경험

자기심리학에서 쌍둥이 경험은 아동의 자기 구조 발달과 대인 관계적 적응 능력을 강화하는 핵심 자기대상 경험 중 하나로 정의된다. 쌍둥이 경험은 아동이 자신의 정서, 경험, 감정을 공유할 수 있는 동질적 존재를 인식하고 동일시함으로써 발생하는 경험으로, 내적 안정성과 외연 자기의 발달을 촉진한다. 코헛은 이를 통해 아동이 사회적 연속성과 소속감을 경험하며, 자기 통합과 정체성의 연속성을 확보한다고 설명한다.

쌍둥이 경험은 자기애적 발달과 밀접하게 연결되어 있다. 아동이 자신과 유사한 존재와 동일시함으로써, 사회적 정체성과 자기 효능감을 경험하게 되고, 대인 관계적 자기조절과 자기 성찰 능력이 발달한다. 이러한 과정은 외부 환경과의 상호작용 속에서 자기 구조를 통합하고, 대인관계 갈등이나 심리적 좌절 상황에서도 심리적 탄력성을 유지할 수 있도록 한다.

코헛은 쌍둥이 경험이 성숙한 자기 형성과 성인기 대인관계 적응에 핵심적 역할을 한다고 보았다. 반복적이고 일관된 쌍둥이 경험은 아동이 외연 자기를 발달시키고, 자기 구조의 통합을 강화하며, 자기애적 병리의 예방과 회복을 가능하게 한다. 반대로, 이러한 경험의 결핍이나 왜곡은 자기분열, 공허감, 낮은 자기 존중감과 같은 병리적 양상을 초래하며, 이는 성인기 자기애적 성격장애 발달과 관련된다.

코헛의 쌍둥이 경험은 아동이 자신의 감정과 경험을 공유할 수 있는 동질적 존재와 동일시함으로써 대인 관계적 자기 기능, 외연 자기 발달, 사회적 연속성, 자기 통합을 동시에 촉진하는 핵심 자기대상 경험으로, 성인기 성숙한 자기 기능과 심리적 건강을 위한 근본적 토대를 제공한다. 임상적 맥락에서는 쌍둥이 경험의 결핍을 이해하고, 치료적 공감과 자기대상 전이를 통해 이러한 경험을 재현함으로써 자기 구조 회복과 자기애적 병리 치유를 촉진할 수 있다.

03 자기애적 병리와 정신병리

코헛의 자기심리학에서 자기애적 병리와 더 넓은 의미의 정신병리는 아동기 자기대상 경험의 결핍 또는 왜곡과 밀접하게 연관되어 이해된다. 코헛은 정신병리를 단순히 병리적 증상의 집합으로 보지 않고, 자기의 구조적 통합과 기능적 장애의 결과로 해석하였다. 자기애적 병리는 자기 존중감 유지와 자기 통합에 필요한 적절한 자기대상 경험의 부족에서 기인하며, 이는 아동이 거울 경험, 이상화 경험, 쌍둥이 경험 등 핵심 자기대상 경험을 충분히 받지 못할 때 발생한다.

자기애적 병리는 일반적으로 핵심 자기의 불안정성, 자기분열, 공허감 및 자기애적 방어기제의 과도한 사용으로 나타난다. 이러한 병리적 상태는 성인기에 들어서면 자기애적 성격장애로 발전할 수 있으며, 대인관계에서 과도한 자기중심성, 감정적 냉담, 인정 욕구의 과잉 등으로 임상적으로 드러난다. 코헛은 이러한 자기애적 병리를 단순한 성격 결함으로 보기보다는 발달적 결핍과 공감적 경험의 결과로 이해하며, 이를 치료적 개입의 대상으로 보았다.

정신병리의 관점에서, 자기애적 병리는 종종 외상적 경험, 양육자의 일관성 결핍, 공감적 반응의 부족과 연계된다. 이러한 경험적 결핍은 아동의 자기 구조 발달에 심각한 영향을 미치며, 핵심 자기의 통합과 외연 자기의 발달을 방해한다. 결과적으로, 개인은 내적 갈등, 정서적 불안, 사회적 고립 등의 정신병리적 양상을 경험하게 된다.

코헛은 자기애적 병리의 임상적 접근에서 공감적 치료의 중요성을 강조하였다. 치료자는 아동기 또는 성인기의 결핍된 자기대상 경험을 재현하고, 분열된 자기와 공허감을 통합하도록 돕는다. 이를 통해 성숙한 자기 기능의 회복과 자기 통합 촉진이 가능하며, 창조적 기능과 대인 관계적 적응 능력 또한 강화된다. 임상적 개입에서 중요한 것은 병리적 증상 자체를 제거하는 것이 아니라, 자기 구조의 재통합을 통해 심리적 탄력성과 자기조절 능력을 회복하도록 돕는 것이다.

하인츠 코헛의 자기심리학에서 자기애적 병리와 정신병리는 자기대상 경험의 질과 일관성, 아동기의 발달적 욕구 충족 여부에 직접적으로 연관되며, 자기 구조의 통합과 성숙한 자기 기능 회복을 목표로 한 치료적 공감과 자기대상 전이가 병리적 상태를 치유하는 근본적 전략으로 작용한다. 이러한 관점은 기존 정신분석적 접근과 달리, 병리를 단순한 증상의 문제가 아니라 발달적 결핍의 결과로 이해하고 치료 방향을 구조적·발달적 관점에서 설정하도록 하는 데 중요한 의의를 가진다.

가. 자기분열

자기분열은 자기 구조의 통합이 이루어지지 못하거나, 초기 자기대상 경험의 결핍으로 인해 핵심 자기가 분리되고 조각화되는 상태를 의미한다. 자기분열은 단순한 감정적 불안이나 행동적 문제를 넘어, 개인의 자기 통합과 정체성의 연속성을 심각하게 훼손하는 발달적 병리로 간주된다. 코헛에 따르면, 자기분열은 아동기 거울 경험, 이상화 경험, 쌍둥이 경험 등 핵심 자기대상 경험의 결핍이나 불일치에서 기인하며, 이는 자기 구조의 안정성과 자기애적 균형을 유지하는 능력을 저해한다.

자기분열은 아동의 자기애적 발달과 밀접하게 연관되어 있으며, 핵심 자기의 불안정성, 공허감, 낮은 자기 존중감 등과 함께 나타난다. 분열된 자기 상태에서는 개인이 내적 갈등이나 좌절을 경험할 때 자기조절 능력이 상실되고, 외부 환경과의 상호작용에서 과도한 자기방어 혹은 왜곡된 자기애적 방어가 발동될 가능성이 높다. 이러한 상태가 지속될 경우, 성인기 자기애적 성격장애나 정서적 불안정성으로 발전할 수 있다.

코헛은 자기분열의 임상적 의미를 단순한 병리적 증상의 관점에서 접근하지 않고, 발달적 결핍과 공감적 결여의 결과로 해석하였다. 치료적 맥락에서 자기분열은 공감적 반응을 통해 치유될 수 있으며, 분열된 자기를 통합하도록 돕는 과정이 핵심이다. 치료자는 자기대상 전이를 활용하여 아동기 결핍 경험을 재현하고, 개인이 내적 자기 구조를 점진적으로 통합하도록 지원한다. 이를 통해 성숙한 자기의 형성, 자기 통합, 자기조절, 대인관계적 적응 능력이 회복된다.

코헛의 자기심리학에서 자기분열은 자기 구조의 통합 실패로 인한 핵심 자기의 조각화 상태를 의미하며, 초기 자기대상 경험의 질과 일관성, 공감적 상호작용의 결핍과 직결된다. 임상적 개입에서는 자기분열의 원인을 발달적 관점에서 이해하고, 공감적 치료를 통해 분열된 자기의 통합과 성숙한 자기 기능 회복을 촉진하는 것이 핵심 목표로 설정된다. 이러한 접근은 자기애적 병리와 정신병리를 구조적·발달적 관점에서 이해하고 치료하는 데 중요한 이론적·임상적 근거를 제공한다.

나. 공허감

공허감은 자기 구조의 통합이 손상되거나 핵심 자기와 외연 자기 간의 조화가 결핍될 때 발생하는 심리적 경험으로 정의된다. 공허감은 단순한 정서적 결핍이나 외로움의 상태를 넘어, 개인이 자신의 존재 의미와 정체성을 느끼지 못하는 심리적 공백 상태를 의미하며, 자기애적 병리 및 정신병리와 깊이 연관된다. 공허감은 아동기 핵심 자기 발달 과정에서 거울 경험, 이상화 경험, 쌍둥이 경험과 같은 자기대상 경험이 충분히 충족되지 않거나 불일치할 때 발생한다.

공허감은 자기애적 발달의 결핍을 반영하며, 핵심 자기의 불안정성, 자기분열, 낮은 자기 존중감과 함께 나타난다. 개인은 이러한 상태에서 내적 갈등과 정서적 좌절을 경험하며, 자기조절 능력이 약화된다. 결과적으로 공허감은 대인 관계적 적응과 정서적 안정에 심각한 영향을 미치며, 자기애적 방어기제의 과도한 활용으로 이어질 수 있다.

코헛은 공허감을 단순한 정서적 결핍으로 보지 않고, 발달적 결핍과 자기대상 경험의 결핍의 결과로 이해하였다. 치료적 관점에서 공허감은 공감적 치료를 통해 완화될 수 있으며, 분열된 자기를 통합하고 핵심 자기의 안정성을 회복하는 과정에서 핵심적 역할을 한다. 치료자는 자기대상 전이를 활용하여 결핍된 자기대상 경험을 재현하고, 아동기 발달적 욕구를 충족시킴으로써 내적 자기 구조의 통합과 성숙한 자기 기능 회복을 촉진한다.

자기심리학에서 공허감은 핵심 자기와 외연 자기의 통합 결핍, 자기대상 경험의 부족, 자기애적 발달의 결함과 직결되는 심리적 상태로, 성숙한 자기 기능 회복과 자기 통합을 위한 임상적 개입에서 핵심적으로 고려되어야 한다. 공허감의 이해는 자기애적 병리와 정신병리를 구조적·발달적 관점에서 해석하고, 치료적 공감과 자기대상 전이를 통해 심리적 회복을 촉진하는 데 중요한 이론적 근거를 제공한다.

다. 열등감

열등감은 자기 구조의 통합과 자기 존중감 형성 과정에서 발생하는 심리적 경험으로 정의된다. 열등감은 개인이 자신의 능력, 가치, 혹은 존재가 외부 기준이나 자기 이상에 미치지 못한다고 인식할 때 나타나는 내적 감정으로, 핵심 자기의 불안정성과 깊이 연관되어 있다. 코헛은 열등감을 단순한 자존감 결핍으로 보지 않고, 아동기 자기대상 경험의 질적 결핍과 발달적 욕구의 충족 실패에서 기인하는 자기애적 발달의 장애로 이해하였다.

열등감은 아동이 거울 경험, 이상화 경험, 쌍둥이 경험 등 핵심 자기대상 경험을 충분히 얻지 못하거나 왜곡된 방식으로 경험했을 때 발생한다. 이러한 결핍은 자기 구조의 분열, 공허감, 자기 통합 저하와 함께 나타나며, 아동이 자신의 내적 가치와 능력을 안정적으로 내면화하지 못하도록 한다. 결과적으로 개인은 대인 관계적 적응과 정서적 안정에 어려움을 경험하며, 자기애적 방어기제의 과도한 활용으로 심리적 균형을 유지하려 한다.

코헛은 열등감을 임상적 관점에서 이해할 때, 이를 발달적 결핍과 연결하여 해석하였다. 치료적 개입에서 열등감은 공감적 치료를 통해 완화될 수 있으며, 결핍된 자기대상 경험을 재현함으로써 핵심 자기의 안정성을 회복하도록 돕는다. 치료자는 자기대상 전이를 활용하여 아동기 충족되지 못한 발달적 욕구를 보완하고, 자기 통합, 자기조절, 성숙한 자기 기능 회복을 촉진한다. 이를 통해 개인은 열등감으로 인해 나타나는 자기애적 방어기제의 과도한 사용을 줄이고, 현실적 자기평가와 적응적 대인관계 기능을 회복할 수 있다.

코헛의 열등감은 핵심 자기의 불안정, 자기대상 경험의 결핍, 발달적 욕구 충족 실패와 직결되는 심리적 상태로, 성숙한 자기 기능과 자기 통합을 위한 임상적 개입에서 핵심적으로 고려되어야 한다. 열등감의 이해는 자기애적 병리와 정신병리를 구조적·발달적 관점에서 해석하고, 공감적 치료와 자기대상 전이를 통해 심리적 회복을 촉진하는 중요한 이론적 근거를 제공한다.

라. 자기애적 성격장애

자기애적 성격장애는 자기 구조의 통합 실패와 자기애적 발달의 결핍으로 인해 나타나는 심리적 상태 및 행동 양상을 포괄적으로 설명하는 진단적 범주로 이해된다. 코헛은 자기애적 성격장애는 단순히 과도한 자기중심성이나 권위에 대한 과잉 집착으로 환원하지 않고, 아동기 핵심 자기 발달 과정에서 거울 경험, 이상화 경험, 쌍둥이 경험 등 필수적 자기대상 경험이 충분히 충족되지 않거나 왜곡되었을 때 나타나는 발달적 병리로 해석하였다.

자기애적 성격장애는 핵심 자기의 불안정성, 자기분열, 공허감, 낮은 자기 존중감 등 자기 구조의 심리적 결핍과 밀접하게 연결된다. 이러한 내적 결핍은 외부 세계와의 상호작용에서 과도한 자기애적 방어를 발동하게 하며, 이는 과도한 자기중심적 사고, 타인에 대한 공감 결핍, 열등감에 대한 과잉보상 등 임상적 양상으로 나타난다.

코헛은 자기애적 성격장애의 핵심적 특성을 발달적 관점에서 이해하며, 자기애적 성격장애 환자의 행동과 정서적 문제를 단순한 성격 결함으로 해석하지 않고, 발달적 결핍과 공감적 상호작용의 결과로 설명하였다. 치료적 관점에서 자기애적 성격장애는 공감적 치료와 자기대상 전이를 통해 핵심 자기의 안정성을 회복하고, 자기 통합과 성숙한 자기 기능을 발달시키는 과정이 필수적이다. 이를 통해 개인은 분열된 자기를 통합하고, 자기조절, 현실적 자기 평가, 적응적 대인관계 능력을 회복할 수 있다.

코헛의 자기심리학에서 자기애적 성격장애는 자기대상 경험의 결핍과 발달적 욕구 미충족으로 인해 형성되는 자기 구조의 병리적 상태이며, 핵심 자기의 불안정과 자기 통합 실패가 중심적인 특징으로 작용한다. 임상적 개입에서는 자기애적 성격장애를 발달적·구조적 관점에서 이해하고, 공감적 치료와 자기대상 전이를 활용하여 자기 구조 회복과 성숙한 자기 기능 발달을 촉진하는 것이 핵심 목표로 설정된다. 이러한 접근은 자기애적 병리와 정신병리를 심층적으로 이해하고, 구조적·발달적 치료 전략을 설계하는 데 중요한 이론적 기반을 제공한다.

04 치료적 접근과 공감의 역할

자기심리학에서 치료적 접근은 자기 구조의 회복과 성숙한 자기 기능 발달을 목표로 하며, 핵심적인 방법론으로 공감의 활용을 강조한다. 코헛은 전통적인 정신분석적 접근에서 흔히 강조되는 해석적 기법보다, 치료자가 환자의 내적 경험을 이해하고 그 정서적 상태에 능동적으로 반응하는 공감적 상호작용을 중심으로 치료가 진행되어야 한다고 보았다. 공감은 단순히 감정을 이해하는 것을 넘어, 환자의 자기대상 경험을 재현하고 보완하는 발달적 치료적 기능을 수행한다.

치료적 공감의 핵심 목적은 핵심 자기의 안정화, 자기 통합, 자기애적 병리 회복을 지원하는 데 있다. 이를 위해 치료자는 환자가 아동기 또는 발달 과정에서 결핍된 거울 경험, 이상화 경험, 쌍둥이 경험과 같은 핵심 자기대상 경험을 안전하게 경험하도록 돕는다. 이러한 공감적 상호작용은 분열된 자기를 통합하고, 공허감, 열등감, 자기애적 방어 등 병리적 양상을 완화시키는 심리적 기반을 제공한다.

코헛은 치료적 접근에서 자기대상 전이의 중요성을 강조하였다. 자기대상 전이란 환자가 치료자에게 초기 발달 과정에서 결핍되었던 자기대상 경험을 투사하고, 이를 통해 내적 자기 구조를 통합하려는 심리적 과정을 의미한다. 치료자는 이러한 전이 상황에서 공감적 반응을 제공함으로써 환자의 자기 구조 통합과 자기 존중감 회복을 지원한다. 특히, 공감적 반응은 환자가 자기애적 병리와 관련된 방어기제를 과도하게 사용하지 않고, 현실적 자기 평가와 적응적 대인관계를 수행할 수 있도록 돕는다.

자기심리학에서 치료적 접근과 공감의 역할은 자기 구조의 회복과 성숙한 사기 기능 발달을 위한 핵심 전략으로, 발달적 결핍과 자기대상 경험의 결핍을 임상적으로 보완하는 기능을 수행한다. 공감적 치료는 분열된 자기, 공허감, 열등감, 자기애적 성격장애 등 다양한 자기애적 병리와 정신병리의 근본적 회복을 촉진하며, 성숙한 자기 통합과 대인관계 적응을 증진시키는 결정적 요소로 작용한다. 따라서 공감적 치료는 코헛 자기심리학에서 발달적·구조적 치료 전략의 중심축을 이루며, 자기애적 병리와 정신병리를 이해하고 치유하는 데 있어 임상적·이론적 근거를 제공하는 핵심적 방법론으로 평가된다.

가. 공감

공감(empathy)은 단순한 정서적 이해나 동정적 감정의 표현을 넘어, 치료적 과정에서 핵심 자기와 외연 자기의 통합을 촉진하는 발달적·치료적 기능을 수행하는 심리적 능력으로 정의된다. 공감은 개인이 자신의 내적 경험을 언어화하거나 인식하도록 돕는 과정으로, 자기대상 경험의 결핍으로 인한 자기애적 병리와 정신병리를 치료하고 예방하는 데 결정적 역할을 한다. 코헛은 공감을 통해 치료자가 환자의 내적 세계에 능동적으로 반응함으로써, 환자가 아동기 발달 과정에서 충분히 충족되지 못한 거울 경험, 이상화 경험, 쌍둥이 경험을 재경험하도록 돕는다고 보았다.

공감은 자기 구조의 안정성과 자기 통합에 필수적이다. 치료적 공감은 분열된 자기, 공허감, 열등감 등과 같은 자기애적 병리적 현상을 완화시키며, 핵심 자기가 외부 자기대상과 안정적으로 연결될 수 있도록 지원한다. 이러한 과정에서 환자는 자기 존중감과 자기애적 균형을 회복하며, 성숙한 자기 기능을 발달시키게 된다.

코헛은 공감을 단순한 이해나 감정적 동조가 아니라, 치료적 개입의 구조적·발달적 도구로 보았다. 치료자는 자기대상 전이를 통해 환자가 과거 발달적 결핍을 경험한 영역을 재현하고, 이를 공감적으로 수용함으로써 자기 구조의 통합과 자기 조절, 현실적 자기 평가, 대인관계 적응 능력을 강화할 수 있다. 공감적 상호작용은 환자가 내적 갈등을 해소하고, 자기애적 방어기제의 과도한 사용을 조절하며, 자기분열을 예방하거나 회복하는 결정적 역할을 수행한다.

자기심리학에서 공감은 발달적 결핍과 자기대상 경험의 결핍을 치유하는 핵심적 심리적 능력으로, 자기 구조의 통합과 성숙한 자기 기능 회복을 가능하게 하는 치료적 기반을 제공한다. 공감은 자기애적 병리와 정신병리를 구조적·발달적 관점에서 이해하고 치료하는 데 필수적인 임상적 원리로, 성숙한 자기 통합과 대인관계 적응을 증진시키는 결정적 요소로 작용한다.

나. 자기대상 전이

자기대상 전이(selfobject transference)는 치료 과정에서 환자가 과거 발달 과정에서 충분히 충족되지 못한 자기대상 경험을 치료자에게 투사함으로써, 내적 자기 구조를 통합하고 핵심 자기의 안정성을 회복하려는 심리적 현상을 의미한다. 코헛은 자기대상 전이를 단순한 전이 현상으로 환원하지 않고, 아동기 발달 결핍의 재현과 심리적 통합의 핵심 메커니즘으로 이해하였다.

자기대상 전이는 환자가 아동기 거울 경험, 이상화 경험, 쌍둥이 경험과 같은 핵심 자기대상 경험을 충분히 얻지 못했을 때 나타나며, 치료 과정에서 이러한 결핍 경험을 보충하고 통합하도록 돕는 기능을 수행한다. 이를 통해 환자는 핵심 자기의 불안정, 자기분열, 공허감과 같은 자기애적 병리를 치유할 수 있는 발달적 통로를 확보하게 된다.

코헛은 자기대상 전이를 치료적 도구로 활용하여, 공감적 치료와 결합함으로써 환자의 내적 자기 구조를 재조직하고 성숙한 자기의 기능 발달을 촉진할 수 있다고 보았다. 치료자는 전이를 통해 투사된 결핍적 자기대상 경험을 공감적으로 수용하며, 환자가 이를 안전하게 경험하도록 안내한다. 이러한 과정은 자기 존중감 회복, 자기 통합, 자기조절 능력 강화와 함께 현실적 자기 평가 및 대인관계 적응 능력을 향상시키는 효과를 가진다.

자기대상 전이는 치료적 공감과 결합하여 핵심 자기의 안정성을 회복하고, 자기 구조의 통합과 성숙한 자기 기능 발달을 가능하게 하는 중심적 메커니즘이다. 자기대상 전이는 자기애적 병리와 정신병리의 발달적 결핍을 치유하는 치료적 기반으로, 발달적·구조적 관점에서 환자의 자기 통합과 심리적 회복을 촉진하는 결정적 역할을 수행한다.

다. 치료적 관계

치료적 관계(therapeutic relationship)는 단순한 상담적 상호작용이나 임상적 접촉을 넘어, 환자의 자기 구조 회복과 성숙한 자기 기능 발달을 촉진하는 핵심적 발달적 장치로 이해된다. 코헛은 치료적 관계를 통해 환자가 아동기 핵심 자기의 발달 과정에서 충분히 충족되지 못한 자기대상 경험을 안전하게 재경험 하고, 자기 구조를 통합할 수 있는 심리적 환경을 제공한다고 보았다.

치료적 관계는 공감을 중심으로 형성되며, 공감적 반응을 통해 환자의 내적 경험을 이해하고 존중함으로써 핵심 자기의 안정성을 회복하는 데 중요한 역할을 한다. 치료자는 자기대상 전이를 활용하여 환자가 결핍된 거울 경험, 이상화 경험, 쌍둥이 경험과 같은 발달적 욕구를 안전하게 경험하도록 지원한다. 이를 통해 분열된 자기, 공허감, 열등감 등 자기애적 병리와 정신병리의 핵심적 요소가 완화되며, 자기 통합과 자기조절, 현실적 자기 평가, 대인관계 적응 능력이 향상된다.

코헛은 치료적 관계의 역동을 발달적·구조적 관점에서 이해하며, 치료자와 환자 간의 상호작용이 단순한 지시나 해석에 그치지 않고, 치료적 자기대상 경험을 제공하는 발달적 장치로 기능하도록 강조하였다. 치료적 관계를 통해 환자는 초기 자기대상 경험의 결핍으로 인해 나타난 자기애적 방어기제를 점진적으로 완화하고, 자기애적 균형을 회복하며, 성숙한 자기 기능을 내면화할 수 있다.

자기심리학에서 치료적 관계는 핵심 자기의 안정화, 자기 구조 통합, 자기애적 병리와 정신병리 회복을 위한 중심적 매개체로 작용한다. 공감적 상호작용과 자기대상 전이를 포함한 치료적 관계는 분열된 자기, 공허감, 열등감, 자기애적 성격장애 등 다양한 자기애적 병리의 발달적 결핍을 치유하며, 성숙한 자기 통합과 대인관계 적응을 촉진하는 결정적 임상적 메커니즘으로 평가된다.

라. 자기 통합 회복

하인츠 코헛의 자기 통합 회복(self-integration recovery)은 핵심 자기의 불안정과 자기 구조의 분열로 인해 손상된 내적 자기 체계를 재조직하고 통합하는 심리적 과정으로 정의된다. 자기 통합의 회복은 단순한 정서적 안정의 회복을 의미하는 것이 아니라, 자기 존중감, 자기조절, 현실적 자기 평가 및 대인관계 적응 능력을 포함한 성숙한 자기 기능의 발달을 포괄적으로 포함한다.

코헛은 자기 통합 회복을 치료적 과정에서 공감과 자기대상 전이의 활용을 통해 달성할 수 있다고 강조하였다. 핵심 자기와 외연 자기의 통합을 촉진하기 위해, 치료자는 환자가 아동기 발달 과정에서 충분히 경험하지 못한 거울 경험, 이상화 경험, 쌍둥이 경험 등 핵심 자기대상 경험을 안전하게 재현하도록 지원한다. 이러한 경험은 분열된 자기와 공허감, 열등감 등 자기애적 병리를 완화시키고, 핵심 자기의 안정성을 회복하도록 돕는다.

자기 통합 회복 과정에서 치료적 관계는 결정적 역할을 수행한다. 치료자는 공감적 상호작용과 자기대상 전이를 통해 환자가 초기 자기대상 결핍을 내적 경험으로 안전하게 통합하도록 안내하며, 이를 통해 자기 구조의 재조직이 이루어진다. 자기 통합 회복은 또한 자기애적 방어기제의 과도한 사용을 조절하고, 현실적 자기 평가와 적응적 대인관계를 가능하게 함으로써, 환자가 성숙한 자기로 성장할 수 있는 발달적 토대를 제공한다.

자기심리학에서 자기 통합 회복은 핵심 자기의 안정, 자기 구조의 통합, 자기애적 병리 및 정신병리의 회복을 가능하게 하는 중심적 메커니즘이다. 이는 발달적 결핍과 자기대상 경험의 결핍으로 인해 나타나는 자기애적 병리적 상태를 치유하고, 성숙한 자기 통합과 대인관계 적응을 촉진하는 결정적 치료적 목표이자 임상적 전략으로 작용한다.

Chapter 11

도널드 위니컷의 성격이론

01 진정한 자아와 가짜 자아

진정한 자아(True Self)와 가짜 자아(False Self)는 현대 정신분석과 대상관계 이론에서 인간 심리의 핵심적 구조를 설명하는 중요한 개념으로, 특히 도널드 위니컷(D. W. Winnicott)의 이론적 틀에서 심층적으로 논의된다. 진정한 자아는 개인이 자신의 내적 경험과 감정을 진실하게 인식하고 표현할 수 있는 내적 핵심으로 정의될 수 있으며, 이는 개인의 창의성, 자율성, 그리고 자기 충실성과 직접적으로 연관된다. 진정한 자아는 안전하고 신뢰할 수 있는 환경 속에서 양육자와의 초기 상호작용을 통해 발달하며, 특히 영아기 동안 보호자와의 일관된 애정적 반응, 즉 충분히 좋은 양육(good-enough mothering)에 의해 형성된다. 이러한 발달적 환경은 아동이 자신의 욕구, 감정, 충동을 자유롭게 경험하고 탐색할 수 있는 안전한 심리적 공간을 제공하며, 이는 자아의 내적 통합과 현실 검증 능력을 강화한다.

반면 가짜 자아는 진정한 자아의 자연스러운 표현이 외부 환경에 의해 억압되거나 왜곡될 때 형성된다. 위니컷은 가짜 자아를 사회적 요구나 양육자의 기대에 맞추어 만들어진 외적 자기로 정의하며, 이는 개인이 자신의 본질적 욕구와 감정을 억누르고, 외적 요구에 부합하도록 행동하고 반응하는 심리적 구조를 의미한다. 가짜 자아는 주로 생존 전략으로 기능하며, 초기 발달 과정에서 부모나 보호자가 아동의 진정한 감정 표현을 반복적으로 무시하거나 처벌하는 상황에서 활성화된다. 이로 인해 개인은 내적 경험의 진정성을 상실하고, 자기 자신과의 심리적 단절 상태를 경험하게 된다.

진정한 자아와 가짜 자아의 관계는 단순한 이분법적 구분으로 이해되기보다는, 개인 심리 내에서 동적 균형과 상호작용을 통해 이해하는 것이 바람직하다. 진정한 자아는 창의적 잠재력과 자기 통합성을 기반으로 개인의 심리적 건강과 자기실현을 촉진하는 반면, 가짜 자아는 사회적 적응과 생존을 위해 일시적으로 기능할 수 있지만 장기적으로는 불안, 우울, 자기소외와 같은 정신병리적 결과를 초래할 수 있다. 심리 치료적 맥락에서는, 치료자는 내담자가 가짜 자아를 통해 억압한 진정한 감정과 욕구를 안전하게 탐색할 수 있는 환경을 제공함으로써, 진정한 자아의 회복과 강화를 목표로 한다. 이를 통해 개인은 자기 자신의 감정, 욕구, 경험을 보다 일관되게 인식하고 통합할 수 있으며, 이는 자율적이고 창의적인 삶의 토대를 마련한다.

진정한 자아와 가짜 자아의 이해는 인간 심리 발달과 정신 건강의 핵심을 파악하는 데 필수적이며, 개인이 내적 경험과 외적 요구 사이에서 적절한 균형을 유지하고 자기 통합성을 회복할 수 있는 전략적 근거를 제공한다. 이는 심리치료, 상담, 그리고 임상적 개입에서 중요한 지침으로 작용하며, 인간 존재의 본질적 측면을 탐구하는 심층적 분석의 출발점이 된다.

가. 진정한 자아

진정한 자아(True Self)는 현대 정신분석과 대상관계 이론에서 개인의 심리적 중심으로 이해되며, 인간 존재의 자율성과 창의성, 그리고 심리적 통합성을 가능하게 하는 근본적 기반으로 간주된다. 도널드 위니컷(D. W. Winnicott)의 관점에서 진정한 자아는 영아기 초기 보호자와의 안정적이고 일관된 상호작용 속에서 발달하는 심리적 구조로, 아동이 자신의 내적 경험, 감정, 욕구를 자유롭게 인식하고 표현할 수 있는 능력과 직결된다. 이러한 발달 과정에서 핵심적인 역할을 수행하는 요소는 '충분히 좋은 양육(good-enough mothering)'으로, 이는 보호자가 아동의 신호와 요구에 민감하게 반응하면서 동시에 아동의 자율성을 존중하는 상호작용을 의미한다. 이 환경은 아동이 자신의 내적 경험을 왜곡 없이 탐색할 수 있는 안전한 심리적 공간을 제공하며, 결과적으로 진정한 자아의 자발적 자기표현과 내적 통합을 가능하게 한다.

진정한 자아의 발현은 단순히 감정의 자유로운 표출에 국한되지 않으며, 내적 경험과 외적 현실 간의 조화적 상호작용 속에서 자기 통합과 현실 검증을 가능하게 한다. 즉, 진정한 자아는 개인이 자신의 욕구와 감정을 인식하고 이를 적절하게 외적 행동으로 전환할 수 있는 능력을 포함하며, 이는 창의적 사고, 자기 주도적 행동, 그리고 심리적 회복탄력성의 기반이 된다. 위니컷은 이러한 진정한 자아의 발달이 보호자의 '반영적 기능'과 깊은 연관이 있다고 보았으며, 아동이 자신의 정서적 경험을 안전하게 탐색할 수 있는 환경이 확보될 때 진정한 자아가 지속적으로 강화된다고 설명한다.

진정한 자아의 건강한 발달은 개인의 성격구조와 사회적 적응 능력에도 직접적인 영향을 미친다. 진정한 자아가 충분히 발달한 개인은 내적 경험과 외적 요구 사이에서 적절한 균형을 유지하며, 자신의 욕구와 감정을 정직하게 표현함으로써 대인관계에서 진실성과 일관성을 유지할 수 있다. 반대로 진정한 자아의 발달이 제한되거나 억압될 경우, 개인은 자기소외나 정체성 혼란을 경험할 수 있으며, 이는 장기적으로 불안, 우울, 그리고 심리적 기능 저하로 이어질 가능성이 있다.

임상적 맥락에서 진정한 자아의 탐색과 회복은 심리치료와 상담의 핵심 목표 중 하나로 설정된다. 치료적 관계에서 치료자는 내담자가 자신의 내적 경험과 감정을 안전하게 탐색하고 표현할 수 있는 환경을 조성함으로써, 억압되거나 왜곡된 자아 표현을 점진적으로 진정한 자아와 통합하도록 돕는다. 이러한 과정은 내담자의 자기인식과 자기수용을 강화하며, 궁극적으로 창의적이고 자율적인 삶을 영위할 수 있는 기반을 제공한다.

따라서 진정한 자아는 인간 심리의 핵심적 토대이자 자율적 존재의 출발점으로 이해될 수 있으며, 이는 인간 존재의 심층적 이해와 정신 건강의 촉진을 위해 반드시 탐구되어야 하는 개념이다. 진정한 자아의 발달과 유지에 대한 이해는 임상 실천뿐만 아니라, 인간 발달 연구, 교육, 사회적 상호작용 연구 등 다방면에서 실질적 함의를 제공한다.

나. 가짜 자아

가짜 자아(False Self)는 인간 심리 구조에서 진정한 자아를 보호하거나 사회적 적응을 위해 형성되는 심리적 방어 구조로서, 도널드 위니컷의 대상관계 이론에서 핵심적으로 논의되는 개념이다. 가짜 자아는 개인이 외부 환경, 특히 보호자의 기대와 사회적 요구에 맞추어 자신을 조정하고, 내적 경험을 억압하거나 왜곡함으로써 형성된다. 이러한 심리적 구조는 초기 발달 과정에서 아동이 자신의 진정한 감정을 자유롭게 표현하지 못하고 반복적인 부정적 반응이나 무시, 혹은 과도한 통제를 경험할 때 활성화된다. 즉, 가짜 자아는 생존 전략으로 기능하며, 개인이 외적 현실과 조화롭게 상호작용하도록 돕지만, 동시에 내적 진정성과 창의성을 억압하는 양가적 특성을 지닌다.

가짜 자아는 외적 적응에 초점을 맞춘 행동 패턴과 정서적 반응을 특징으로 한다. 개인은 타인의 기대에 부합하도록 자신의 욕구, 감정, 충동을 억제하거나 변형하며, 이러한 과정에서 내적 경험과 외적 행동 간의 괴리가 발생한다. 결과적으로 가짜 자아는 겉으로는 사회적 기능을 수행하고 적응적인 행동을 보일 수 있으나, 내부적으로는 자기소외와 심리적 긴장을 초래한다. 장기적으로 이러한 상태는 불안, 우울, 정체성 혼란, 그리고 자기 통합의 저하와 같은 정신병리적 결과로 이어질 수 있다.

위니컷은 가짜 자아를 단순히 부정적 개념으로 보지 않고, 진정한 자아를 보호하는 기능적 측면에서도 이해해야 한다고 강조하였다. 특히 외부 환경이 위협적이거나 반응이 일관되지 않은 상황에서 가짜 자아는 아동이 심리적 생존을 유지하도록 돕는 방어적 도구로 작용한다. 그러나 가짜 자아가 장기적으로 지배적 구조로 자리 잡으면, 개인은 자신의 내적 욕구와 감정을 진정으로 경험하지 못하며, 심리적 성숙과 창의적 발현을 제한받게 된다.

임상적 관점에서 가짜 자아의 탐색과 통합은 심리치료에서 중요한 과제이다. 치료자는 내담자가 외적 요구에 맞춘 가짜 자아를 통해 억압한 진정한 감정과 욕구를 안전하게 탐색할 수 있는 환경을 조성함으로써, 진정한 자아의 회복과 강화를 지원한다. 이러한 과정에서 내담자는 자기 자신의 내적 경험을 점진적으로 인식하고, 외적 적응과 내적 진정성 사이에서 보다 균형 있는 자기표현을 획득하게 된다.

치료적 개입은 가짜 자아가 단순히 외적 생존을 위한 수단임을 이해시키고, 진정한 자아와의 통합을 촉진하여 자기 통합과 심리적 탄력성을 회복하는 데 초점을 맞춘다.

가짜 자아는 인간 심리에서 외적 적응과 생존을 가능하게 하는 동시에, 내적 진정성과 창의성을 억압할 수 있는 복합적 구조이다. 이에 대한 이해는 심리치료, 발달심리, 인간행동 연구 등 다양한 영역에서 인간 심리와 행동을 해석하는 중요한 토대를 제공하며, 진정한 자아의 발달과 자기 통합을 촉진하기 위한 전략적 근거로 작용한다.

다. 자율성과 창조성의 발달

자율성과 창조성의 발달은 인간 심리 발달에서 핵심적 주제로서, 개인의 진정한 자아의 형성과 밀접하게 연관되어 있으며, 심리적 통합, 자기 효능감, 그리고 자기 주도적 삶의 기반을 형성한다. 자율성(autonomy)은 단순히 외적 자유를 의미하는 것이 아니라, 내적 욕구, 감정, 사고를 진실하게 인식하고 이를 기반으로 자기 행동을 조절하며 선택할 수 있는 능력을 포함한다. 창조성은 이러한 자율적 기반 위에서 발현되는 심리적 잠재력으로, 개인이 새로운 아이디어, 문제 해결 전략, 혹은 자기표현 양식을 개발하고 기존 경험을 독창적으로 재구성할 수 있는 능력을 의미한다.

발달심리학과 정신분석적 관점에서 자율성과 창조성의 성장은 초기 양육 환경과 보호자와의 상호작용에서 비롯된다. 도널드 위니컷은 충분히 좋은 양육의 중요성을 강조하며, 영아가 안전하고 일관된 환경 속에서 자신의 요구와 감정을 탐색할 수 있을 때, 내적 경험의 진실성을 기반으로 한 자율적 행동이 가능해진다고 설명한다. 이러한 환경에서 아동은 실패와 좌절을 경험하더라도 내적 회복력을 통해 자기 경험을 통합하고, 창의적 사고를 확장하는 능력을 발달시킨다. 즉, 자율성과 창조성은 초기 심리적 안전감과 신뢰적 관계 속에서 상호보완적으로 성장한다.

자율성의 발달은 자기조절능력, 자기 통합, 그리고 현실 검증 능력과 밀접하게 연관된다. 아동이 자신의 내적 상태를 인식하고, 외적 환경과 조화롭게 상호작용할 수 있을 때, 개인은 선택적 행동과 목표 지향적 행동을 수행할 수 있는 능력을 갖춘다. 이러한 과정은 창조성의 발현과 직결된다. 창조성은 단순한 예술적 표현을 넘어, 문제 해결 능력, 상징적 사고, 자기표현, 그리고 새로운 경험에 대한 심리적 개방성을 포함하며, 이는 진정한 자아의 자기실현을 촉진한다.

임상적 맥락에서 자율성과 창조성의 발달을 촉진하는 전략은 내담자가 자기 경험을 자유롭게 탐색하고 표현할 수 있는 안전한 치료적 환경을 제공하는 것이다. 치료자는 내담자가 실패와 좌절을 경험할 때 이를 지지하고, 자기 결정적 선택을 존중함으로써 내적 자기능력을 강화한다. 또한 창조적 자기표현을 장려함으로써, 내담자는 내적 경험을 독창적으로 통합하고 자기 이해를 심화할 수 있다. 이러한 과정은 내담자가 외적 요구와 내적 욕구 사이에서 균형을 유지하며, 자기 통합과 심리적 성숙을 달성하도록 돕는다.

자율성과 창조성의 발달은 인간 심리 발달의 핵심적 측면으로서, 진정한 자아의 발현과 직접적으로 연결된다. 이는 초기 심리적 안전감, 보호자와의 신뢰적 관계, 자기 경험의 진실한 탐색을 기반으로 하며, 개인의 자기 통합, 심리적 회복력, 그리고 자기실현 능력을 강화한다. 자율성과 창조성의 발달에 대한 심층적 이해는 심리치료, 교육, 인간발달 연구, 그리고 창의적 문제 해결 능력 향상을 위한 실천적 근거를 제공한다.

02 좋은 충분한 어머니와 최적 환경

좋은 충분한 어머니(Good-Enough Mother)와 최적 환경은 인간 심리 발달, 특히 진정한 자아의 형성과 자율성 및 창조성 발현에 결정적 역할을 하는 개념으로, 도널드 위니컷의 대상관계 이론과 발달심리학적 관점에서 심층적으로 논의된다. 좋은 충분한 어머니란 아동의 초기 발달 단계에서 그 요구와 신호에 민감하게 반응하며, 동시에 아동이 자율적으로 경험을 탐색하고 자기 행동을 조절할 수 있도록 일정한 심리적 공간을 제공하는 양육자를 의미한다. 이 개념에서 핵심적인 요소는 완벽함이 아니라, 아동의 내적 경험과 외적 현실 간의 조화를 지원하는 '적절한 반응성'이다. 즉, 보호자는 아동의 욕구를 지나치게 과잉 충족하지도, 지나치게 무시하거나 억압하지도 않으며, 아동이 자신의 욕구와 감정을 탐색할 수 있는 안전한 환경을 제공한다.

최적 환경은 이러한 좋은 충분한 어머니의 양육 행동이 구현되는 심리적·사회적 맥락을 의미하며, 아동의 내적 세계와 외적 현실 간의 조화적 상호작용을 가능하게 한다. 최적 환경은 아동이 자기 경험을 진실하게 인식하고 표현할 수 있는 안전감과 신뢰적 관계를 제공함으로써, 진정한 자아의 자발적 자기표현과 내적 통합을 촉진한다. 이러한 환경은 아동이 좌절을 경험할 때도 적절히 조절된 정도로 제공되며, 이는 아동의 현실 검증 능력과 심리적 회복탄력성을 강화한다.

좋은 충분한 어머니와 최적 환경은 아동의 발달적 욕구와 생존적 욕구를 균형 있게 충족시키는 역할을 한다. 초기 발달 단계에서 보호자가 아동의 신체적·정서적 신호를 민감하게 수용 때, 아동은 자신의 내적 경험을 안전하게 탐색하고 통합할 수 있으며, 이는 진정한 자아의 형성과 자율성의 발달을 촉진한다. 반면 이러한 환경이 결핍되거나 일관성이 결여될 경우, 아동은 가짜 자아를 발달시켜 외적 요구에 부합하도록 자신을 조정하게 되며, 이는 장기적으로 자기소외, 정체성 혼란, 심리적 기능 저하를 초래할 수 있다.

임상적·교육적 맥락에서 좋은 충분한 어머니와 최적 환경의 개념은 아동 발달 지원 전략, 심리 치료적 개입, 그리고 부모 교육 프로그램 설계에 중요한 근거를 제공한다. 치료자는 내담자가 초기 발달 환경에서 경험하지 못한 안전감과 신뢰적 상호작용을 치료적 관계 속에서 경험하도록 지원함으로써, 억압되거나 왜곡된 진정한 자아를 탐색하고 회복할 수 있는 기반을 제공한다. 또한 부모 교육과 양육

지침에서 최적 환경의 원리를 적용하면, 아동이 자신의 내적 경험을 존중하며 자율적 선택과 창조적 탐색을 수행할 수 있도록 촉진할 수 있다.

좋은 충분한 어머니와 최적 환경은 인간 발달에서 진정한 자아의 형성, 자율성과 창조성 발현, 심리적 통합과 회복력 강화의 핵심적 토대이다. 이는 단순히 보호자의 양육 기술에 국한되지 않고, 아동이 내적 경험과 외적 현실을 조화롭게 통합하며 성장할 수 있는 심리적·사회적 조건을 포함하는 개념으로 이해되어야 한다. 이러한 이해는 심리치료, 발달심리 연구, 교육, 그리고 인간 행동과 창의성 발현에 대한 실천적 전략 수립에 필수적인 근거를 제공한다.

가. 좋은 충분한 어머니

좋은 충분한 어머니(Good-Enough Mother)라는 개념은 도널드 위니컷의 대상관계 이론에서 인간 발달과 심리적 건강의 핵심 원리로 제시된다. 이 개념은 완벽한 양육을 의미하는 것이 아니라, 아동이 초기 발달 단계에서 자신의 내적 경험과 욕구를 안전하게 탐색할 수 있도록 충분히 적절한 환경과 상호작용을 제공하는 양육자를 의미한다. 좋은 충분한 어머니는 아동의 신호에 민감하게 반응하며, 이를 통해 아동이 자신이 경험하는 감정, 신체적 필요, 그리고 심리적 상태를 정확하게 인식하고 내면화할 수 있는 기초를 마련한다. 이러한 민감성과 반응성은 아동의 진정한 자아의 발달과 직결되며, 자율성과 창조성의 성장에도 핵심적 역할을 한다.

좋은 충분한 어머니는 아동이 초기 생애에서 경험하는 좌절과 불편을 완전히 제거하지는 않는다. 오히려 아동이 적절한 정도의 좌절을 경험하게 함으로써 현실 검증 능력과 자기조절 능력을 발달시키는 역할을 수행한다. 이러한 과정에서 아동은 자신의 내적 경험과 외적 현실 사이에서 균형을 찾으며, 심리적 회복력을 증진하고, 자기 통합의 토대를 형성하게 된다.

좋은 충분한 어머니의 핵심 기능 중 하나는 아동의 자발적 자기표현을 지지하고 보호하는 것이다. 아동이 자신의 감정과 욕구를 자유롭게 표현할 때, 보호자는 이를 적절하게 수용하고 반영함으로써, 아동이 자신의 경험을 진실하게 인식하고 내면화할 수 있도록 돕는다. 이러한 경험은 아동이 가짜 자아를 발달시키지 않고 진정한 자아를 유지·강화하는 데 결정적인 영향을 미친다.

심리적 및 발달적 관점에서 좋은 충분한 어머니는 아동의 초기 애착 형성과 안정적 관계 형성에도 필수적이다. 보호자가 일관된 반응과 안정감을 제공할 때, 아동은 대인관계에서 신뢰감과 안전감을 경험하며, 이는 자기효능감과 자기주도적 행동의 발달로 이어진다. 또한 이러한 초기 경험은 창의적 탐색과 문제해결능력을 촉진하며, 아동의 전인적 성장을 지원한다.

임상적 맥락에서 좋은 충분한 어머니의 개념은 부모교육, 양육 상담, 아동 발달 지원 프로그램 설계 등 다양한 실천적 전략의 근거를 제공한다. 치료적 환경에서도 치료자는 내담자가 초기 발달 과정에서 경험하지 못한 안전감과 반응적 지지를 경험할 수 있도록 함으로써, 진정한 자아의 회복과 심리적 통합을 촉진한다. 이러한 과정은 내담자가 자기 경험을 신뢰하고, 자기표현과 창조적 문제해결 능력을 개발하며, 궁극적으로 자율적이고 통합된 인간으로 성장하도록 돕는다.

좋은 충분한 어머니는 완벽성을 목표로 하는 양육이 아니라, 아동이 자신의 내적 경험을 탐색하고 통합할 수 있는 충분히 적절한 환경과 반응적 지지를 제공하는 양육자이다. 이는 진정한 자아의 발달, 자율성과 창조성의 촉진, 심리적 회복력과 자기 통합의 강화라는 인간 발달의 핵심적 과정과 깊이 연결되며, 심리치료, 발달 연구, 교육, 부모교육 등 다양한 영역에서 중요한 이론적·실천적 근거를 제공한다.

나. 최적 환경

최적 환경은 인간 발달과 심리적 건강을 촉진하는 핵심적 개념으로, 도널드 위니컷의 발달심리학 및 대상관계 이론에서 중심적 역할을 한다. 최적 환경은 아동이 자신의 내적 경험을 안전하게 탐색하고, 외적 현실과 조화롭게 상호작용할 수 있는 환경적·심리적 조건을 의미한다. 이 개념에서 핵심은 환경이 완벽하거나 이상적이어야 한다는 것이 아니라, 아동의 발달적 욕구와 생존적 요구를 균형 있게 충족하며, 아동이 진정한 자아를 형성하고 유지할 수 있도록 적절한 지원과 구조를 제공하는 데 있다.

최적 환경의 특징 중 하나는 반응적 민감성이다. 보호자는 아동의 신호와 욕구를 민감하게 감지하고, 이를 적절히 수용하며 반영함으로써, 아동이 자신의 감정과 욕구를 내면화할 수 있는 기초를 마련한다. 이러한 환경은 아동에게 심리적 안전감을 제공하며, 자율성과 창조성의 발현을 촉진한다. 또한 최적 환경은 아동이 좌절을 경험할 때 이를 적절한 수준에서 제공함으로써 현실 검증 능력과 자기조절 능력을 발달시키며, 장기적으로 심리적 회복력과 자기 통합을 강화한다.

최적 환경은 좋은 충분한 어머니의 양육 행동과 밀접하게 연결된다. 보호자가 아동의 요구에 적절히 반응하고, 동시에 아동이 스스로 경험을 탐색하도록 공간을 제공할 때, 최적 환경은 아동의 내적 세계와 외적 현실 간의 조화적 상호작용을 가능하게 한다. 이러한 상호작용은 진정한 자아의 자기표현을 촉진하고, 가짜 자아의 발달을 예방하며, 아동이 자신의 욕구와 감정을 정직하게 경험하고 외적 행동으로 통합할 수 있는 능력을 강화한다.

임상적·교육적 관점에서 최적 환경의 개념은 아동 발달 지원, 심리 치료적 개입, 부모 교육 프로그램 설계에 중요한 근거를 제공한다. 심리치료에서는 치료자가 내담자에게 안전하고 반응적인 환경을 제공함으로써, 초기 발달 과정에서 결핍되었던 경험적 학습을 보완하고, 억압되거나 왜곡된 진정한 자아의 탐색과 회복을 촉진한다. 또한 부모교육에서는 최적 환경의 원리를 적용하여, 보호자가 아동의 내적 경험을 존중하고 적절히 지지하며, 동시에 자기 주도적 탐색을 허용하도록 지도함으로써 아동의 전인적 발달을 지원한다.

최적 환경은 아동이 자신의 내적 경험과 외적 현실을 조화롭게 통합하고, 자율성과 창조성을 발현하며, 심리적 회복력과 자기 통합을 강화할 수 있는 환경적·심리적 조건이다. 이는 단순히 외적 환경의 질에 국한되지 않고, 보호자의 반응적 민감성, 신뢰적 관계, 발달적 지지 등 다양한 요인을 포함하는 다차원적 개념으로 이해되어야 한다. 최적 환경의 이해와 적용은 인간 발달 연구, 심리치료, 교육, 부모교육 등 다양한 영역에서 실천적 전략과 이론적 근거를 제공하며, 인간 존재의 심층적 성장과 자기실현을 지원하는 핵심적 기반이 된다.

다. 좌절과 자아 발달의 관계

좌절(frustration)과 자아 발달(self-development)의 관계는 인간 발달과 심리적 성장의 핵심적인 메커니즘을 이해하는 데 중요한 개념적 틀을 제공한다. 좌절은 개인이 원하는 목표, 욕구, 혹은 기대를 외부 환경에서 즉시 충족하지 못할 때 경험하는 정서적·심리적 반응을 의미하며, 발달심리학과 정신분석적 관점에서 이를 단순한 부정적 경험으로만 보지 않고 자아 발달을 촉진하는 필수적 요소로 이해한다. 도널드 위니컷은 좌절 경험이 적절하게 조절되고 지원되는 맥락에서 아동이 자신의 내적 경험과 외적 현실을 통합하고 진정한 자아를 발달시키는 데 핵심적 역할을 한다고 강조하였다.

자아 발달 과정에서 좌절은 아동이 자기조절, 현실 검증, 심리적 회복력을 습득하는 데 필수적인 역할을 수행한다. 초기 발달 단계에서 아동은 자신의 요구와 신호가 즉각적으로 충족되지 않을 때, 이를 내적 경험으로 통합하고 상황을 조절하는 방식을 학습하게 된다. 이때 보호자의 반응적 민감성이 중요한 역할을 한다. 보호자가 아동의 좌절 경험을 과도하게 완화하거나 억압하지 않고, 동시에 아동이 경험을 안전하게 탐색하고 적절히 극복할 수 있도록 지지하면, 아동은 자기 통합과 내적 안정성을 형성하게 된다.

좌절 경험의 적절한 정도는 자아 발달에서 핵심적 조건으로 작용한다. 위니컷은 '최적좌절'이라는 개념을 제시하여, 아동이 너무 쉽게 요구를 충족 받거나 지나치게 좌절을 경험하지 않고, 일정한 수준에서 적절히 좌절을 경험할 때 자율성과 창조성이 발달한다고 설명하였다. 이러한 최적좌절은 아동이 자신의 욕구와 감정을 현실적으로 평가하고, 문제 해결 능과 내적 통제력을 강화하는 기회를 제공한다.

반면 과도하거나 일관되지 않은 좌절 경험은 가짜 자아의 발달을 촉진하고, 자기 소외, 정체성 혼란, 불과 같은 심리적 병리를 초래할 수 있다.

임상적 관점에서 좌절과 자아 발달의 관계는 치료적 개입에서 중요한 지침을 제공한다. 치료자는 내담자가 좌절 경험을 안전하게 탐색하고 내적 자원을 활용하여 문제를 해결할 수 있는 환경을 제공함으로써, 내담자의 진정한 자아 회복과 자기 통합을 촉진한다. 또한 치료적 맥락에서 경험되는 적절한 좌절은 내담자가 외적 요구와 내적 욕구 사이에서 균형을 찾고 자기조절 능력을 강화하며, 궁극적으로 심리적 회복력과 자기주도적 삶을 실현할 수 있도록 돕는다.

좌절은 인간 발달에서 단순한 부정적 경험이 아니라, 자아 발달과 심리적 성숙에 필수적인 촉매제 역할을 한다. 적절하게 조절된 좌절 경험은 아동이 자신의 내적 경험을 통합하고 현실과 조화롭게 상호작용하며, 자율성과 창조성을 발현하고 진정한 자아를 유지·강화할 수 있도록 한다. 이에 대한 이해는 발달심리학, 심리치료, 부모교육, 인간행동 연구 등 다양한 영역에서 실천적·이론적 근거를 제공하며, 인간 존재의 심층적 성장과 자기실현을 지원하는 핵심적 토대로 기능한다.

03 전이적 대상과 잠재적 공간

전이적 대상(Transitional Object)과 잠재적 공간(Transitional Space)은 도널드 위니컷의 발달심리학과 대상관계 이론에서 인간 심리 발달의 핵심적 메커니즘을 설명하는 개념으로, 특히 아동이 내적 세계와 외적 현실 사이에서 경험하는 초기 심리적 통합 과정과 밀접하게 관련된다.

전이적 대상은 아동이 외부 세계와 자기 내부 경험 사이에서 심리적 다리를 형성하는 사물이나 상징적 매개체를 의미한다. 이는 아동이 보호자, 주로 어머니와의 밀착된 초기 애착 관계에서 점차 독립성을 획득하는 과정에서 나타난다. 전이적 대상은 아동이 내적 경험을 안전하게 탐색하고, 외적 현실의 불확실성으로부터 심리적 안정을 확보하도록 돕는다. 예를 들어, 담요, 인형, 장난감 등 일상적 사물이 전이적 대상으로 기능할 수 있으며, 이는 아동이 보호자의 일관된 반응과 안전한 양육 환경을 내면화하도록 지원한다. 전이적 대상은 단순한 위안 도구를 넘어, 아동의 내적 경험을 상징적으로 표현하고 현실 검증 능력을 발달시키는 역할을 수행한다.

잠재적 공간은 전이적 대상이 기능하는 심리적 공간으로 정의되며, 아동이 내적 세계와 외적 현실을 조화롭게 통합할 수 있는 상징적·창조적 공간을 의미한다. 이 공간은 심리적 안전감과 창조적 탐색을 가능하게 하며, 아동이 자기 경험을 자유롭게 탐색하고 상상적 활동을 수행할 수 있도록 지원한다. 잠재적 공간은 개인의 심리적 통합과 자율성 발달에 결정적 기여를 하며, 진정한 자아의 형성과 창조성 발현을 촉진한다.

전이적 대상과 잠재적 공간은 아동 발달의 초기 단계에서만 나타나는 것이 아니라, 성인기에도 창조적 활동, 예술적 표현, 치료적 경험 등 다양한 맥락에서 유사한 심리적 기능을 수행한다. 예를 들어, 예술 작품, 문학, 음악, 심리 치료적 매체 등은 성인이 자신의 내적 경험을 안전하게 탐색하고 표현할 수 있는 성인적 전이적 대상과 잠재적 공간으로 기능할 수 있다. 이러한 경험은 자아통합, 자기이해 심리적 회복력 강화에 중요한 기제를 제공한다.

임상적 관점에서 전이적 대상과 잠재적 공간의 이해는 심리치료의 설계와 치료적 관계 구축에 실질적 함의를 제공한다. 치료자는 내담자가 자신의 내적 경험을 안전하게 탐색하고 창조적으로 표현할 수 있는 심리적 공간을 제공함으로써, 억압되거나 왜곡된 진정한 자아의 회복과 자기 통합을 촉진한다. 또한 치료적 전이를 적절히 활용하여, 내담자가 보호자와의 초기 애착 경험에서 형성된 내적 모델을 탐색하고 수정할 수 있는 기회를 제공한다.

전이적 대상과 잠재적 공간은 아동이 내적 세계와 외적 현실을 연결하고 조화롭게 통합할 수 있도록 돕는 심리적 매개체와 공간으로서, 자아 발달, 자율성, 창조성, 심리적 통합을 촉진하는 핵심적 역할을 수행한다. 이 개념에 대한 심층적 이해는 발달심리학, 심리치료, 교육, 예술치료, 창의성 연구 등 다양한 분야에서 인간 심리와 행동을 해석하고 실천 전략을 설계하는 데 중요한 이론적·실천적 근거를 제공한다.

가. 전이적 대상

전이적 대상(Transitional Object)은 도널드 위니컷의 발달심리학과 대상관계 이론에서 핵심적인 개념으로, 아동이 내적 세계와 외적 현실 사이에서 경험하는 초기 심리적 통합 과정에서 중요한 역할을 수행한다. 전이적 대상은 아동이 자신과 타인, 특히 보호자 간의 경계를 탐색하고 점차 자율성을 획득하는 과정에서 나타나는 상징적 매개체이다. 이는 단순한 위안 도구를 넘어, 아동이 자신의 내적 경험을 안전하게 탐색하고 외적 현실을 경험하면서 심리적 안정을 확보하도록 돕는다.

전이적 대상의 기능은 보호자와의 애착 관계를 기반으로 발현된다. 아동은 초기 생애에서 보호자의 반응적 민감성과 일관된 돌봄을 경험하면서, 자신이 느끼는 불안이나 좌절을 전이적 대상에 상징적으로 투사하고 이를 조절할 수 있는 능력을 발달시킨다. 예를 들어, 아동이 특정 장난감이나 담요에 애착을 보이는 것은 그 사물이 보호자의 일관된 관심과 안전감의 심리적 연장으로 작용하기 때문이다. 이러한 과정에서 아동은 진정한 자아를 경험하고 유지할 수 있는 기초를 마련하며, 가짜 자아의 과도한 형성을 방지한다.

전이적 대상은 아동의 자기표현과 상징적 사고를 촉진하는 기능도 수행한다. 이를 통해 아동은 자신의 감정과 욕구를 외적 사물과 상징적으로 연결하고, 이를 조절하며 내면화할 수 있다. 또한 전이적 대상은 아동이 현실 검 능력을 습득하고 내적 안정성과 심리적 회복력을 강화하는 매개체로 작용한다. 이러한 경험은 자율성과 창조성의 발달과 밀접하게 연관되며, 아동이 자신의 내적 경험과 외적 현실 사이에서 균형을 유지하도록 돕는다.

임상적 관점에서 전이적 대상의 이해는 심리 치료적 개입에 중요한 함의를 제공한다. 치료자는 내담자가 자신의 내적 경험을 안전하게 탐색하고 표현할 수 있는 매개체를 활용하도록 장려함으로써, 억압되거나 왜곡된 진정한 자아의 회복과 자기 통합을 지원한다. 또한 치료적 전이와 연계하여 내담자가 초기 애착 경험에서 형성된 내적 모델을 탐색하고 수정할 수 있는 기회를 제공한다. 이 과정은 내담자의 자율적 선택과 심리적 성장을 촉진하며, 장기적으로 자기 통합과 심리적 탄력성 강화에 기여한다.

전이적 대상은 아동이 자신의 내적 세계와 외적 현실을 연결하고 통합하는 심리적 매개체로서, 자아 발달, 심리적 안정, 자율성과 창조성 발현, 진정한 자아 유지에 필수적인 역할을 수행한다. 이 개념은 발달심리학, 심리치료, 교육, 예술치료, 창의성 연구 등 다양한 분야에서 인간 심리와 행동을 이해하고 실천적 전략을 설계하는 데 중요한 이론적·실천적 근거를 제공한다.

나. 잠재적 공간

잠재적 공간(Transitional Space)은 도널드 위니컷의 발달심리학과 대상관계 이론에서 인간 심리 발달과 창조성 발현을 설명하는 핵심 개념으로, 아동이 내적 세계와 외적 현실 사이에서 안전하게 상호작용할 수 있는 심리적·상징적 공간을 의미한다. 잠재적 공간은 아동의 초기 발달 단계에서 보호자, 주로 어머니와의 상호작용 속에서 형성되며, 아동이 자신의 내적 경험을 탐색하고 이를 외적 현실과 조화롭게 통합할 수 있도록 지원하는 기능을 수행한다. 이는 아동의 진정한 자아의 발달과 밀접하게 연결되며, 자율성과 창조성을 촉진하는 기반이 된다.

잠재적 공간은 전이적 대상과 유기적으로 연계된다. 아동이 담요, 인형, 장난감과 같은 전이적 대상에 애착을 형성하고 이를 상징적 매개체로 사용함으로써, 잠재적 공간 내에서 자신의 감정과 욕구를 탐색하고 표현할 수 있다. 이 과정에서 아동은 자기조절과 현실 검증 능력을 발달시키며, 외적 세계와 내적 경험 사이에서 균형을 유지하는 능력을 습득한다. 잠재적 공간은 단순한 위안이나 놀이의 장을 제공하는 것을 넘어, 상상적 활동, 창조적 문제 해결, 그리고 심리적 통합을 촉진하는 상징적·창조적 환경으로 기능한다.

위니컷은 잠재적 공간을 아동이 자기 경험을 자유롭게 탐색하고 안전하게 표현할 수 있는 심리적 '중간 영역'으로 정의하였다. 이 영역은 아동이 외적 요구와 내적 욕구를 조화롭게 조절하며, 자기 주도적 선택과 자기 통합을 실현하도록 돕는다. 잠재적 공간은 또한 아동이 경험하는 좌절을 적절히 수용하고 극복할 수 있는 안전망 역할을 수행하며, 이를 통해 심리적 회복력과 자율성 발달을 촉진한다.

성인기에도 잠재적 공간의 개념은 다양한 형태로 확장될 수 있다. 예술적 창작, 문학, 음악, 심리치료, 놀이치료 등에서 잠재적 공간은 성인이 자신의 내적 경험을 안전하게 탐색하고 표현할 수 있는 심리적·상징적 장으로 작용한다. 이러한 환경 속에서 성인은 자기 이해를 심화하고, 억압되거나 왜곡된 자아 경험을 통합하며, 창조적 문제 해결과 자기실현을 달성할 수 있다.

임상적 관점에서 잠재적 공간의 이해는 치료적 관계 설계와 개입 전략에 중요한 함의를 제공한다. 치료자는 내담자가 자신의 내적 경험을 안전하게 탐색하고 창조적으로 표현할 수 있는 잠재적 공간을 제공함으로써, 진정한 자아의 회복과 심리적 통합을 촉진한다. 또한 치료적 전이와 연계하여 내담자가 초기 애착 경험에서 형성된 내적 모델을 재검토하고 수정할 수 있는 기회를 제공한다.

잠재적 공간은 아동과 성인이 자신의 내적 경험과 외적 현실을 연결하고 조화롭게 통합하는 심리적·상징적 환경으로서, 자율성, 창조성, 진정한 자아 발달과 심리적 회복력을 촉진하는 핵심적 역할을 수행한다. 이 개념은 발달심리학, 심리치료, 예술치료, 교육, 창의성 연구 등 다양한 영역에서 인간 심리와 행동을 이해하고 실천적 전략을 설계하는 데 필수적인 이론적·실천적 근거를 제공한다.

다. 상징적 놀이와 창조성

상징적 놀이(Symbolic Play)와 창조성은 아동 발달과 인간 심리적 성장에서 핵심적인 역할을 수행하며, 특히 위니컷의 대상관계 이론에서 중요한 의미를 갖는다. 상징적 놀이는 아동이 현실 세계와 내적 세계를 연결하고 통합하는 심리적·상징적 매개 과정으로 이해될 수 있다. 이는 아동이 자신의 내적 경험을 외부 세계에 안전하게 투사하고, 이를 다양한 상징과 역할을 통해 표현하며, 동시에 현실 검증을 수행하는 능력을 발달시키는 과정이다. 상징적 놀이는 단순한 오락이나 재미의 기능을 넘어, 아동이 자기 자신을 탐색하고 자율성과 창조성을 발휘하는 심리적 장으로 작용한다.

상징적 놀이는 전이적 대상과 잠재적 공간과 밀접하게 연관되어 있다. 아동은 장난감, 인형, 모형 등 전이적 대상을 활용하여 자신의 감정, 욕구, 불안과 같은 내적 경험을 상징적으로 표현하고 조절한다. 이러한 과정에서 잠재적 공간은 아동이 상징적 놀이를 안전하게 수행할 수 있는 심리적 환경을 제공하며, 아동이 현실과 상상을 자유롭게 통합할 수 있도록 지원한다. 상징적 놀이는 아동의 진정한 자아를 유지·강화하는 기능을 하며, 가짜 자아의 과도한 발달을 예방한다.

창조성과 상징적 놀이는 상호 보완적인 관계를 가진다. 상징적 놀이는 아동이 새로운 상징과 역할을 탐색하면서 기존의 경험과 지식을 재조합하고, 문제 해결 능력을 발달시키는 장이 된다. 이러한 창조적 과정은 아동이 자율적으로 자기 경험을 탐색하고, 새로운 관점과 의미를 구성함으로써 자기 통합과 심리적 회복력을 강화하는 기제를 제공한다. 또한 상징적 놀이는 아동이 사회적 상호작용 속에서 상호주의적 이해와 공감을 발달시키는 데 기여하며, 이는 창의적 사고와 사회적 적응을 동시에 촉진한다.

발달심리학적 관점에서 상징적 놀이는 초기 아동기에서부터 창조성 발달의 토대를 형성하며, 성인기에도 예술적 표현, 문학, 음악, 과학적 탐구 등 다양한 형태로 확장된다. 위니컷은 성인 창조성의 근간이 아동기의 상징적 놀이 경험에 있음을 강조하며, 이러한 경험을 통해 개인은 내적 세계와 외적 현실을 조화롭게 통합하고 자기표현과 자기실현을 달성할 수 있다고 보았다.

임상적 맥락에서 상징적 놀이와 창조성의 이해는 아동 치료, 놀이치료, 예술치료 등에서 핵심적 근거를 제공한다. 치료자는 내담자가 자신의 내적 경험을 안전하게 탐색하고 표현할 수 있는 상징적 매체와 심리적 공간을 제공함으로써, 진정한 자아의 회복과 자기 통합을 촉진한다. 또한 이러한 과정은 내담자가 현실과 상상의 경계를 안전하게 탐색하며, 창조적 문제 해결과 자율적 사고를 발달시키는 기회를 제공한다.

상징적 놀이는 아동이 자신의 내적 경험과 외적 현실을 연결하고 통합하며, 자율성과 창조성을 발현하도록 돕는 심리적·상징적 과정이다. 창조성은 이러한 상징적 놀이를 통해 발달하며, 진정한 자아의 유지, 자기 통합, 심리적 회복력과 사회적 적응 능력 강화에 핵심적 기여를 한다. 상징적 놀이와 창조성의 개념은 발달심리학, 심리치료, 교육, 예술치료, 창의성 연구 등 다양한 분야에서 인간 심리와 행동을 이해하고 실천적 전략을 설계하는 데 필수적인 이론적·실천적 근거를 제공한다.

04 자기 통합과 정신 건강

자기 통합(Self-Integration)과 정신 건강(Mental Health)은 인간 발달과 심리적 성숙에서 상호 긴밀하게 연결된 핵심 개념으로, 발달심리학과 정신분석학, 특히 도널드 위니컷과 현대 대상관계 이론에서 심층적으로 논의된다. 자기 통합은 개인이 자신의 내적 경험과 외적 현실을 조화롭게 통합하고, 감정, 사고, 행동 간의 일관성과 연속성을 확보하는 과정으로 정의될 수 있다. 이는 단순한 정서적 안정을 넘어, 진정한 자아를 유지하고 발현하며, 자율성, 창조성, 그리고 적응적 기능을 실현하는 근본적 기반이다.

자기 통합은 초기 발달 경험, 특히 보호자와의 상호작용에서 형성된 안전감과 반응적 민감성에 크게 의존한다. 아동이 좋은 충분한 어머니(Good-Enough Mother) 또는 보호자로부터 일관적이고 적절한 지지를 경험할 때, 아동은 자신의 내적 상태와 욕구를 탐색하고 표현할 수 있으며, 이를 외적 현실과 통합하는 능력을 발달시킨다. 이러한 통합 과정에서 아동은 내적 갈등을 조절하고, 좌절과 불확실성을 경험하며 현실 검증을 수행함으로써, 자기 통합의 구조적 토대를 강화한다.

정신 건강은 자기 통합의 발달과 밀접하게 연관된다. 심리적 통합이 충분히 이루어진 개인은 감정적 안정, 자기인식, 자기조절, 그리고 대인관계에서 높은 기능성을 유지할 수 있다. 반대로 자기 통합이 결핍되거나 왜곡된 경우, 개인은 분열된 자아, 가짜 자아 발달, 정체성 혼란, 불안, 우울 등 다양한 심리적 병리에 취약하게 된다. 따라서 자기 통합의 수준은 정신 건강의 중요한 지표로 작용하며, 심리치료, 발달 지원, 교육적 개입에서 핵심적인 목표가 된다.

임상적 관점에서 자기 통합과 정신 건강의 관계는 치료적 개입의 설계와 실행에 중요한 함의를 제공한다. 치료자는 내담자가 내적 경험을 안전하게 탐색하고, 억압되거나 왜곡된 경험을 재통합할 수 있는 환경을 제공함으로써 진정한 자아의 회복과 심리적 통합을 촉진한다. 치료적 관계는 이러한 통합 과정에서 핵심적 매개체 역할을 수행하며, 내담자가 자신의 감정과 사고를 통합적으로 인식하고 표현할 수 있도록 지원한다. 또한 치료 과정에서 경험하는 적절한 좌절과 상징적 활동은 자기 통합과 정신 건강 강화에 결정적 기제를 제공한다.

자기 통합은 발달심리학적, 정신분석학적, 임상적 맥락에서 아동뿐만 아니라 성인기의 심리적 성장과 창조성 발현에도 지속적 영향을 미친다. 통합된 자아 구조는 개인이 스트레스, 불확실성, 사회적 갈등에 직면할 때 효과적으로 대응하고, 자기 주도적 삶과 자기실현을 달성하는 기반이 된다.

자기 통합은 인간이 자신의 내적 경험과 외적 현실을 조화롭게 연결하고 통합함으로써 자율성과 창조성을 발휘하며, 심리적 안정과 적응적 기능을 확보하는 과정이다. 정신 건강은 이러한 자기 통합의 결과물로서 나타나며, 개인의 삶의 질, 대인관계, 창조적 활동, 자기실현에 결정적 영향을 미친다. 자기 통합과 정신 건강의 관계를 이해하는 것은 발달심리학, 심리치료, 교육, 창의성 연구 등 다양한 영역에서 인간 행동과 심리 발달을 분석하고 실천 전략을 설계하는 데 필수적인 이론적·실천적 근거를 제공한다.

가. 자기 통합

자기 통합(Self-Integration)은 인간 발달과 심리적 성숙에서 중심적인 역할을 수행하는 개념으로, 개인이 자신의 내적 경험, 정서, 사고, 행동 등을 일관되게 통합하고 조화롭게 유지하는 과정을 의미한다. 자기 통합은 단순한 정서적 안정을 넘어, 진정한 자아를 유지하고 발현하며, 자율성, 창조성, 대인관계에서의 적응적 기능을 가능하게 하는 핵심적 심리 구조이다.

자기 통합은 초기 발달 경험에서 시작되며, 특히 보호자와의 안정적 애착과 상호작용이 중요한 역할을 한다. 아동이 좋은 충분한 어머니(Good-Enough Mother) 또는 적절한 보호자로부터 일관적이고 민감한 반응을 경험할 때, 아동은 자신의 감정과 욕구를 탐색하고 표현할 수 있으며, 이를 외적 현실과 통합하는 능력을 발달시킨다. 이 과정에서 아동은 내적 갈등을 조절하고 현실 검증을 수행함으로써 자기 통합의 구조적 토대를 강화한다.

자기 통합은 또한 좌절과 적절한 환경 속에서 촉진된다. 적절한 수준의 좌절 경험은 아동이 자신의 욕구와 외적 현실 사이의 차이를 경험하고 이를 조절하며 문제 해결 능력과 자기통제를 발달시키는 기회를 제공한다. 이러한 경험은 자기 통합의 심리적 구조를 강화하며, 가짜 자아의 과도한 형성을 방지하고 진정한 자아의 발현을 촉진한다.

임상적 관점에서 자기 통합은 정신 건강과 직결된다. 자기 통합이 충분히 이루어진 개인은 자기인식, 자기조절, 감정적 안정을 유지하며, 스트레스와 불확실성에 효과적으로 대응할 수 있다. 반대로 자기 통합이 결핍되거나 손상된 경우, 개인은 자아 분열, 정체성 혼란, 불안, 우울 등 심리적 병리에 취약하게 된다. 따라서 자기 통합의 발달 수준은 개인의 심리적 적응과 삶의 질을 평가하는 중요한 지표로 작용한다.

자기 통합은 전이적 대상과 잠재적 공간과도 밀접하게 연관된다. 이러한 매개체와 공간을 통해 아동은 내적 경험을 안전하게 탐색하고 외적 현실과 통합하는 경험을 반복하며, 심리적 일관성과 자기 통합 능력을 강화한다. 성인기에 이 통합적 구조는 창조적 표현, 예술적 활동, 문제 해결 능력 등 다양한 영역에서 발현되며, 자율적 삶과 자기실현의 기반을 제공한다.

자기 통합은 인간이 자신의 내적 경험과 외적 현실을 일관되게 조화시키고 통합함으로써 진정한 자아를 유지하며, 자율성과 창조성을 발현하고 심리적 안정과 적응적 기능을 확보하는 핵심적 과정이다. 자기 통합의 발달과 유지에 대한 이해는 발달심리학, 정신분석학, 심리치료, 교육, 예술치료, 창의성 연구 등 다양한 영역에서 인간 행동과 심리 발달을 분석하고 실천 전략을 설계하는 데 필수적인 이론적·실천적 근거를 제공한다.

나. 정신 건강

정신 건강(Mental Health)은 인간의 심리적, 정서적, 인지적 기능이 균형 있게 발달하고 유지되는 상태를 의미하며, 개인이 내적 경험과 외적 현실을 효과적으로 통합하고 적응적 기능을 수행할 수 있는 능력을 포함한다. 정신 건강은 단순히 정신 질환의 부재를 의미하는 것이 아니라, 자기이해, 자기 통합, 감정조절, 대인관계, 삶의 의미 추구 등 인간의 전반적인 심리적 웰빙을 포괄하는 다차원적 개념이다.

정신 건강의 발달은 초기 아동기에서 형성된 애착과 보호자의 민감한 반응에 크게 의존한다. 안정적 애착 관계를 경험한 아동은 자신의 감정과 욕구를 탐색하고 표현할 수 있으며, 이를 외적 현실과 통합하는 능력을 발달시킨다. 이 과정에서 경험하는 적절한 좌절과 지지는 현실 검증과 자기조절 능력을 강화하여 심리적 탄력성과 자기 통합의 기반을 마련한다. 반면, 초기 발달 환경의 결핍이나 불안정은 불안, 우울, 자기분열과 같은 심리적 병리로 이어질 수 있으며, 정신 건강의 위기를 초래한다.

정신 건강은 자기 통합과 밀접하게 연결되어 있으며, 통합된 자아 구조는 감정적 안정, 자기주도적 삶, 창조성, 대인관계 적응 등 다양한 영역에서 발현된다. 위니컷의 관점에서 진정한 자아의 발현과 자기 통합은 정신 건강의 핵심 기제를 제공하며, 가짜 자아의 과도한 형성은 심리적 기능의 저하와 정신적 스트레스 증가로 이어질 수 있다.

임상적 맥락에서 정신 건강의 증진은 치료적 관계와 개입 전략을 통해 이루어진다. 치료자는 내담자가 자신의 내적 경험을 안전하게 탐색하고 표현할 수 있는 환경을 제공함으로써, 억압되거나 왜곡된 자아 경험을 통합하고 진정한 자아의 회복을 촉진한다. 상징적 활동, 전이적 대상, 잠재적 공간 등은 이러한 통합 과정을 지원하는 매개체로 작용하며, 내담자가 심리적 안정과 창조적 문제 해결 능력을 발달시키는 기제를 제공한다.

정신 건강은 또한 개인이 사회적 맥락과 상호작용하면서 적응적 기능을 수행할 수 있는 능력과 밀접하게 연관된다. 이는 자기인식, 자기조절, 대인관계 능력, 자기효능감 등 다양한 심리적 역량과 연계되며, 삶의 질과 자기실현을 향상시키는 기반이 된다.

정신 건강은 개인이 내적 경험과 외적 현실을 조화롭게 통합하고 자기 통합을 유지하며, 자율성과 창조성을 발현하고 적응적 기능을 수행할 수 있는 상태를 의미한다. 정신 건강의 이해는 발달심리학, 정신분석학, 심리치료, 교육, 예술치료, 창의성 연구 등 다양한 영역에서 인간 행동과 심리 발달을 분석하고 실천 전략을 설계하는 데 필수적인 이론적·실천적 근거를 제공한다.

다. 방어기제와 적응

방어기제와 적응은 인간 심리의 자기조절 과정에서 필수적인 역할을 수행하며, 정신분석학과 발달심리학에서 개인의 심리적 안정과 적응적 기능을 이해하는 핵심 개념으로 논의된다. 방어기제는 개인이 내적 갈등, 좌절, 불안, 사회적 요구 등 심리적 스트레스에 직면할 때, 무의식적 혹은 의식적으로 자신의 감정을 조절하고 심리적 균형을 유지하는 심리적 전략으로 정의된다. 이러한 방어기제는 단순히 병리적 현상으로 이해되는 것이 아니라, 적응적 혹은 기능적 측면에서 인간 발달과 정신 건강에 기여하는 중요한 기제이다.

적응은 환경적 요구과 개인의 내적 욕구 사이에서 조화로운 균형을 유지하고, 행동과 심리적 기능을 효율적으로 수행하는 과정으로 정의된다. 방어기제는 이러한 적응 과정에서 심리적 완충 역할을 수행하며, 개인이 불안과 스트레스에 직면할 때 자신의 정서와 충동을 조절하고 현실 검증을 유지하도록 돕는다. 예를 들어, 억압은 고통스러운 기억이나 감정을 무의식적으로 차단하여 일시적 안정을 제공하며, 합리화는 불쾌한 상황을 의미 있는 설명으로 재구성하여 심리적 갈등을 완화한다.

방어기제와 적응의 관계는 발달 단계와 심리적 성숙과 밀접하게 연결된다. 아동기에서는 전형적 방어기제인 투사, 부정, 분리 등이 주로 사용되며, 이는 아동이 자기 경험과 외적 현실을 통합하고 심리적 안전을 확보하는 초기 적응 과정에 기여한다. 성인이 되면서 보다 성숙한 방어기제인 승화, 유머, 억제 등이 발달하며, 이는 사회적 적응과 문제 해결 능력을 강화하고 자율성과 창조성의 발현을 촉진한다.

임상적 관점에서 방어기제와 적응의 이해는 정신치료와 상담에서 핵심적 함의를 제공한다. 치료자는 내담자가 사용하는 방어기제를 관찰하고 이해함으로써, 내담자가 내적 갈등을 건강하게 처리하고 자기 통합과 심리적 회복력을 강화하도록 지원할 수 있다. 또한 치료적 관계를 통해 내담자가 기존의 방어 패턴을 성숙한 방식으로 재조직하고, 보다 효과적이고 적응적인 심리적 기능을 발달시키도록 돕는다.

방어기제는 인간이 내적 갈등과 외적 요구 사이에서 심리적 균형을 유지하고, 적응적 기능을 수행하며, 자기 통합과 정신 건강을 유지하는 데 필수적인 심리적 전략이다. 적응은 이러한 방어기제의 작용과 상호작용하면서 개인의 발달적 성장, 창조적 문제 해결 능력, 사회적 기능과 자기실현을 가능하게 한다. 방어기제와 적응의 통합적 이해는 발달심리학, 정신분석학, 심리치료, 교육, 창의성 연구 등 다양한 영역에서 인간 행동과 심리 발달을 분석하고 실천 전략을 설계하는 데 필수적인 이론적·실천적 근거를 제공한다.

Chapter 12

오토 컨버그의 성격이론

01 성격의 조직 수준

오토 컨버그는 정신분석적 대상관계 이론을 토대로 인간 성격을 이해할 때, 단순히 증상의 유무나 행동적 패턴에 의해 진단하는 것을 넘어서, 성격의 구조적 통합 정도와 방어기제의 성숙도, 그리고 현실검증능력의 유지 여부를 기준으로 성격을 체계적으로 분류하고자 하였다. 그는 이를 통해 성격을 정신병적 수준, 경계선 수준, 신경증적 수준이라는 세 가지 범주로 구분하였다.

첫째, 정신병적 수준의 성격 조직은 자아의 현실검증 능력이 심각하게 손상되어 있는 상태를 의미한다. 이 수준에서는 내적 대상관계의 일관성이 결여되고, 자아와 타자를 구분하는 기본적인 경계가 불안정하다. 망상적 사고나 심각한 해리, 그리고 원시적 동일시와 투사적 동일시가 우세하게 작용한다. 이러한 구조적 붕괴는 안정적인 자아 정체감을 형성하지 못하게 하며, 타인과의 관계도 일관성 없이 왜곡된다.

둘째, 경계선 수준의 성격 조직은 컨버그 이론의 핵심적 기여로 평가된다. 이 수준의 특징은 현실검증 능력은 비교적 보존되어 있으나, 자아 정체감이 분열되어 있고, 원시적 방어기제가 광범위하게 사용된다는 점이다. 경계선 수준의 개인은 자기와 타자에 대한 통합된 표상을 가지지 못하고, "전적으로 좋은 대상"과 "전적으로 나쁜 대상"으로 분리된 내적 세계를 경험한다. 이로 인해 대인관계는 극단적 이상화와 평가절하 사이를 오가며, 감정조절 역시 불안정하게 나타난다. 그러나 정신병적 수준과 달리 기본적인 현실 검증 기능은 유지되기 때문에 외부 세계와의 접촉은 가능하다.

셋째, 신경증적 수준의 성격 조직은 성숙한 방어기제를 사용하고, 통합된 자아 정체감을 유지하며, 현실검증 능력이 안정적으로 보존된 상태를 가리킨다. 이 수준의 개인은 자기와 타인에 대한 긍정적·부정적 측면을 통합할 수 있으며, 따라서 대인관계가 비교적 안정적이고 지속 가능하다. 불안, 죄책감, 갈등을 경험하지만 이를 상징화하고 언어화할 수 있으며, 억압과 유머, 승화와 같은 성숙한 방어기제를 활용한다. 신경증적 수준의 성격 조직은 정신분석적 치료에 가장 적합한 구조적 기반으로 간주된다.

컨버그의 이러한 성격 조직 수준에 대한 분류는 단순한 진단적 도구를 넘어, 성격병리의 본질을 자아의 통합 정도, 내적 대상관계의 구조화 수준, 방어기제의 성숙도, 그리고 현실검증 능력이라는 네 가지 축을 중심으로 파악하도록 한다. 이는 임상 현장에서 성격장애 환자의 진단과 치료 계획을 수립하는 데 실질적인 지침이 되며, 특히 경계선 성격 조직 개념은 오늘날 성격장애 이해와 치료적 개입의 중심 틀로 자리 잡았다.

02 자아정체성 혼란

컨버그의 자아정체성 혼란은 경계선 수준 성격조직을 규정하는 핵심적 개념이자, 성격 병리의 구조적 불안정성을 드러내는 중요한 징표로 이해된다. 자아정체성 혼란은 특히 내적 자기 표상과 대상 표상의 분열적 성격을 반영한다. 이는 곧 개인이 일관성 있는 자기 경험과 안정된 타인 표상을 유지하지 못하고, 파편화된 정체감 속에서 관계와 자기 이해를 불안정하게 경험한다는 것을 의미한다.

자아정체성 혼란은 자기 경험의 불안정성과 대인관계의 혼란으로 구체화된다. 환자는 한 순간에는 자신을 능력 있고 사랑받을 가치가 있는 존재로 지각하지만, 곧이어 무가치하고 버림받은 존재로 전락했다고 느끼는 식의 급격한 자기 개념의 변화를 경험한다. 또한 대인관계에서 타인을 극단적으로 이상화하다가, 사소한 좌절이나 갈등이 발생하면 곧바로 타인을 전적으로 부정적이고 적대적인 존재로 전환시킨다. 이러한 불안정한 관계 양식은 지속적이고 신뢰로운 대인관계를 형성하는 것을 어렵게 만들며, 결과적으로 고립감, 공허감, 만성적 불안과 분노를 심화시킨다.

자아정체성 혼란은 또한 정서적 조절의 어려움과 밀접히 연결된다. 자기와 타인에 대한 분열된 지각은 정서의 일관성과 예측 가능성을 저해하여, 강렬한 분노, 불안, 죄책감, 공허감이 교차하는 감정적 혼란을 초래한다. 이러한 상태에서는 충동적 행동, 자기 파괴적 행동, 자해, 물질 남용 등이 나타날 가능성이 높아진다. 즉, 자아정체성 혼란은 단순히 개념적 정체감의 문제에 그치지 않고, 개인의 삶 전체에 걸쳐 정서, 사고, 행동, 관계에 심대한 영향을 미치는 구조적 병리로 작용한다.

발달적 관점에서 컨버그는 자아정체성 혼란이 초기 대상관계의 병리적 내면화 과정에서 비롯된다고 보았다. 유아기 발달 과정에서 아동은 양육자에 대해 사랑과 좌절, 보살핌과 공격성이라는 상반된 경험을 하게 되는데, 이러한 양가적 경험이 점차 통합되어야 안정된 자기와 타인 표상이 형성된다. 그러나 양육 환경이 지나치게 불안정하거나, 반복적인 외상 경험이 존재하거나, 애착 관계가 일관성을 결여할 경우, 긍정적·부정적 표상은 통합되지 못한 채 분열된 상태로 고착된다. 이는 성인의 성격구조에서 자아정체성 혼란으로 나타나게 되며, 경계선 수준 성격조직의 핵심 병리로 작용한다.

치료적 차원에서 자아정체성 혼란은 정신분석적 개입의 주요 표적이 된다. 컨버그의 전이초점 정신치료는 환자가 치료자와의 관계 속에서 분열된 자기 및 타인 표상을 반복적으로 전이시키는 과정을 다루며, 이를 해석하고 통합하는 것을 목표로 한다. 치료 과정에서 환자는 자기와 타인의 긍정적·부정적 측면을 동시에 경험하고 수용하는 능력을 점차적으로 발달시키게 되며, 이는 자아정체성의 점진적 통합으로 이어진다. 이와 같은 치료적 개입은 단순한 증상 완화를 넘어서 성격구조 자체의 근본적 변화를 추구한다는 점에서 의의가 크다.

03 원시적 방어기제 사용

원시적 방어기제의 빈번하고 우세한 사용은 성격 발달의 미성숙성과 대인관계의 불안정성을 보여주는 뚜렷한 지표로 간주된다. 이는 곧 개인이 내적 갈등이나 불안에 직면했을 때, 현실을 기반으로 한 성숙한 조절 기제를 활용하기보다 분열, 투사, 투사적 동일시, 부인, 전능적 통제 등과 같은 초기 발달 단계에 기초한 원시적 심리적 전략에 의존함을 의미한다.

가장 대표적인 원시적 방어기제는 분열이다. 분열은 자기와 타인에 대한 표상을 '전적으로 좋은 것'과 '완전히 나쁜 것'으로 이분화하여 유지하는 방어 양식이다. 이를 통해 개인은 일시적으로 불안정한 정동을 조절할 수 있으나, 타인을 이상화했다가 곧바로 평가절하 하는 극단적 관계 양식이 반복되며, 이는 안정적이고 지속적인 관계 형성을 어렵게 만든다. 두 번째는 투사로, 개인이 받아들이기 어려운 충동이나 감정을 외부 타인에게 전가하여 지각하는 방어 방식이다. 예컨대 자신의 적대적 감정을 타인이 자신을 해치려는 의도로 해석하는 방식이 이에 해당한다. 세 번째는 투사적 동일시인데, 이는 단순히 불쾌한 감정을 타인에게 전가하는 것에서 더 나아가, 전가된 감정이 실제로 상대방의 정서와 행동에 영향을 미치도록 만드는 복잡한 과정이다. 이는 대인관계 속에서 강력한 정서적 긴장과 갈등을 유발한다. 또한 부인은 고통스러운 현실이나 내적 욕구를 의식에서 배제하고 인정하지 않음으로써 불안을 경감시키는 기제이며, 전능적 통제는 불안과 무력감을 회피하기 위해 모든 상황을 자신의 전능적 힘으로 통제할 수 있다고 믿는 방식이다.

임상에서 원시적 방어기제의 지속적 사용은 대인관계의 불안정성, 정서적 혼란, 충동적 행동으로 구체화된다. 이러한 개인은 타인과의 관계에서 극단적인 감정 변화를 경험하며, 신뢰와 친밀감을 유지하기 어렵다. 또한 원시적 방어에 의존하는 구조는 자아의 일관성을 위협하여, 자기 개념의 혼란, 만성적인 공허감, 강렬한 불안과 분노의 반복적 경험을 초래한다. 이는 경계선 성격조직의 병리적 본질을 설명하는 중요한 임상적 근거로 작용한다.

치료에서 원시적 방어기제의 해소와 재구조화는 성격 치료의 중요한 목표 가운데 하나이다. 컨버그의 전이초점 정신치료는 환자가 치료 관계 속에서 원시적 방어를 반복적으로 사용하며 재현하는 과정을 전이의 장에서 다루고, 이를 명료화와 해석을 통해 점진적으로 통합해 나가는 접근을 강조한다. 이를 통해 환자는 자기와 타인에 대한 양가적 표상을 동시에 수용할 수 있는 능력을 발달시키며, 원시적 방어에서 보다 성숙한 방어로 이행할 수 있게 된다.

04 자아통합

자아통합의 핵심적 특징은 첫째, 자기 및 타인 표상의 통합은 개인이 자신과 타인을 단순화하거나 분열시키지 않고, 긍정적·부정적 측면을 동시에 포함한 입체적 존재로 경험할 수 있는 능력을 의미한다.

둘째, 정서 경험의 조절은 내적 불안을 적절히 관리하고, 순간적 충동이나 감정의 과잉 반응을 예방하는 기능으로, 자아통합과 밀접하게 연결된다.

셋째, 내적 욕구와 외적 현실 간의 조화는 자기 경험을 외부 환경과 일치시키면서, 현실검증 능력을 유지하고 사회적·문화적 규범에 적응할 수 있는 능력을 보장한다.

자아통합은 방어기제의 성숙도와 직접적으로 상호작용한다. 정상적 또는 신경증적 수준 성격조직에서는 억제, 합리화, 승화 등 성숙한 방어기제가 주로 활용되며, 원시적 방어의 사용은 최소화된다.

자아통합은 심리적 안정성과 대인관계 기능의 핵심 지표로 작용한다. 자아통합이 충분히 이루어진 개인은 자기 경험을 연속적이고 통합된 방식으로 인식하며, 대인관계에서 타인을 입체적으로 이해하고 조화로운 상호작용을 유지할 수 있다.

참고문헌

[국내]

김혜원 (2014). **성격심리학**. 서울: 시그마프레스.

라캉, 자크 (1977). **에크리: 선별된 글**(A. 셰리던, 번역). 뉴욕: 노튼.

라캉, 자크 (1979). **정신분석의 네 가지 기본개념**(J.-A. 밀러, 편집; A. 셰리던, 번역). 뉴욕: 노튼.

류은정 (2005). 아들러 심리학에 기초한 상담 접근. **한국심리학회지: 상담 및 심리치료, 17**(3), 543-565.

모색, H. H., 마니아치, M. P. (2015). **아들러 심리학 입문**(김은경 역). 서울: 학지사.

박권생 (2012). **성격심리학**. 서울: 법문사.

박미경 (2005). **프롬 이론을 적용한 현대인의 심리적 성격 연구**. 서울: 학지사.

박상호 (2015). **자기애와 자기 통합: 코헛의 자기심리학적 접근**. 서울: 시그마프레스.

박상훈 (2007). **정신분석적 성격이론과 임상실제**. 서울: 학지사.

박성연 (2018). **인간관계심리학**. 서울: 학지사.

박영숙 (2004). **융의 심리학과 인간 이해**. 학지사.

박영신 (2018). **인간발달과 교육**. 서울: 학지사.

박지현 (2018). **정신분석적 성격이론의 현대적 해석과 적용**. 서울: 학지사.

박현수 (2020). **아동기 발달과 자기 통합: 임상적 적용**. 서울: 한국심리학연구소.

베르헤, P. (1995). **라캉적 신경증 이론: 현대적 관점**. 힐즈데일: 애널리틱 프레스.

본 프란츠, 마리-루이제 (2005). **무의식의 상징과 원형**(최광현 옮김). 동쪽나라.

사무엘스, 앤드류 외 (2012). **융 분석심리학 사전**(신성만 외 옮김). 학지사.

샤프, 도날드 (2005). **융 심리학 해설사전**(이훈 옮김). 한길사.

서수균, 정옥희 (2011). **대상관계이론과 정신분석적 상담**. 서울: 학지사.

손영우, 이민규 (1999). 성격 성숙 척도의 개발과 타당화. **한국심리학회지: 사회 및 성격, 13**(2), 1-19.

손정락 (2010). **성격심리학: 성격이론과 연구**. 서울: 학지사.

스티븐스, 앤서니 (2003). **융: 분석심리학의 세계**(강영계 옮김). 시공사.

신희천, 장미란 (2011). 청소년의 자아정체감과 성격 성숙의 관계. **청소년학연구, 18**(4), 23-48.

아들러, A. (1997). **인간이해**(W. B. 울프, 편역; 이종률 역). 서울: 동서문화사.

아들러, A. (1998). **개인심리학 강의**(H. L. 안스바허 & R. R. 안스바허, 엮음; 김정택 역). 서울: 인간사랑.

아들러, A. (2002). 개인심리학 강의(H. L. 안스바허 & R. R. 안스바허 편, 장현갑 역). 학지사.
아들러, A. (2004). 인간이해(W. B. 울프 저, 이종훈 역). 동서문화사.
아들러, A. (2004). 열등감의 극복(김문성 역). 서울: 범우사.
아들러, A. (2005). 사회적 관심: 인간을 향한 도전(J. 린턴 & R. 본 저, 조성복 역). 학지사.
아들러, A. (2006). 인생의 의미를 찾는 심리학(A. 포터 저, 박숙희 역). 청아출판사.
야코비, 졸라 (1992). 융의 분석심리학 입문(이현구 옮김). 문예출판사.
에반스, D. (1996). 라캉 정신분석 입문 사전. 런던: 루틀리지.
오성춘 (2004). 아들러 상담이론에 대한 이해. 서울: 형설출판사.
오은경 (2015). 성숙한 성격 특성과 삶의 의미 추구 간의 관계 연구. 한국심리학회지: 인간이해, 36(2), 157-178.
윌리엄스, D. (2005). 라캉과 정신병: 이론과 임상적 실제. 런던: 루틀리지.
유성경 (2009). 성격심리학. 서울: 학지사.
윤순임, 김인자 역 (2012). 클라인 입문: 멜라니 클라인의 이론과 실천. 서울: 학지사.
융, 칼 구스타프 (2000). 심리 유형(김영애 옮김). 인간사랑.
융, 칼 구스타프 (2003). 자아와 무의식의 관계(허창운 옮김). 솔출판사.
융, 칼 구스타프 (2004). 분석심리학의 기본 개념(김형석 옮김). 집문당.
융, 칼 구스타프 (2007). 무의식의 세계(정명진 옮김). 솔출판사.
이부영 (2007). 현대 정신분석학. 서울: 일조각.
이부영 (1997). 정신분석과 인간이해. 일조각.
이부영 (2002). 정신분석과 인간이해. 서울: 일조각.
이선영 (2017). 정신건강 증진을 위한 발달적 관점. 서울: 교육과학사.
이영호, 김태형 (2012). 성격심리학. 서울: 박영사.
이정숙 (2010). 아들러 개인심리학의 이해와 적용. 학지사.
이정은 (2016). 오토 컨버그의 성격이론과 그 임상적 적용. 서울: 학지사.
이정훈 (2007). 자기와 공감의 정신분석적 이해. 서울: 양서원.
이준호 (2010). 프로이트의 어린시절. 현대정신분석연구소.
이현림 (2016). 상담심리학의 기초. 서울: 학지사.
이혜숙 (2012). 페어베언의 내적 대상관계 이론과 심리치료 적용. 상담학연구, 13(4), 1733-1754.
장휘숙 (2016). 발달심리학: 전생애 인간발달. 서울: 학지사.
정남운 (2005). 성격 성숙의 개념과 심리적 메커니즘. 한국심리학회지: 사회 및 성격, 19(1), 23-44.

정미라 (2010). 페어베언의 정신구조 이론과 성격형성. **심리상담학연구, 5**(1), 99-122.
정민호 (2019). **방어기제 연구와 임상 적용**. 서울: 학문과사람들.
정옥희 (2013). **정신분석적 상담과 심리치료**. 서울: 학지사.
정태홍 (2003). **프로이트의 정신분석**. 학지사.
정현숙 (2015). 대상관계 이론에 기반한 성격이해. **한국상담학회지: 인간이해, 7**(1), 83-104.
조성준 (2004). 페어베언의 대상관계 이론에 대한 연구. **한국심리학회지: 상담 및 심리치료, 16**(2), 315-338.
조성호 (2017). **방어기제와 정신역동**. 서울: 학지사.
지젝, S. (1991). **비틀어보기: 대중문화로 읽는 자크 라캉 입문**. 케임브리지: MIT 출판부.
최석훈 (2011). **아들러 심리학과 상담이론**. 서울: 학지사.
최영석 (2013). **자기대상 전이와 치료적 관계 연구**. 서울: 학지사.
최영주 (2018). **정신분석과 발달심리학: 방어기제와 자아통합 연구**. 서울: 학문사.
최영희, 김정희 (2005). **현대정신분석학**. 서울: 학지사.
최은경 (2012). **경계선 성격장애의 정신역동적 이해와 치료적 접근**. 서울: 학지사.
칼슨, J., 마니아치, M. (2017). **아들러 심리치료: 이론과 실제**(이영애 역). 서울: 시그마프레스.
코프젝, J. (1994). **나의 욕망을 읽어라: 역사주의에 대한 라캉의 비판**. 케임브리지: MIT 출판부.
페어베언, W. R. D. (1997). **대상관계 이론**(김광웅, 김정희 옮김). 서울: 학지사.
포미에, J. (1997). **라캉 입문**. 런던: 라이터스 앤 리더스.
프로이트, 지그문트 (2019). **꿈의 해석**(김석희 역). 열린책들.
프로이트, 지그문트 (2020). **과학과 정신분석학**(박성수, 한승완 공역). 열린책들.
프로이트, 지그문트 (2020). **문명 속의 불만**(김석희 역). 열린책들.
프로이트, 지그문트 (2020). **예술, 문학, 정신분석**(정장진 역). 열린책들.
프로이트, 지그문트 (2020). **종교의 기원**(이윤기 역). 열린책들.
핑크, B. (1995). **라캉적 주체: 언어와 쾌락 사이**. 프린스턴: 프린스턴 대학교 출판부.
핑크, B. (1997). **라캉 정신분석 임상 입문: 이론과 기법**. 케임브리지: 하버드 대학교 출판부.
한국심리학회 (2014). **심리학의 이해**. 서울: 학지사.
한국아들러심리학회 (2021). **아들러 개인심리학의 실제**. 서울: 학지사.
한덕웅 (2015). **사회심리학**. 서울: 학지사.
한승희 (2012). **자유와 자기실현: 프롬의 성격이론에 대한 임상적 적용**. 서울: 현대정신분석연구소.
홍성민 (2014). **정신병적 성격조직의 임상적 특성과 치료적 개입**. 서울: 학지사.
홍지은 (2011). **자기 통합 회복과 자기애적 병리 연구**. 서울: 학문사.

황순택 (2009). 애착과 발달: 애착이론의 심리학적 이해. 서울: 학지사.

[국외]

Bion, W. R. (1962). *Learning from experience*. London: Heinemann.

Adler, A. (1927). *Understanding human nature* (W. B. Wolfe, Trans.). New York, NY: Greenberg.

Adler, A. (1933). *What life should mean to you* (A. Porter, Trans.). George Allen & Unwin.

Adler, A. (1956). *The individual psychology of Alfred Adler: A systematic presentation in selections from his writings* (H. L. Ansbacher & R. R. Ansbacher, Eds.). New York, NY: Harper & Row.

Adler, A. (1965). *The ego and the mechanisms of defense*. New York, NY: International Universities Press.

Adler, A. (1998). *Social interest: A challenge to mankind.* (J. Linton & R. Vaughan, Trans.). Oneworld Classics. (Original work published 1938)

American Psychiatric Association (2013). *Diagnostic and statistical manual of mental disorders* (5th ed.). Arlington, VA: American Psychiatric Publishing.

Ansbacher, H. L., & Ansbacher, R. R. (Eds.). (1956). *The individual psychology of Alfred Adler: A systematic presentation in selections from his writings*. Harper & Row.

Ansbacher, H. L., & Ansbacher, R. R. (Eds.). (1959). *Superiority and social interest: A collection of later writings*. Evanston, IL: Northwestern University Press.

Aron, L. (1996). *A meeting of minds: Mutuality in psychoanalysis*. The Analytic Press.

Bateman, A., & Fonagy, P. (2004). *Psychotherapy for borderline personality disorder: Mentalization-based treatment*. Oxford University Press.

Bellak, L. (Ed.). (1961). *Ego functions in schizophrenia*. New York: Grune & Stratton.

Bellak, L., Hurvich, M., & Gediman, H. (1973). *Ego functions in schizophrenics, neurotics, and normals*. New York: Wiley.

Blum, H. P. (2004). Separation-individuation theory and attachment theory. *Journal of the American Psychoanalytic Association, 52*(2), 535-553. https://doi.org/10.1177/00030651040520021001

Boeree, C. G. (2006). *Personality theories: Sigmund Freud*. Retrieved from http://www.social-psychology.de/do/pt_freud.pdf

Brenner, C. (1973). *An elementary textbook of psychoanalysis*. International Universities

Press.

Brenner, C. (1982). *The Mind in Conflict*. New York: International Universities Press.

Caligor, E., Kernberg, O. F., & Clarkin, J. F. (2007). *Handbook of dynamic psychotherapy for higher level personality pathology*. Washington, DC: American Psychiatric Publishing.

Carlson, J., & Maniacci, M. (2012). *Adlerian therapy: Theory and practice*. Washington, DC: American Psychological Association.

Carlson, J., & Sperry, L. (1998). *Adlerian counseling: A practitioner's approach* (2nd ed.). Accelerated Development.

Clarkin, J. F., Fonagy, P., & Gabbard, G. O. (2010). *Psychodynamic psychotherapy for personality disorders: A clinical handbook*. Washington, DC: American Psychiatric Publishing.

Copjec, J. (1994). *Read my desire: Lacan against the historicists*. Cambridge, MA: MIT Press.

Evans, D. (1996). *An introductory dictionary of Lacanian psychoanalysis*. London, UK: Routledge.

Fairbairn, W. R. D. (1952). *Psychoanalytic Studies of the Personality*. London: Tavistock Publications.

Fairbairn, W. R. D. (1952). *Psychoanalytic studies of the personality*. Routledge.

Fenichel, O. (1945). *The Psychoanalytic Theory of Neurosis*. New York: W. W. Norton.

Fink, B. (1995). *The Lacanian subject: Between language and jouissance*. Princeton, NJ: Princeton University Press.

Fink, B. (1997). *A clinical introduction to Lacanian psychoanalysis: Theory and technique*. Cambridge, MA: Harvard University Press.

Fonagy, P., Gergely, G., Jurist, E. L., & Target, M. (2002). *Affect regulation, mentalization, and the development of the self*. Other Press.

Freud, S. (1900). *The Interpretation of Dreams*. London: Hogarth Press.

Freud, S. (1901). *The Psychopathology of Everyday Life*. London: Hogarth Press.

Freud, S. (1905). Three essays on the theory of sexuality. In J. Strachey (Ed. & Trans.), *The Standard Edition of the Complete Psychological Works of Sigmund Freud* (Vol. 7, pp. 123-243). London: Hogarth Press. (Original work published 1905)

Freud, S. (1910). The future prospects of psycho-analytic therapy. In J. Strachey (Ed. & Trans.), *The Standard Edition of the Complete Psychological Works of Sigmund*

Freud (Vol. 11, pp. 139–151). London: Hogarth Press.

Freud, S. (1912). *The dynamics of transference. In J. Strachey (Ed. & Trans.), The Standard Edition of the Complete Psychological Works of Sigmund Freud* (Vol. 12, pp. 97–108). London: Hogarth Press.

Freud, S. (1914). Remembering, repeating and working-through (Further recommendations on the technique of psycho-analysis II). In J. Strachey (Ed. & Trans.), *The Standard Edition of the Complete Psychological Works of Sigmund Freud* (Vol. 12, pp. 145–156). London: Hogarth Press.

Freud, S. (1920). Beyond the pleasure principle. In J. Strachey (Ed. & Trans.), *The Standard Edition of the Complete Psychological Works of Sigmund Freud* (Vol. 18, pp. 1–64). London: Hogarth Press.

Freud, S. (1923). The ego and the id. In J. Strachey (Ed. & Trans.), *The Standard Edition of the Complete Psychological Works of Sigmund Freud* (Vol. 19, pp. 1–66). London: Hogarth Press.

Freud, S. (1923). *The Ego and the Id*. London: Hogarth Press.

Freud, S. (1933). *New Introductory Lectures on Psycho-Analysis*. London: Hogarth Press.

Freud, S. (1936). *The ego and the mechanisms of defense*. London, UK: Hogarth Press.

Freud, S. (1937). Analysis terminable and interminable. In J. Strachey (Ed. & Trans.), *The Standard Edition of the Complete Psychological Works of Sigmund Freud* (Vol. 23, pp. 209–254). London: Hogarth Press.

Freud, S. (1959). *An outline of psycho-analysis* (J. Strachey, Ed. & Trans.). New York: W. W. Norton. (Original work published 1940)

Freud, S. (1961). *The complete psychological works of Sigmund Freud* (J. Strachey, Ed.). Hogarth Press.

Freud, S. (1961). *The ego and the id* (J. Strachey, Ed. & Trans.). New York: W. W. Norton. (Original work published 1923)

Fromm, E. (1941). *Escape from freedom*. Farrar & Rinehart.

Fromm, E. (1956). *The art of loving*. Harper & Row.

Gay, P. (1998). *Freud: A Life for Our Time*. New York: W. W. Norton.

Greenberg, J. R., & Mitchell, S. A. (1983). *Object Relations in Psychoanalytic Theory*. Cambridge, MA: Harvard University Press.

Grotstein, J. S. (2007). *A Beam of Intense Darkness: Wilfred Bion's Legacy to Psychoanalysis*.

London: Karnac Books.

Guntrip, H. (1969). *Schizoid Phenomena, Object-Relations and the Self.* New York: International Universities Press.

Guntrip, H. (1971). *Psychotherapy and the Schizoid Condition.* New York: International Universities Press.

Hall, C. S., & Lindzey, G. (1991). *Theories of personality* (4th ed.). New York: Wiley.

Hamilton, N. G. (1982). *Self and Others: Object Relations Theory in Practice.* New York: Jason Aronson.

Hartmann, H. (1939). *Ego psychology and the problem of adaptation.* New York: International Universities Press.

Hartmann, H. (1958). *Ego psychology and the problem of adaptation* (2nd ed.). New York: International Universities Press.

Hinshelwood, R. D. (1991). *A dictionary of Kleinian thought.* London: Free Association Books.

Jacobi, J. (1959). *Complex/archetype/symbol in the psychology of C.G. Jung* (R. Manheim, Trans.). Princeton University Press.

Jacobson, E. (1964). *The self and the object world.* International Universities Press.

Jung, C. G. (1960). *The structure and dynamics of the psyche* (R. F. C. Hull, Trans.). Princeton University Press. (Original work published 1928)

Jung, C. G. (1966). *Two essays on analytical psychology* (R. F. C. Hull, Trans.). Princeton University Press. (Original work published 1953)

Jung, C. G. (1968). *Archetypes and the collective unconscious* (R. F. C. Hull, Trans.). Princeton University Press. (Original work published 1934)

Jung, C. G. (1969). *The archetypes and the collective unconscious* (Collected Works Vol. 9, Part 1). Princeton University Press.

Jung, C. G. (1969). *The development of personality* (R. F. C. Hull, Trans.). Princeton University Press.

Jung, C. G. (1971). *Psychological types* (H. G. Baynes, Trans., revised by R. F. C. Hull). Princeton University Press. (Original work published 1921)

Kernberg, O. (1975). *Borderline conditions and pathological narcissism.* Jason Aronson.

Kernberg, O. (1984). *Severe personality disorders: Psychotherapeutic strategies.* Yale University Press.

Kernberg, O. F. (1975). *Borderline conditions and pathological narcissism*. New York: Jason Aronson.

Kernberg, O. F. (1976). *Object Relations Theory and Clinical Psychoanalysis*. New York: Jason Aronson.

Kernberg, O. F. (1984). *Severe personality disorders: Psychotherapeutic strategies*. New Haven, CT: Yale University Press.

Kernberg, O. F. (1992). *Aggression in personality disorders and perversions*. New Haven, CT: Yale University Press.

Kernberg, O. F. (1998). *The psychodynamic treatment of borderline patients*. Washington, DC: American Psychiatric Press.

Kernberg, O. F. (2001). *Identity, aggression, and object relations: Essays in psychoanalysis*. New Haven, CT: Yale University Press.

Kernberg, O. F. (2016). *Treatment of borderline personality disorder: A guide to evidence-based practice*. American Psychiatric Publishing.

Kernberg, O. F., & Yeomans, F. E. (2013). *Psychotic disorders and personality structure*. New York: Routledge.

Kernberg, O. F., Caligor, E., & Clarkin, J. F. (2008). A *primer of transference-focused psychotherapy for the borderline patient*. New York: Routledge.

Klein, M. (1946). Notes on some schizoid mechanisms. *International Journal of Psychoanalysis, 27*, 99–110.

Klein, M. (1952). Some theoretical conclusions regarding the emotional life of the infant. In M. Klein, *Envy and gratitude and other works 1946–1963* (pp. 198–236). London: Hogarth Press.

Klein, M. (1957). Envy and gratitude. *International Journal of Psychoanalysis, 38*, 176–180.

Klein, M. (1975). *Envy and Gratitude and Other Works 1946-1963*. London: Hogarth Press.

Kohut, H. (1971). *The analysis of the self: A systematic approach to the psychoanalytic treatment of narcissistic personality disorders*. Chicago, IL: University of Chicago Press.

Kohut, H. (1971). *The analysis of the self: A systematic approach to the psychoanalytic treatment of narcissistic personality disorders*. International Universities Press.

Kohut, H. (1977). *The restoration of the self*. New York, NY: International Universities Press.

Kohut, H. (1984). *How does analysis cure?* Chicago, IL: University of Chicago Press.

Kohut, H., & Wolf, E. S. (1978). The disorders of the self and their treatment: An outline. *International Review of Psycho-Analysis, 5*, 3-33.

Lacan, J. (1977). *Écrits: A selection* (A. Sheridan, Trans.). New York, NY: Norton.

Lacan, J. (1979). *The four fundamental concepts of psychoanalysis* (J.-A. Miller, Ed.; A. Sheridan, Trans.). New York, NY: Norton.

Laplanche, J., & Pontalis, J. B. (1973). *The language of psycho-analysis* (D. Nicholson-Smith, Trans.). London: Hogarth Press.

Mahler, M. S. (1968). *On human symbiosis and the vicissitudes of individuation: Vol. 1. Infantile psychosis*. International Universities Press.

Mahler, M. S., Pine, F., & Bergman, A. (1975). *The psychological birth of the human infant: Symbiosis and individuation*. Basic Books.

Manaster, G. J., & Corsini, R. J. (1982). *Individual psychology: Theory and practice*. F. E. Peacock.

Mitchell, J., & Black, M. (1995). *Freud and beyond: A history of modern psychoanalytic thought*. New York: Basic Books.

Mitchell, S. A. (1988). *Relational Concepts in Psychoanalysis: An Integration*. Cambridge, MA: Harvard University Press.

Mitchell, S. A., & Black, M. J. (1995). *Freud and beyond: A history of modern psychoanalytic thought*. Basic Books.

Mosak, H. H., & Maniacci, M. P. (1999). *Primer of Adlerian psychology: The analytic-behavioral-cognitive psychology of Alfred Adler*. New York, NY: Brunner/Mazel.

Oberst, U. E., & Stewart, A. E. (2003). *Adlerian psychotherapy: An advanced approach to individual psychology*. Brunner-Routledge.

Ogden, T. H. (1994). *Subjects of Analysis*. Northvale, NJ: Jason Aronson.

Pervin, L. A., Cervone, D., & John, O. P. (2005). *Personality: Theory and research* (9th ed.). Hoboken, NJ: John Wiley & Sons.

Pine, F. (1985). *Developmental theory and clinical process*. Yale University Press.

Pommier, J. (1997). *Lacan for beginners*. London, UK: Writers and Readers.

Powers, R. L., & Griffith, J. (1987). *Understanding life-style: The psychographics of Adlerian theory and therapy*. Chicago, IL: Adler School of Professional Psychology.

Rycroft, C. (1995). *A critical dictionary of psychoanalysis* (2nd ed.). London: Penguin

Books.

Samuels, A., Shorter, B., & Plaut, F. (1986). *A critical dictionary of Jungian analysis*. Routledge & Kegan Paul.

Segal, H. (1973). *Introduction to the work of Melanie Klein*. New York: Basic Books.

Sharp, D. (1991). *Jung lexicon: A primer of terms & concepts*. Inner City Books.

Spillius, E. B. (Ed.). (1988). *Melanie Klein today: Developments in theory and practice* (Vols. 1-2). London: Routledge.

Spitz, R. A. (1965). *The first year of life: A psychoanalytic study of normal and deviant development of object relations*. International Universities Press.

Stern, D. N. (1985). *The interpersonal world of the infant: A view from psychoanalysis and developmental psychology*. Basic Books.

Stevens, A. (1994). *Jung: A very short introduction*. Oxford University Press.

Stolorow, R. D., Atwood, G. E., & Brandchaft, B. (1994). *The intersubjective perspective*. Hillsdale, NJ: Analytic Press.

Sutherland, J. D. (1980). The self and object relations. *British Journal of Medical Psychology, 53*(1), 1-10.

Tyson, P., & Tyson, R. L. (1990). *Psychoanalytic theories of development: An integration*. Yale University Press.

Vaillant, G. E. (1992). *Ego mechanisms of defense: A guide for clinicians and researchers*. Washington, DC: American Psychiatric Press.

Vaillant, G. E. (2000). Adaptive mental mechanisms: Their role in a positive psychology. *American Psychologist, 55*(1), 89-98.

Verhaeghe, P. (1995). *Lacanian theory of neurosis: A contemporary perspective*. Hillsdale, NJ: Analytic Press.

Von Franz, M. L. (1998). *Archetypal dimensions of the psyche*. Shambhala.

Watts, R. E. (2003). Adlerian therapy as a relational constructivist approach. *The Family Journal, 11*(2), 139-147. https://doi.org/10.1177/1066480702250156

Watts, R. E., & Carlson, J. (2011). *Adlerian counseling: A practitioner's approach* (5th ed.). New York, NY: Routledge.

Watts, R. E., & Pietrzak, D. (2000). Adlerian therapy as a relational constructivist approach. In D. Capuzzi & D. R. Gross (Eds.), *Counseling and psychotherapy: Theories and interventions* (3rd ed., pp. 66-91). Merrill.

Westen, D. (1998). The scientific legacy of Sigmund Freud: Toward a psychodynamically informed psychological science. *Psychological Bulletin, 124*(3), 333-371.

Williams, D. (2005). *Lacan and psychosis: Theory and clinical practice*. London, UK: Routledge.

Winnicott, D. W. (1965). *The maturational processes and the facilitating environment: Studies in the theory of emotional development*. International Universities Press.

Winnicott, D. W. (1971). *Playing and reality*. London, UK: Tavistock.

Wolf, E. S. (1995). *Treating the self: Elements of clinical self-psychology*. New York, NY: Guilford Press.

Zizek, S. (1991). *Looking awry: An introduction to Jacques Lacan through popular culture*. Cambridge, MA: MIT Press.

저자약력

최양진

Ph.D. 상담학 박사

현, 호서대학교 학점은행제 출강

박진숙

Ph.D. 상담학 박사

현, 공주교대 교육대학원 출강

호서대학교 학점은행제 전임교수

성격심리학

1판 1쇄 인쇄 2026년 1월 25일
1판 1쇄 발행 2026년 1월 30일

저 자 | 최양진 박진숙
발 행 인 | 박철용
발 행 처 | 양서원
주 소 | 경기도 파주시 직지길 522
전 화 | 031-955-8000(代)
팩 스 | 031-955-8005
홈페이지 | www.yswpub.co.kr
이 메 일 | yswgroup@naver.com
출판등록 | 1987년 11월 24일 제406-2003-037호

ISBN 978-89-994-1630-9

정가 23,000원